Carmen Rohrbach

Am blauen Fluss

Carmen Rohrbach

Am blauen Fluss

Entlang der Donau vom Schwarzwald
bis zum Schwarzen Meer

Mit 53 farbigen Fotos und zwei Karten

Mehr Bäume.
Weniger CO₂.

www.cpibooks.de/klimaneutral

Mehr über unsere Autoren und Bücher:
www.malik.de

Erstmals im Taschenbuch
ISBN   978-3-492-40439-6
März 2018
© Piper Verlag GmbH, München 2015
Redaktion: Susanne Härtel, München
Umschlaggestaltung: Petra Dorkenwald
Umschlagabbildungen: Getty Images/Moment Oper und Peter von Felbert (vorne),
Peter von Felbert (hinten links), Carmen Rohrbach (hinten rechts)
Autoren- und Bildteilfotos: Carmen Rohrbach, bis auf Bildstrecke Seite 1:
Peter von Felbert
Karten: cartomedia, Karlsruhe
Satz: Satz für Satz, Wangen im Allgäu
Litho: Lorenz & Zeller, Inning a.A.
Druck und Bindung: CPI books GmbH, Leck
Printed in Germany

Flüsse sind eine Metapher für unser eigenes Leben –
wie wir entstehen sie, wachsen und entwickeln sich,
werden von der Umgebung geformt und
beeinflussen sie ihrerseits, um am Ende zu verschwinden
oder sich in einem großen Ganzen aufzulösen.

Inhalt

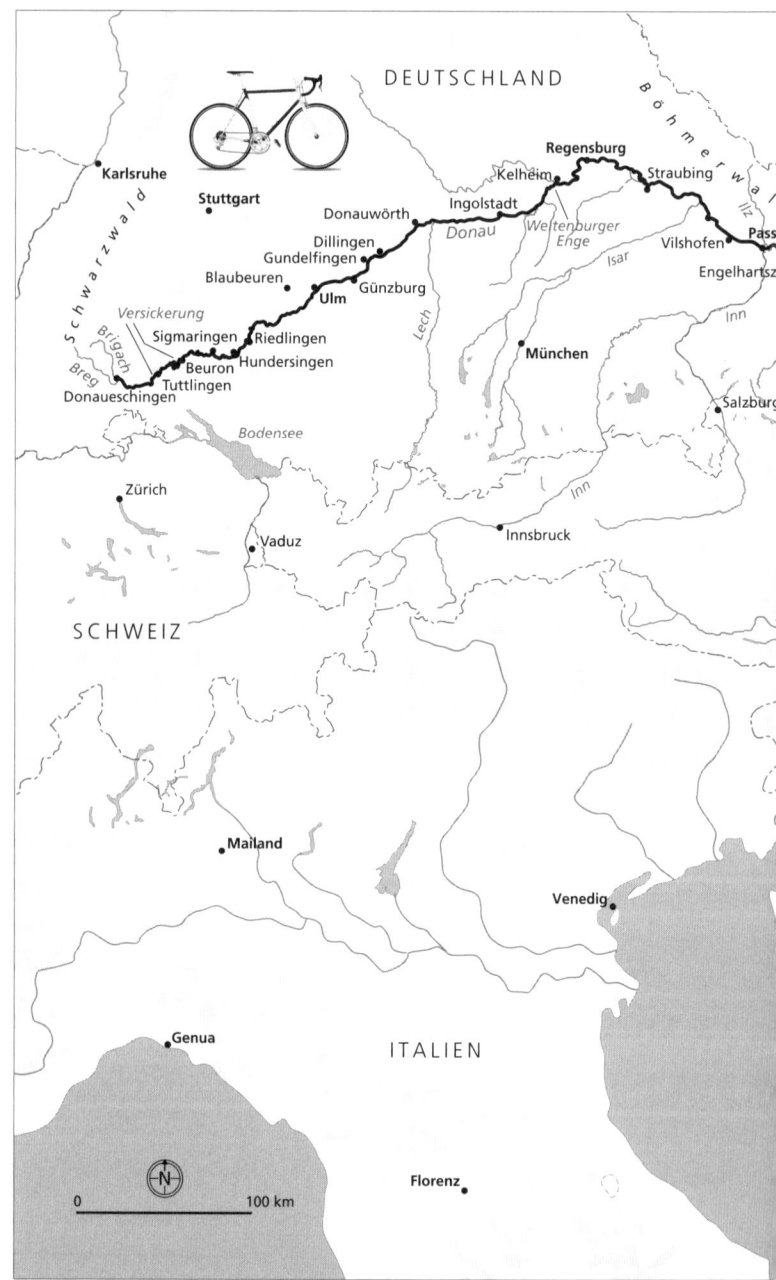

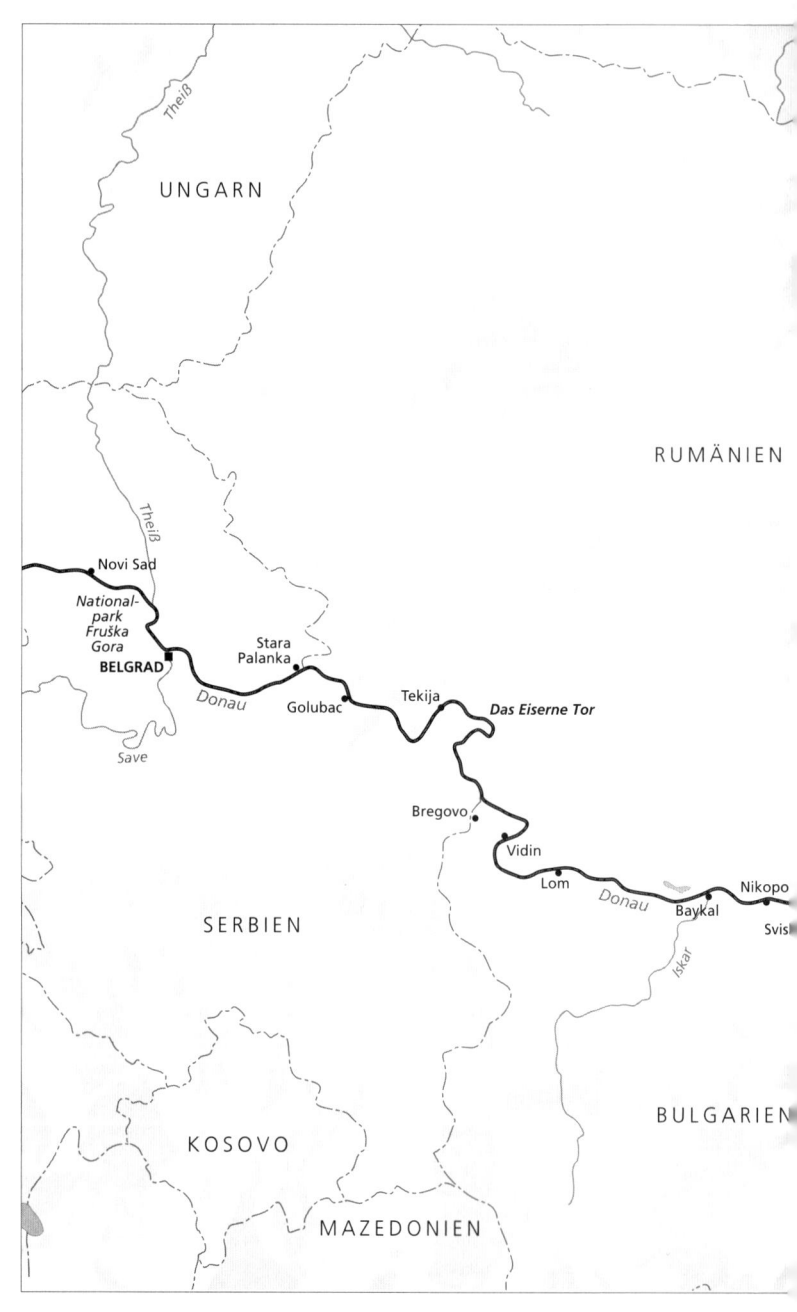

Einleitung

Wenn man die Bäche Brigach und Breg betrachtet, die sich bei Donaueschingen zur jungen Donau vereinigen, kann man kaum glauben, zu welch gewaltigem Strom sich das Flüsschen noch entwickeln wird. Nach 2888 Kilometern – von der Bregquelle ab gemessen – wird die Donau der zweitlängste Fluss Europas sein, nur die Wolga ist noch länger. Mit nie versiegender Kraft bahnt sie sich durch Bergmassive den Weg zum Schwarzen Meer. Mit ihren zahlreichen Nebenflüssen zieht sie sich wie ein grünes Band durch Mittel- und Südosteuropa, durchquert sowohl verschiedene Naturregionen als auch mehrere Sprach- und Kulturräume. An ihre Ufer grenzen zehn sehr unterschiedliche Länder, und mit ihrer Mündung ins Schwarze Meer verbindet sie Europa mit Asien. Diese Vielfalt macht ihre Besonderheit aus und unterscheidet sie von anderen europäischen Flüssen.

Die Idee, der Donau auf ihrem gesamten Lauf zu folgen, ist allmählich entstanden, hat sich in mir verankert und entwickelt, bis der Plan so weit gereift war, dass ich ihn verwirklichen konnte. Ich gehöre zu den Menschen, deren Kindheit von einem Fluss geprägt wurde, von seinem sich bewegenden Wasser und der Frage, woher er kommt und wohin er fließt. Der Mensch, der an einem Fluss aufwächst und für diese Erfahrung empfänglich ist, wird frühzeitig spüren – und der Fluss zeigt es ihm beispielhaft –, dass man nicht an dem Platz, wo man geboren wurde, gefangen bleiben muss, dass ein Weiter und immer Weiter möglich ist, eine Fortbewegung in die Ferne.

Der Fluss, der mich so nachhaltig beeinflusst hat, hieß Unstrut. Schon der Name weckte meine Fantasie, er klang für mich nach unbezähmbarer Wildheit, nach Ungestüm, nach Strudel und Gefahr und beflügelte meine angeborene Lust auf Abenteuer. Die Unstrut fließt bei Naumburg in die Saale, mein Heimatort Freyburg liegt nur wenige Kilometer von Naumburg entfernt. Die Unstrut hat dort schon fast das Ende ihres Laufes erreicht, ist schätzungsweise 20 Meter breit und etwa zwei Meter tief.

Schwimmen hatte ich in einem See gelernt, die wilde Unstrut aber formte mich zu einem Wesen, das sich im Wasser sicher fühlt, sich seiner eigenen Fähigkeiten bewusst wird und gleichzeitig Respekt vor der Macht und Gewalt des Wassers hat. Ich ließ mich von der Strömung mitziehen, schwamm gegen sie an, tauchte mit weit geöffneten Augen hinab zum Grund, suchte zwischen bunten Kieseln nach goldenen Schätzen und fand lebende Flussperlmuscheln. Das Wasser der Unstrut war kristallklar und kalt.

Ich glaube, damals entstand in mir der Wunsch, Flüsse von ihrer Quelle bis zur Mündung zu erkunden. Meinem Heimatfluss konnte ich nicht folgen, denn noch bevor ich 14 Jahre alt war, zogen wir in eine andere Gegend. Erstmals habe ich diesen lang gehegten Plan an der Isar erprobt, um mich nun der Donau zu widmen, die sich schon durch ihre enormen Dimensionen von der Isar unterscheidet. Wie abenteuerlich wird eine Reise entlang dieses zweitgrößten Flusses Europas sein, der auf fast magische Weise durch das Herz des europäischen Kontinents führt?

Flüsse waren schon immer lebenswichtig für Menschen. Seit alters siedelten sie bevorzugt in den umliegenden Tälern, denn der Fluss lieferte zuverlässig das nötige Trinkwasser, und in den tierreichen Auen konnten die Jäger des Stammes gute Beute machen. Als die Menschen zum Ackerbau übergingen, zweigten sie das Flusswasser zur Bewässerung der Felder ab, tränkten ihre Tiere und ließen Mühlen »klappern«. Der Fluss wurde aber auch als praktischer Handelsweg genutzt und war zugleich Barriere, Schutz und Grenze gegen feindliche Nachbarn. Steine, Sand und Kies, die der Fluss anschwemmte, dienten als Baumaterial, und nicht zuletzt war der Fluss der große Saubermacher. Alles, was die Menschen loswerden wollten, wurde in den Fluss geworfen. Er trug den Abfall rasch außer Sichtweite. Trotzdem konnte das Wasser bei der nächsten Siedlung wieder getrunken werden, denn durch die natürliche Selbstreinigung mittels Wasserpflanzen, Algen und Mikroorganismen war es bald wieder rein. So waren Flüsse für die Menschen von unschätzbarem Wert. Orte, die an Flüssen lagen, wuchsen und gediehen. Die Donau als mächtiger Strom hat gleich vier Hauptstädte an ihrem Ufer erblühen lassen: Wien, Bratislava, Budapest und Belgrad.

Meine erste Idee, mit einem Paddelboot oder Kajak auf dem Fluss zu fahren, verwarf ich bald. Würde ich auf dem Strom dahingleiten, sähe ich nur wenig von der Umgebung. Das abenteuerliche Erlebnis, sich sportlich mit dem Element Wasser zu messen, wiegt für mich nicht die Begegnungen mit Menschen auf. Ich möchte erfahren, wie der Fluss das Land und seine Bewohner prägt, will die Dörfer und Städte an seinen Ufern kennenlernen, die Wiesen, Wälder und Moore auf der Suche nach Pflanzen und Tieren durchstreifen. Nur zu Fuß bin ich langsam genug, um Schritt für Schritt die Umwelt mit all ihren Schönheiten wahrzunehmen. Allerdings, an der Donau gibt es so gut wie keine Wanderwege, nur hin und wieder kieselharte Dammwege, vor allem aber asphaltierte Radwege. Autostraßen führen durch zersiedelte Landschaft und von Industrieanlagen geprägte Orte. In diesen Gegenden wäre das Wandern mühselig und unerfreulich. Die Lösung war daher eine Fahrrad-Wander-Kombination.

Um die Donau in voller Länge zu erforschen, teilte ich die Strecke in zwei Teile. Beide Male brach ich im Mai auf. Die erste Tour begann ich an der Quelle und fuhr bis nach Wien. Im Jahr darauf startete ich in Wien und radelte bis zur Donaumündung. Das hatte den Vorteil, dass ich beide Male im Frühling unterwegs war, wenn die Natur sich zu beleben beginnt,

Blumen blühen und Vögel mich mit ihrem Gesang erfreuen. Vor allem aber erreichte ich das Delta bereits Ende Juni, bevor die extrem heißen Sommermonate begannen, die das Reisen erschweren.

In Deutschland und Österreich stellte ich das Rad öfter für ein paar Tage in einer Herberge ab und wanderte in landschaftlich reizvoller Umgebung abseits der Donau, um dann an den Ausgangspunkt zurückzukehren. Hin und wieder übernachtete ich im Zelt, zum Beispiel im Quellgebiet, in der Schwäbischen Alb, an der Schlögener Schlinge und in der Wachau. In den östlichen Donauländern verzichtete ich auf diese Art der Übernachtung, hatte aber für den Notfall, der nicht eintrat, ein Zelt dabei.

Ab Budapest spürte ich mehr und mehr einen unwiderstehlichen Sog, die Dynamik des Vorankommens setzte ein und zog mich mit sich. Jeden Morgen brannte ich darauf, meine Radtour entlang des Flusses fortzusetzen. Für Erkundungen in Nationalparks, wie dem Gemencer Wald oder im Naturschutzgebiet Kopački rit, nahm ich mir allerdings einen oder mehrere Tage Zeit, um der Natur näherzukommen und Tiere zu beobachten.

Für mein Empfinden war die Fahrradstrecke vom Schwarzwald bis nach Ungarn oft zu gut ausgebaut und beschildert. Ab Budapest gab es dann nur noch selten autofreie Dammwege. Meistens waren es Straßen, die ich mir auf dem Rad mit dem üblichen Verkehr teilen musste. Trotz der Gefahr durch rasante Autofahrer gefiel mir die Route ab Budapest weitaus besser als der bequeme und sichere Abschnitt davor, denn sie bietet mehr Herausforderungen, nicht nur in der Wegführung, sondern auch bei der Suche nach Übernachtungsmöglichkeiten und bei der Kommunikation mit der Bevölkerung in den verschiedenen Landessprachen.

Belohnt wurde ich für die Anstrengungen mit landschaftlicher Schönheit. Ungestörte Natur jedoch gibt es entlang der Donau nicht in dem Maße, wie ich sie mir gewünscht hätte, und schon gar keine vom Menschen unbeeinflusste Wildnis. Im dicht besiedelten Donauraum kann es sie nicht geben, ebenso wenig im Delta, wo rund 15 000 Menschen auf 25 Dörfer verteilt leben. Trotzdem kann man sich an einer reichen Pflanzen- und Tierwelt erfreuen, vor allem in Bulgarien.

Das bulgarische Donauufer war für mich neben dem Delta einer der absoluten Höhepunkte der gesamten Reise. In den Dörfern bekam ich eine Ahnung, wie Menschen früher in und mit der Natur in harmonischem Zusammenspiel gelebt haben. Nicht nur landschaftlich, auch kulturell fand ich die Route durch Bulgarien reizvoller als die Strecke am gegenüberliegenden, flachen rumänischen Ufer. Die bulgarische Donauseite verlangte mir aber wegen der vielen schönen Berge einiges an Kraft und Kondition ab.

Acht der zehn an der Donau gelegenen Länder habe ich durchquert. Zwei habe ich ausgelassen, nämlich Moldawien und die Ukraine, denn beide Länder berühren nur auf wenigen Kilometern die Donau. Während der Reise bekam ich immer mehr ein Gefühl dafür, wo die Gemeinsamkeiten und Unterschiede zwischen den einzelnen Völkern liegen. Von Tag zu Tag entdeckte ich Neues, doch nicht nur Gegenwärtiges, sondern auch, was sich in vergangenen Jahrhunderten abgespielt hat. Wer sich auf die Donau einlässt, erlebt europäische Geschichte auf anschauliche Weise.

Bei den Kapitelüberschriften zu den einzelnen Donauländern gebe ich die Flusskilometer an, damit eine gewisse Vorstellung von den Entfernungen entsteht. Da jedoch mitunter zwei Länder auf einem Donauabschnitt jeweils ein Ufer beanspruchen, ist die Summe der von mir angegebenen Kilometer höher, als es der eigentlichen Länge der Donau entspräche. Die Fahrradkilometer werden bei jedem anders sein, je nachdem, welche Wegvariante man wählt und zu welchen abseits gelegenen Sehenswürdigkeiten man von der Hauptroute abweicht.

Gewundert habe ich mich, dass selten Transportschiffe auf der Donau unterwegs waren. Kreuzfahrtschiffe sieht man noch am häufigsten. Dabei wurde die Donau begradigt, kanalisiert und ihrer ursprünglichen Natur beraubt, weil der Warentransport ungeheuer wichtig und ökologisch sinnvoll erschien. Nur findet er kaum statt. Dieter Hildebrandt hat dies schon 1982 in seiner satirischen Sendung »Scheibenwischer« prophezeit. Er sagte auf seine unnachahmliche Art: »Statt Schiff ahoi wird es heißen: Hoi, a Schiff.«

Durch Begradigung, Uferbefestigung, Anstauung, Kanal- und Schleusenbau ist der Donau viel angetan worden. Doch obwohl sie streckenweise ein technisch verbautes Gewässer ist, hat sie sich dennoch immer wieder großartige Naturräume bewahrt, die man durch Schutzgebiete und Nationalparks zu erhalten versucht.

Die Donau in Deutschland
– 655 Kilometer

Den Ursprung dieses Flusses zu finden ist eine mühsame und durchaus problematische Sache. Sosehr Menschen auch versucht haben, diesen speziellen Punkt in der Geographie zu ermitteln, den Geburtsort, die Quelle, so umfassend sind sie doch schließlich damit gescheitert. Wahrscheinlich kann man mit diesem Unterfangen auch nur scheitern – denn möglicherweise hat die Donau gar keinen Anfang. Vielleicht kreuzt sie einfach nur auf, kommt um die Ecke gebogen, zeigt sich plötzlich silbern schimmernd in der Landschaft.

Niels und Lars Hoffmann

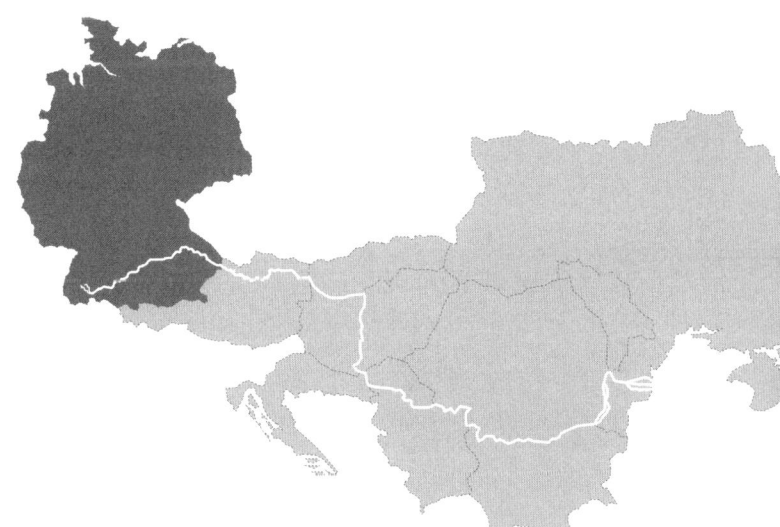

Auf Quellensuche
Vom Kolmenhof nach Donaueschingen

Gleißendes Licht zerreißt den Himmel. Sekundenlang wird die Dunkelheit durchbrochen, der Donnerschlag folgt unmittelbar. Das Gewitter ist direkt über mir. Blitze schießen aus nachtdunklen Wolken auf die Erde herab, und ich stecke mittendrin. Ich bin im Schwarzwald unterwegs, ohne Schutz. Auf einem schmalen Bergsträßchen eile ich, so schnell ich kann, hinauf zum Kamm. Dort, irgendwo in 1100 Meter Höhe, soll der Berghof »Martinskapelle« liegen. In der Nähe, so heißt es, entspringt die Donau.

Wenn Blitze das Land ringsum erhellen, erkenne ich schemenhaft schwarze Wälder und ausgedehnte Weiden. Die Wolken haben sich geöffnet, und Regen prasselt wie eine Sturzflut auf mich herab, nimmt mir die Sicht. Immer steiler geht es bergauf.

Endlich sehe ich gegen den Nachthimmel und verschwommen durch den Regenvorhang rechts am Weg eine Kapelle und direkt vor mir schattenhaft die Umrisse eines zweiten Gebäudes, das sich gegen die gewitterdunklen Wolken abhebt – meine Unterkunft. Triefend vor Nässe, lege ich im Vorraum meinen Regenumhang, die lehmverschmierten Wanderschuhe und den Rucksack ab und öffne die Tür. Der Gastraum wird von Kerzen warm beleuchtet, die Elektrizität ist wegen des Gewitters unterbrochen. Zwei Frauen und ein Mann blicken mir neugierig entgegen. Der Mann, dessen imposante Barttracht mich fasziniert – die Enden seines Schnurrbarts sind die Wangen hinaufgezwirbelt –, ist der Wirt Franz Dold.

Nach einer freundlichen Begrüßung setze ich mich zu den Wirtsleuten und erfahre, dass Franz Dolds Familie in der dritten Generation den wenige Meter weiter unten gelegenen Kolmenhof betreibt, den er inzwischen seinem Sohn überschrieben hat. Gemeinsam mit seiner Frau Karin hat er sich auf der Berghöhe mit dem Gasthaus »Martinskapelle« ein neues Domizil geschaffen. Mir wird eine kräftige Linsensuppe serviert, dann zeigt mir die Wirtin mein Nachtquartier.

Das Gewitter verliert seine Kraft, aber unentwegt trommelt der Regen auf das Dach des Gästehauses, ein Geräusch, das ich noch beim Einschlafen höre. Erleichtert denke ich, wie gut es doch ist, dass ich nicht wie so oft bei meinen Reisen in meinem winzigen Zelt liege. Bei dieser Nässe wäre das recht ungemütlich.

Am Morgen hängen graue Wolken tief am Himmel. Ein durch den Gewitterregen angeschwollener Bach rauscht das mit Nebel gefüllte Bergtal hinab. Es ist die Breg, einer der zwei Quellflüsse der Donau. »Brigach und Breg bringen die Donau zuweg«, ein Spruch, den fast jedes süddeutsche Kind in der Schule lernt. Die Breg ist länger als die Brigach. Folgt man ihrem Lauf, sind es 2888 Kilometer bis zum Schwarzen Meer.

Die Frage, wo die Donau herkommt, hat Menschen bereits vor Tausenden von Jahren bewegt. Schon der römische Kaiser Tiberius schickte Suchtrupps zum nebelverhangenen, mystischen Ursprung des großen Stroms, den der griechische Sagenheld Jason mit seinen Argonauten befahren haben soll. Er hatte das Goldene Vlies geraubt und flüchtete vor kaukasischen Verfolgern auf seinem Schiff über das Schwarze Meer und von dort die Donau aufwärts. Eine historisch nicht belegbare Sage. Die Gelehrten der Antike vermuteten die Quelle wahlweise bei den Völkern der Skythen oder Kelten, im Harz, in den Alpen, den Pyrenäen. Der Schwarzwald war zu unbekannt und abgelegen, als dass er damals als Quellgebirge in Erwägung gezogen worden wäre.

Wie wird die Breg-Donau-Quelle aussehen? Ich wollte mich überraschen lassen und habe mir vorab keine Fotos angesehen, keine Beschreibungen gelesen. Die Quelle eines Flusses, vor allem die eines so bedeutenden wie der Donau, birgt für mich etwas Geheimnisvolles, das ich unbeeinflusst von Vorgaben erfahren möchte.

Am gestrigen Abend strömte Regen herab, und es war zu dunkel, um zur Quelle zu gehen, jetzt aber kann ich es kaum erwarten und will sie vor dem Frühstück besuchen. Das erste Morgenlicht erhellt spärlich die Landschaft. Vom Hof weist mir ein Holzschild den Weg einige Meter den Hang hinab. Unter den Wiesengräsern verborgen, gluckert und rieselt es, und nach wenigen Schritten stehe ich am Beginn der Donau, 1078 Meter über dem Meeresspiegel, wie eine Tafel anzeigt. Aus einem Rohr fließt Wasser in ein Steinbecken und plätschert zu Tal – eine künstlich gestaltete Geburtsstätte. Ich bin enttäuscht, mir hatte etwas anderes vorgeschwebt. Einen aus dem Felsen sprudelnden, kristallklaren Strahl hätte ich mir gewünscht.

»Gibt es nicht weiter oben eine natürliche Quelle?«, frage ich meinen Wirt, als ich später beim Frühstück in seiner gemütlich warmen Gaststube sitze.

»Noi, der ganze Wiesenhang isch der Quell«, antwortet er. »Da sind viele Quellrinnen, je nachdem, wie viel's geregnet hat. Amol isch's mehr, amol weniger. Die Leut haben dauernd unsere Wies zertrampelt. Und deswegen haben wir die Hauptadern miteinander verbunde, sie zum Quelltopf geleitet und ihn mit Stein gefasst.«

Franz Dold ist überzeugt, dass sich schon vor 3000 Jahren ein keltisches Quellheiligtum hier befand. Denn damals führte eine uralte Handelsverbindung durch den Schwarzwald, und die Gegend war, wenn auch dünn, von Kelten besiedelt.

»I mein, dass der heidnische Tempel oder was des war, da gwesn isch, wo heut unsere Martinskapelle steht.« Die Kapelle befindet sich gegenüber seiner Berggaststätte, die er nach ihr benannt hat.

»Die Martinskapelle verbindet keltische und frühe christliche Kultur und hat a wechselvolle Gschicht. Die isch immer wieder zerstört und wieder aufbaut worde. Amol war's sogar a Saustall. Ein Vorfahr von mir hat gelobt, dass er alles wiederherstellt, wie des früher amol war. Damit unserem Kolmenhof kein Unheil passiert. Des war damals im Jahr 1906.«

Doch das war noch nicht alles, was Franz Dold an Erstaunlichem zu berichten weiß. Bis in die Neuzeit hinein wusste man nicht, wo die Donau wirklich entspringt. Es wurde gemessen, verglichen, gestritten, argumentiert. Erst im Jahr 1954 lieferte die Geologin Irma Öhrlein den Beweis. Sie schüttete rote Farbe in die Bregquelle und konnte den Lauf des so gekennzeichneten Wassers bis nach Donaueschingen verfolgen, wo Breg und Brigach zusammenfließen.

»A verdammt lange Zeit haben sie und ihr Mann Ludwig alle Bäch untersucht«, erzählt mir der Wirt. »Das Geheimnis um die Donauquelle hat sogar den Jacques-Yves Cousteau zu uns geführt. Des war doch der berühmte Forscher aus Frankreich. Der war mit einem Filmteam da. Des muss 1987 gewesen sei. Die Argonautensage hat ihn saumäßig interessiert. A bsonderer Mann war er scho, der Cousteau.«

Ich verabschiede mich herzlich von Franz Dold, der mir so viele interessante Dinge erzählt hat, und von seiner Frau Karin. Gestärkt von dem reichlichen Frühstück, wandere ich nun auch noch zur Quelle der Brigach. Auf einem vom Regen aufgeweichten Weg mit Namen »Quellenweg« gehe ich durch den tropfnassen Nadelwald. Warum ist es so wichtig, den Ursprung eines Flusses zu finden, überlege ich? Warum haben Menschen ihr Leben riskiert, die Nilquellen zu suchen? Warum quälten sich Forscher durch den Amazonasdschungel? Und warum hat der römische Kaiser Tiberius seine Leute zur Donauquelle geschickt, wobei sie allerdings nur bis Donaueschingen kamen? Neben der rein praktischen Überlegung, dass es nützlich ist, den Verlauf eines Gewässers zu kennen, wenn ein Gebiet für Handel und Gütertransport erschlossen werden soll, muss es tiefer liegende Gründe geben. Vielleicht interessieren wir uns für Flussquellen, weil wir unseren eigenen Ursprung suchen? Weil wir wissen wollen, woher wir kommen und wohin wir gehen? Wir geben einem Fluss Eigennamen wie einem lebenden Wesen, und wenn wir nach seiner Quelle suchen und dann seinem Lauf folgen, kann es passieren, dass wir uns mit ihm wie mit einer Person identifizieren. Ein Fluss hat ja auch Ähnlichkeit mit uns Menschen. Er beginnt sein Leben als winziges Rinnsal, wächst und verändert sich, nimmt Einfluss auf seine Umgebung, wird mächtig und größer, sammelt Dinge in sich an, und am Ende seines Lebens fließt er ins Meer, geht ein in ein großes Ganzes.

Eine halbe Stunde später stehe ich an der Elzquelle, einem moos- und farnumgrenzten Quelltopf mitten im Wald. Die Elz, obwohl nur wenige Hundert Meter von der Bregquelle entfernt, fließt nicht wie diese nach Osten, sondern westwärts und mündet in den Rhein. Bald darauf wandere ich steil einen Bergrücken hinauf zu einer Passhöhe – zur »Europäischen Wasserscheide«, wo die Flüsse sich überlegen müssen, wohin sie wollen, in die Nordsee oder doch lieber ins Schwarze Meer. Wenn sie lesen könnten, wüssten sie, was zu tun ist, denn ein Schild verkündet: »Alle Gewässer westlich von hier fließen in die Nordsee und alle östlichen zum Schwarzen Meer.«

Der Wald lichtet sich, wird hier und dort durch Wiesen unterbrochen, auf denen braun-weiß gescheckte Rinder weiden. Einzelgehöfte mit schützenden, tief herabgezogenen Dächern schmiegen sich in die sanft gewellte Weidelandschaft. Da die Höfe im Schwarzwaldgebiet vernünftigerweise an einen einzigen Erben übergeben werden, haben sich weiträumige Wiesen- und Waldflächen erhalten. Auf einigen dieser Höfe wurden früher in Heimarbeit Holzuhren geschnitzt, in denen ein Kuckuck die Stunde ausruft. Inzwischen haben Kuckucksuhren den Schwarzwald weltweit bekannt gemacht. Die Idee dazu hatte der Uhrmacher Franz Ketterer im Jahr 1720.

In der Nähe des Hirzbauernhofs, wenige Kilometer vor dem Ort Brigach, befindet sich die Quelle des gleichnamigen Bachs. Der Bauer hat das Wasser gefasst und in einen See eingespeist, den er auf einem Schild als Brigachquelle ausweist.

Bei der Erneuerung seines Küchengewölbes fand der Hirz-
bauer eine Steinplatte, die wohl aus keltischer Zeit stammt und
wahrscheinlich 2000 Jahre alt ist. In den Sandstein eingraviert
sind drei Tiere: Hirsch, Hase und Vogel, dazu drei Köpfe, vielleicht keltische Gottheiten. Das Original befindet sich inzwischen im Lapidarium-Museum der Stadt St. Georgen. Für seine
Quelle hat der Bauer eine Kopie fertigen lassen, er glaubt, dass
sich früher auch bei der Brigachquelle ein keltisches Heiligtum
befunden hat.

An St. Georgen vorbei schlängelt sich die Brigach nach
Donaueschingen und teilt sich das Tal mit der malerischen
Schwarzwaldbahn. Mitte des 19. Jahrhunderts wurde sie erbaut
und gilt noch heute als Meisterleistung der Ingenieurskunst.
Über Brücken und durch mehr als 30 Tunnel, in Kehren und
Schleifen, bergauf und bergab, führt der Schienenstrang und
diente anderen Gebirgsbahnen als Vorbild. Manchmal werden
noch Fahrten mit historischen Dampfloks durchgeführt.

Eigentlich sollte man meinen, ein Fluss könne nur *eine* Quelle
haben. Die Donau jedoch gibt sich damit nicht zufrieden und
entspringt im Schlosspark der Fürsten von Fürstenberg in Donaueschingen zum zweiten Mal in einem kunstvoll eingefassten Quelltempel. Grün schillert das Wasser in dem flachen,
kreisrunden Becken, das von einem filigranen Gitter umgeben
ist. Über dem Brunnen thront das pathetische Denkmal zweier
Frauengestalten. Mutter Baar weist mit ausgestreckter Hand
ihrer Tochter, der jungen Donau, den Weg hinaus in die Welt.
Mit »Baar« ist die flache Landschaft zwischen Schwarzwald
und Schwäbischer Alb gemeint. Der fürstliche Brunnen wird
weder von Breg noch Brigach gespeist. Vielmehr handelt es
sich hier um eine kleine Karstquelle, wie es viele in dieser Gegend gibt, die nach wenigen Metern in die Brigach mündet. Die
von Kaiser Tiberius ausgeschickten römischen Geografen hatten sich nicht in den damals wilden, gefährlichen und unweg-
samen Schwarzwald hineingewagt. Sie entschieden einfach,
dass die Donau hier, am Fuß des Schwarzwalds, entspringt.

Die Fürsten von Fürstenberg machten sich das später zunutze und schmückten sich damit, dass sich der Ursprung der Donau in ihrem Park befinde.

Im »Hirschen«, einem traditionsreichen Gasthaus in Donaueschingen, wo ich mein Fahrrad während der Quellwanderung untergestellt hatte, übernachte ich. Am nächsten Tag nehme ich mir Zeit, die Stadt und das fürstenbergische Schloss zu besichtigen. Vor allem die Hofbibliothek interessiert mich. Neben zahlreichen kostbaren Handschriften soll hier auch eine Fassung des Nibelungenlieds aufbewahrt sein. In der im 13. Jahrhundert niedergeschriebenen Sage werden nicht belegbare Ereignisse aus dem 5. Jahrhundert berichtet, unter anderem auch Kriemhilds Hochzeitszug entlang der Donau nach Ungarn zu König Etzel, besser bekannt als Hunnenkönig Attila. Wie passend, dass sich das Heldenepos über diese Flussreise gerade hier am Beginn der Donau befindet. Allerdings muss ich dann erfahren, dass der Fürst von Fürstenberg das kostbare mittelalterliche Werk bereits im Jahr 2001 der Badischen Landesbibliothek in Karlsruhe verkauft hat.

Donaueschingen wurde erstmalig 889 in einer Schenkungsurkunde erwähnt. Der Ort wechselte mehrmals seine Besitzer und wurde im 15. Jahrhundert von der Familie der Fürsten von Fürstenberg erworben. Sie zählt zu den ältesten des Hochadels und geht zurück bis ins 9. Jahrhundert, zu ihrem Urahn Unruoch II., dessen Sohn Eberhard eine Enkelin Karls des Großen heiratete. Im Jahr 1908 wurde Donaueschingen durch einen verheerenden Brand völlig zerstört. Beim Wiederaufbau entstanden Häuser mit Jugendstilfassaden, und anstelle der bis dahin bäuerlichen Dorfstruktur entwickelte sich eine Stadt des Bürgertums.

Hinter dem Schloss, einem mächtigen, lang gestreckten neubarocken Gebäude mit weißer Fassade und schiefergrauem Dach, das im 19. Jahrhundert seine heutige Gestalt erhielt, öffnet sich der Schlosspark. Im Süden wird der Park von der Breg begrenzt und im Norden von der Brigach durchflossen. Hohe Laubbäume beschatten Wege und Wiesen. Auf Teichen und Bächen dümpeln Stockenten, Graureiher spähen am Ufer nach Beute. Bachstelzen hüpfen von Stein zu Stein, wippen mit ihren langen Schwanzfedern, Buchfinken schmettern in den Kronen der Bäume ihre Lieder. Ein kaffeebraunes Eichhörnchen springt über den Weg und huscht blitzschnell einen Baumstamm hinauf, keckert von oben zu mir herab.

Am östlichen Parkende fließen Breg und Brigach zusammen, und nun entspringt die Donau zum dritten Mal, denn die Vereinigung der beiden Quellbäche gilt offiziell als Beginn der Donau. Von hier bis zur österreichischen Grenze wird sie 618 Kilometer zurücklegen.

Eigentlich müsste die Zählung dieses ersten Flusskilometers mit »null« beginnen, denn Flüsse werden üblicherweise flussabwärts gemessen. Nicht so die Donau, sie beansprucht auch da eine Ausnahme. Sie beginnt am Schwarzen Meer mit Kilometer null und endet im fürstlichen Park von Donaueschingen mit Kilometer 2845.

Die Donau verschwindet
Von Donaueschingen nach Beuron

Als munter murmelnder Bach schlängelt sich die Donau in sanften Schleifen durch blühende Wiesen. Beschwingt radle ich an ihr entlang und erfreue mich an der bunten Pracht, wie ich sie aus meiner Kindheit kenne, als noch nicht ständig gemäht und gedüngt wurde. Ein farbenfrohes Bild wie auf der Palette eines impressionistischen Malers, wo die Farben wild durcheinanderwirbeln, bietet sich mir beidseits des Radwegs. Ich freue mich, dass ich die Pflanzen noch alle benennen kann: blaulila der Storchschnabel, blassrosa mit geschlitzten und gefiederten Blüten die Kuckuckslichtnelke, rosarot der Wiesenknöterich, daneben die nickenden Blüten des Bachnelkenwurzes, auch das dunkelrote Sumpfblutauge fehlt nicht, dazu Wiesenwachtelweizen, Klappertopf und Hahnenfuß – als Kind nannte ich ihn Butterblume –, der prächtig rote Blutweiderich, die violetten Teufelskrallen und Margeriten, die weiße Tupfer in das bunte Muster setzen. In den Bäumen und Sträuchern am Wiesenrand singen Gelbspötter und Mönchsgrasmücken, am Himmel kreist ein Roter Milan.

Nach wenigen Kilometern schon endet das blumengeschmückte Ried bei Pfohren, dort brütet auf dem Kirchturm ein Storchenpaar. Der Donau sind Bäche zugeflossen, und als ansehnlicher Fluss rauscht sie nun durch die Ortschaft. Auf dem Weg nach Geisingen, wo ich übernachten werde, erhebt sich links ein 820 Meter hoher Vulkankegel aus der flachen Landschaft, auf dessen Gipfel das Schloss Wartenberg steht. In alten Zeiten haben sich die Wartenberger und die Fürstenberger lange Jahre gestritten und bekämpft, bis es Graf Heinrich II. von Fürstenberg gelang, eine Wartenbergerin zu ehelichen. Damit hatte der Zwist ein Ende, und der Graf übernahm den gesamten Besitz der Wartenberger.

Am nächsten Morgen, einem kühlen, bewölkten Tag, radle ich von Geisingen weiter nach Immendingen und blicke dort in ein trockenes Flussbett. Fast das gesamte Wasser der Donau, die zu einem stattlichen Fluss geworden war, versiegt plötzlich. Gurgelnd und gluckernd, in kleinen Strudeln verschwindet das Wasser spurlos im Untergrund. Wie von magischer Kraft wird es unter die Erde gesogen. Die Donau, die schon mit ihren drei Quellen für Verwirrung gesorgt hatte, gibt es nicht mehr, sie versickert. Fossiliensucher freuen sich, denn in dem trockenen Flussbett findet man seltene Muscheln und Versteinerungen von Tieren, die vor Jahrmillionen hier lebten.

Die Ausläufer der Schwäbischen Alb mit ihrem wasserlöslichen Karst sind an der Versickerung schuld. Die Donau hat über lange Zeiträume hinweg immer größere Löcher aus dem Kalkgestein herausgelöst. Unterirdisch rauscht das Wasser durch ein weitverzweigtes Höhlensystem und kommt zwölf Kilometer entfernt als Quelle wieder ans Tageslicht. Aber nun heißt der Fluss nicht mehr Donau, sondern Aach und mündet in den Bodensee. Aus dem Bodensee wiederum fließt nur ein Fluss heraus – der Rhein. Wollten wir dem Quellwasser von Breg und Brigach folgen, müssten wir jetzt zum Rhein wechseln und unseren Weg an der Nordsee beenden, denn die junge Donau ist eigentlich ein Quellfluss des Rheins.

Doch allmählich füllt sich das trockene Flussbett der Donau von Neuem durch einmündende Bäche. Vor allem im Frühjahr zur Schneeschmelze und an Tagen, wenn es stark regnet, gibt es genügend Wasser, sodass sich trotz Versickerung ein schmales Rinnsal durch das alte Flussbett schlängelt und später durch Zuflüsse wieder Gestalt annimmt. Es bleibt aber nicht bei dieser einen Versickerungsstelle. Auf einer Strecke von rund 30 Kilometern von Immendingen über Tuttlingen bis Fridingen gibt es jede Menge durchlässige Stellen im Kalkgestein. Verzweifelte Müller, denen das Wasser zum Betrieb ihrer Mühlen fehlte, haben in früheren Zeiten versucht, die Spalten und Risse mit Sand, Lehm und Holzpfählen zu stopfen, später mit Zement, doch das Flussbett ist nicht dicht zu kriegen. Daher wurde in heutiger Zeit ein Umlaufstollen gebaut, der, bevor der Untergrund durchlässig wird, Wasser abzweigt und es danach wieder ins Flussbett einspeist. Damit wurde aber der Unmut von Bewohnern an der Aach hervorgerufen, die nun über Wassermangel klagen.

Wenn ich geglaubt hatte, die Abenteuer und Geheimnisse des Reisens könnte ich nur in fernen Ländern finden und meine Wanderung entlang der Donau durch Deutschland würde keine Überraschungen in sich bergen, so bin ich schon auf den ersten Kilometern eines Besseren belehrt worden. Nie hätte ich gedacht, dass die uns allen wohlbekannte Donau so viel Neues und Unbekanntes zu bieten hat. Anders als bei meinen sonstigen abenteuerlichen Reisen in exotischen Ländern bewege ich mich diesmal durch eine vertraute Kulturlandschaft mit Straßen, Städten, Dörfern, und doch spüre ich bei jedem morgendlichen Aufbruch, wie sich mein Herzschlag vor Spannung beschleunigt.

Das breite Tal, durch das der Radweg mich von Immendingen bis Tuttlingen führt, ist wiesengrün und wird von bewaldeten, dunkelgrünen Höhenzügen begrenzt. Die Dörfer liegen dicht beieinander. Unter den Dächern der Häuser entdecke ich Nisthilfen für Mehlschwalben, auf den Kirchtürmen hin und wieder ein Storchennest. Früher war diese Gegend römischem Einfluss unterworfen. Eine der zahlreichen Römerstraßen führte von Straßburg nach Tuttlingen.

In Möhringen bestaune ich auf dem Marktplatz einen Brunnen mit einer prächtigen braun und gold lackierten Statue, einer Mohrin. Sie ist in Erz gegossen, barbusig und nur mit einem Lendenschurz aus Federn bekleidet. In der Hand hält sie Pfeil, Bogen und Köcher, und auf ihrem schwarzen Kraushaar prangt ein goldenes Diadem. Der Name des Ortes lautete bis ins 13. Jahrhundert »Moringas«, abgeleitet vom alemannischen Sippennamen Moro. Von Kaiser Friedrich III. bekam Möhringen im Jahr 1470, nachdem es schon fast 200 Jahre lang als Stadt anerkannt war, endlich das heiß ersehnte Stadtwappen. Ob der Mohr auf dem Wappen an den alemannischen Siedlungsgründer Moro erinnern soll, lässt sich heute nicht mehr mit Sicherheit sagen. Die Mohrin am Marktbrunnen greift das Motiv des Stadtwappens auf, nur hat man diesmal eine weibliche Figur gewählt.

Am Himmel kämpfen Sonne und Wolken um die Vorherrschaft, mal wird die Sonne verdeckt, dann brennt sie wieder heiß herab. Üppig grün sind die Wiesen, gedüngt und bewirtschaftet, haben sie ihre Blütenpracht verloren. Nirgendwo ein Schmetterling, auch kein Heuhüpfer, keine Grille und keine Schwebfliege oder was es sonst an Insekten geben mag, sie fehlen alle. Die intensive Landwirtschaft lässt wenig Raum für Pflanzen und Tiere.

Die Donau hat in der Vergangenheit, seit man vor etwa 200 Jahren mit der Uferbegradigung begann, eine Unzahl künstlicher Eingriffe ertragen müssen. Man glaubte, dadurch die Hochwassergefahr bannen zu können. Erreicht wurde das Gegenteil, vor allem für die am Unterlauf gelegenen Orte. Neben dem Hochwasserschutz wollte man aber auch neues Land urbar machen, und so wurden die Windungen und Schleifen der Donau begradigt, Altwasserarme trockengelegt, im Fluss liegende Kiesinseln beseitigt, bis man die Donau in ein schnurgerades Bett gezwungen hatte, mit schwerwiegenden Folgen. Die Fließgeschwindigkeit beschleunigte sich, tief und tiefer grub sich der Fluss in den Untergrund hinein, der Grundwasserspiegel sank, die Auwälder vertrockneten. Der Lebensraum für Tiere und Pflanzen, die an diese Umwelt angepasst waren, ging verloren.

Mit hohem finanziellen Aufwand und Einsatz schwerer Maschinen wird versucht, die Donau zu renaturieren. »IDP«, »Integriertes Donau-Programm«, wird das Projekt genannt, mit dem eine naturnahe Flusslandschaft gestaltet wird. Das Wappentier des IDP ist der Flussregenpfeifer, der das Leben an einem natürlichen Fluss symbolisieren soll. Bild- und Texttafeln entlang des Flusses liefern Informationen wie zum Beispiel, dass für eine Strecke von nur 1,8 Kilometern 50 000 Kubikmeter Erdreich und Kies bewegt wurden, was fast zwei Millionen Euro kostete. Auf die Renaturierung der Donau zwischen Hundersingen und Binzwangen ist man besonders stolz. Hier könne der Fluss wieder seine natürliche Dynamik ausleben, heißt es auf den Bildtafeln. Allerdings sind es nur 2,7 Kilometer, die 2,6 Millionen Euro gekostet haben. Das IDP ist gut gemeint, ob jedoch trotz des immensen Aufwands wirklich viel erreicht wird? Die naturnah gestalteten Abschnitte sind viel zu klein und scheinen mir eher Alibifunktion zu haben. Wichtiger wäre, den technischen Ausbau der Donau mit Stauwerken, Stauseen, Schleusen und Begradigungen nicht fortzusetzen.

Eine kleine Wildnis erfreut mich wenige Kilometer vor Mühlheim am Wulfbach, einem schmalen Gewässer, das vom Hang herab in die Donau mündet. Wuchernde Vegetation und umgestürzte Bäume zeigen ein ungewohntes Bild, wie man es in unserer aufgeräumten Landschaft kaum noch findet. Das dschungelartige Durcheinander hat ein besonderer Baumeister ganz ohne finanziellen Aufwand geschaffen – der Biber. Auf einer Infotafel lese ich, dass im Jahr 1834 der letzte hier lebende Biber geschossen worden ist. Doch seit einigen Jahren wandern Nachkommen der Tiere, die man in Bayern ausgewildert hatte, bis nach Baden-Württemberg. Überall, wo er auftaucht, staut er Wasserläufe, verwandelt unsere geordnete Landschaft in ein wildes Mosaik ökologischer Fülle. Der Nager verändert die Umwelt, wie es sonst nur der Mensch kann. Er setzt Äcker unter Wasser, fällt Obstbäume, vernässt Wiesen, manchmal verstopft er auch Klärabflüsse und höhlt Uferböschungen aus. Dennoch sind die Schäden marginal und durch finanzielle Entschädigungen zu mildern. Zum »Problembiber« wird das Tier in unseren Köpfen, weil wir ihm nicht zugestehen wollen, dass er die nach unseren Ansprüchen ausgerichtete Gestaltung der Ökosysteme durcheinanderbringt.

Nicht weit von der Mündung des Wulfbaches entfernt, hoch über der Donau auf einem Bergsporn, liegt das von einer Stadtmauer umschlossene Mühlheim. Durch ein enges Stadttor, früher der einzige Zugang, gelange ich in die mittelalterlich wirkende Stadt mit verwinkelten Gassen und historischen Fachwerkhäusern. Auch das Rathaus ist ein Fachwerkbau aus dem frühen 15. Jahrhundert.

Im Garten des Gasthauses »Altes Stadttor« setze ich mich unter schattige Bäume, die mich vor der prallen Mittagssonne schützen. Als ich nach einer kleinen Pause weiterradle, häufen sich am Himmel dunkle Kumuluswolken. Sie künden von einem nahenden Gewitter. Ich beschließe, nicht im Zelt zu übernachten, sondern mir ein Quartier zu suchen. Bei einem Maisfeld begegne ich einem Bauern. Da ich annehme, es sei sein Feld, verwickele ich ihn in ein Gespräch. Ich will wissen, was er vom Maisanbau hält. Seitdem in Deutschland alternative und nachhaltige Energieformen propagiert werden, wird viel mehr Mais angebaut als früher, von dem der überwiegende Teil nicht mehr dem Füttern der Kühe dient, sondern zu Ökostrom verarbeitet wird.

»Des war amol mein Feld. Ich hab's verkaufe müsse, bin z'alt für die schwere Arbeit«, erzählt mir der Bauer. Das Verbrennen von Mais findet er auch nicht gut, aber das sei die neue Zeit. Besorgt deutet er auf die sich türmenden Wolken und fragt, wo ich vor dem Gewitter Zuflucht finden will.

»In der Nähe von Fridingen im ›Gasthof Bergsteig‹«, antworte ich.

Er nickt beifällig: »Kenn i, war früher ein Weiler, mitten im Wald.«

Ich verabschiede mich und trete kräftig in die Pedale. Bevor das Unwetter losbricht, will ich die Unterkunft erreichen. Ein Steg führt über die Donau zum rechten Ufer, dort schiebe ich mein Rad einen steilen bewaldeten Hang hinauf. Der verwurzelte Waldweg lässt mich eine rustikale Unterkunft erwarten. Doch die Realität holt mich ein, als ich aus dem dichten Wald auf ein Plateau hinaustrete. Das Gasthaus liegt direkt an einer verkehrsreichen Landstraße, die von Fridingen heraufführt. Aber es ist zu spät, eine andere Herberge zu suchen, außerdem versöhnt mich der Blick von hoch oben hinunter auf die Donau und weit über das Land.

Im Gastraum wird ein delikates Abendbüfett geboten, alle Tische sind besetzt. Stimmengewirr und Lachen dröhnen durch den Raum. Die Gäste kennen sich, ich würde mich unter ihnen bestimmt nicht wohlfühlen. Deshalb verziehe ich mich auf mein Zimmer und esse, was ich unterwegs gekauft habe. Immerhin bin ich vor dem jetzt losbrechenden Gewitter geschützt.

Beim Frühstück am nächsten Morgen stelle ich fest, dass ich der einzige Übernachtungsgast war. Die Leute vom Abendessen sind nicht geblieben. Ich komme mit dem Wirt ins Gespräch, und er erzählt mir die spannende Geschichte seines Großvaters. Der war als junger Mann nach Amerika ausgewandert, hatte sich als Goldgräber versucht, tatsächlich Glück gehabt und eine Goldader gefunden. Geplagt von Heimweh, kehrte er nach zehn Jahren in Übersee zurück, kaufte mit dem gefundenen Gold ein Stück Land, auf dem von seinen Nachkommen der jetzige »Gasthof Bergsteig« gebaut wurde.

Nach dem Frühstück verabschiede ich mich vom Wirt und schiebe das Rad den steilen Waldwurzelweg hinunter zur Donau, die sich durch eine wie verzaubert wirkende Landschaft windet. Der Fluss ist nun wieder mindestens so breit wie vor der Versickerung und fließt durch ein enges Tal aus leuchtend weißen Kalkfelsen. Mit zäher Ausdauer und unermüdlicher Kraft, wie es nur das Wasser vermag, hat sich die Donau durch die Schwäbische Alb einen Durchschlupf erkämpft. Mehrere Hundert Meter ragen die senkrechten Felsen empor und begrenzen den Fluss auf den nächsten 20 Kilometern.

Keine Straße führt durch das schmale Tal, nur der Radweg und die Schienen der Bahn schlängeln sich am Fluss entlang. Die Uferwiesen werden wenig gedüngt, so schmücken sie sich mit Leimkraut, Wiesenbocksbart, Klappertopf und Glockenblumen. Schwebfliegen umschwirren die Dolden des Wiesenbärenklaus, und Schmetterlinge gaukeln von Blüte zu Blüte.

Es ist noch früher Nachmittag, als sich das enge Tal zu einem breiten Rund öffnet. In diesem Kessel liegt die Erzabtei Beuron mit der gleichnamigen Ortschaft, mein Tagesziel. Für die Besichtigung des Klosters sowie der einen oder anderen Burg auf den Felsgipfeln und zum Erkunden der Schwäbischen Alb will ich mir Zeit lassen und habe mich für eine Woche in der Herberge »Maria Trost« angemeldet. Das Wirtspaar erzählt mir beim Kaffeetrinken die interessante Geschichte des Hauses: Die Barmherzigen Schwestern vom Orden des heiligen Vinzenz haben die ehemalige Villa im Jahr 1925 erworben und zu einem Exerzitienhaus umgebaut. Edith Stein, eine jüdische Philosophin, die zum Katholizismus konvertierte und in den Karmeliterorden eintrat, weilte oft hier. Am 9. August 1942 wurde sie in Auschwitz ermordet.

Die hauseigene Kapelle, die Möglichkeit zu Rückzug und Besinnung bietet, und die einfach eingerichteten Zimmer prägen noch heute das Haus, obwohl es inzwischen von den neuen Besitzern restauriert und verändert wurde. Ich könnte mir vorstellen, wer Heilung und Genesung für Körper, Geist und Seele sucht, findet hier die geeignete Umgebung. Ich habe es wegen seiner Vergangenheit gewählt und genieße die besondere Atmosphäre.

Im Sommer sind die Besucher sicherlich zahlreich, aber es ist noch früh im Jahr, und so bin ich der einzige Gast im »Maria Trost«. Ich habe das größte und schönste der karg eingerichteten Zimmer bekommen, das einen Balkon mit Blick auf Tal und Kloster hat. Die Donau windet sich in einer weiten Schleife durch den Wiesengrund, die weißen Felsen des Jurakalks umgrenzen den Talkessel wie ein Amphitheater. In diese Naturidylle schmiegen sich die imposanten Gebäude des Kloster Beuron mit ihren hellen Fassaden und den backsteinroten Dächern.

Die ersten Mönche kamen vor über 1000 Jahren in die damals weltabgeschiedene Gegend. Im Jahr 861 wird urkundlich ein Kloster erwähnt, und schon im 11. Jahrhundert war es als Augustiner-Chorherrenstift bekannt. Die Säkularisation, angeordnet von Napoleon, beendete das Klosterleben. Die Mönche mussten ihre Heimstätte verlassen. 60 Jahre lang war das Kloster unbewohnt. Die leeren Räume wurden zeitweilig zweckentfremdet, als Militärhospital, dann wieder als Amtswohnungen. Erst 1862 übergab Katharina Fürstin von Hohenzollern-Sigmaringen die Abtei dem Benediktinerorden. Von da an gingen von Beuron spirituelle Impulse aus, die dem Niedergang infolge der Säkularisation entgegenwirkten. Mehr als 30 Klostergründungen wurden initiiert, die gregorianischen Choräle, die in Vergessenheit geraten waren, wurden wiederbelebt. Auch die Malerei bekam wertvolle Anstöße durch das Kloster Beuron. Drei bedeutende Künstler der Beuroner Kunstschule, Peter Lenz, Jakob Wüger und Fridolin Steiner, traten ins Kloster ein, nannten sich nun Desiderius, Gabriel und Lukas. Mit ihren Werken schufen sie die Vorstufe des Jugendstils.

Es ist Abend geworden, und ich sitze noch immer auf dem Balkon, kann mich von dem Blick in den stillen Talgrund nicht trennen. Dunkle Wolken sind am Himmel aufgezogen, keine schwarzen Gewitterankünder, sondern anthrazitfarbene Regenbringer. Da prasselt es schon auf das frische Laub und das Dach der Herberge, das weit über den Balkon reicht und mich vor Nässe schützt. Als der Regen versiegt, beginnt eine Amsel zu singen. Melancholisch süß durchwebt ihr Gesang die Dunkelheit. Erste Sterne blinken am nun klaren Himmel.

Der nächste Tag ist sonnenwarm, mein Ziel ist die mittelalterliche Trutzburg Wildenstein auf einem über 800 Meter hohen Felsen. Ich lasse das Rad in der Herberge zurück und wandere den Talgrund entlang Richtung Hausen und gelange über eine Brücke zum rechten Flussufer. Ein Pfad, von Wurzeln überzogen und von Bäumen beschattet, führt steil die Anhöhe hinauf zur Burg. Mächtig thront sie auf dem Felsen. Erste Baufunde datieren aus dem 13. Jahrhundert. Anfang des 16. Jahrhunderts wurde die Burg vom Grafen von Zimmern mit Mauern, doppeltem Burggraben und Fallbrücke geschützt und zu einer uneinnehmbaren Bastion ausgebaut. Tatsächlich wurde sie nie erobert und blieb daher unzerstört erhalten. Sie gehört zu den schönsten der an Burgen reichen Gegend.

Lachend laufen Kinder über den Schlosshof und durch die überdachten Wehrgänge, ihre hellen Stimmen hallen durch die alten Gemäuer. Für sie muss es ein unvergessliches Erlebnis sein, in dem wildromantischen Schloss übernachten zu dürfen, denn Burg Wildenstein wurde zur Jugendherberge umgebaut.

Auf dem Rückweg nach Beuron mache ich im Tal bei der Kapelle des heiligen Maurus halt, der im 6. Jahrhundert lebte und zum Nachfolger des heiligen Benedikt wurde. Die Kapelle war das Erstlingswerk der Beuroner Künstler. Das Bauwerk selbst bleibt dem Stil seiner Zeit, dem 19. Jahrhundert, verhaftet, die Fresken aber sind fremdartig und ohne Beispiel in der damaligen zeitgenössischen Kunst. Pater Desiderius und seine beiden Mitstreiter orientierten sich an altägyptischen Vorbildern, entwickelten eine ästhetische Formensprache und wollten durch geometrische Maße und Zahlenproportionen eine Kunst schaffen, mit der sich religiöse Gefühle ausdrücken ließen. Es sind spröde und streng wirkende Darstellungen, denen jegliche Individualität fehlt. Die abstrakten Figuren erinnern an frühchristliche und byzantinische Ikonenmalerei. Ich kann mir gut vorstellen, dass der spätere Jugendstil hier seine Anregung fand. Weitere Werke der Künstlerpatres sollen in der Abteikirche des Klosters zu finden sein. Dort wurde der Hochaltar entfernt und durch das Gemälde »Die Krönung Marias« ersetzt. Ich bin gespannt auf seine Wirkung.

Als ich die Kirche am nächsten Tag betrete, bin ich die einzige Besucherin. Ich liebe es, einen Kirchenraum ganz für mich allein zu haben, ihn in Stille auf mich wirken zu lassen, seine besondere Atmosphäre zu atmen. Überrascht verharre ich beim Eingang, so heiter und beschwingt und unerwartet bunt wirkt der sakrale Raum. Wohl sind die sechs vierkantigen Pfeilerpaare blendend weiß, doch sie und die reinweißen Bögen, die Stuckverzierungen und die ungewöhnlich hoch angesetzten Galerien bewirken durch ihre Helligkeit, dass die Deckengemälde umso farbiger erscheinen. Die Fresken sind eigentlich in dunklen, erdigen Tönen gehalten, dennoch entfalten sie eine leuchtende Kraft. Der aus Riedlingen stammende Maler Josef Ignaz Wegscheider, der um 1720 an der Kunstakademie in Wien studierte, hat sie geschaffen. Die Malerei in der Mitte der Decke zeigt die Gründungslegende des Klosters: eine Jagdszene im Beuroner Talgrund vor der Felsenkulisse der Schwäbischen Alb. Am unteren Bildrand lässt der Flussgott Danubius die Donau entspringen, ein Hirsch mit goldenem Geweih macht den adligen Jäger auf eine Marienerscheinung aufmerksam. Die Mutter Gottes befiehlt, an diesem Ort ein Kloster zu gründen.

Mein Blick richtet sich nun auf den Altar vorne im Kirchenschiff. Das Bild hat mich gleich beim Eintreten gefesselt, so fremd wirkt es in der im Rokokostil gestalteten Kirche. Ursprünglich befand sich dort der um 1760 von Joseph Anton Feuchtmayer geschaffene Altar, eine plastische Darstellung der Himmelfahrt Marias mit Stuckfiguren, die als Meisterwerk und Höhepunkt der Kunst Feuchtmayers galten. Übrig geblieben sind nur die Säuleneinrahmung und der Altartisch. Wo sich die Figuren befanden, hängt nun ein zweidimensionales Bild, das durch seine formale Strenge fast leblos ist. Es strahlt eine Fremdartigkeit aus, die aber vielleicht gerade deshalb so stark die Aufmerksamkeit auf sich zieht und feierlich wirkt wie der Schlussakkord am Ende eines Musikstücks. Das Gemälde zeigt Maria in ein weißes Gewand gehüllt, wie sie von dem ebenfalls weiß gekleideten Jesus gekrönt wird. Beide sitzen auf einer Wolkenbank, hinter ihnen ein goldener Kreis, der die strahlende Sonnenscheibe symbolisiert. Unter ihnen befindet sich der Sarg Mariens. Hinter dem Sarg stehen vier musizierende Frauen mit Heiligenschein, überragt von zwei stilisierten Palmen. Seitlich neben den Frauen befinden sich David mit der Harfe und Papst Gregor, der Namensgeber der gregorianischen Choräle.

Ein weiteres Werk der Beuroner Künstler ist die Gnadenkapelle. Sie steht nicht allein für sich, sondern wurde in die Abteikirche integriert, deren Nordwand dafür eingerissen wurde. Beim Eintritt verschlägt es mir den Atem. Wie in einem Traum meine ich, durch ein Gemälde von Gustav Klimt zu spazieren. Der Raum ist über und über in Gold und Rot gehalten. Alles, aber auch alles ist bemalt, überall Ornamente, Ranken, Spiralen, dazwischen Vögel und Blumen. Zwei alttestamentarische Frauengestalten, Judith und Esther, blicken hoheitsvoll auf den Betrachter herab, neben ihnen die Propheten Jesaja, Jeremia, Ezechiel und David, flankiert von einem Löwenpaar. Am Altar hat die Pietà, ein kostbares Holzschnitzwerk aus dem Jahr 1440, ihren Platz gefunden. Tief beeindruckt verlasse ich die Kapelle.

Am Abend erzählt mir die Wirtin von »Maria Trost«, eine quirlige, lebhafte Frau, dass sie ursprünglich aus Thüringen stamme und einer ihrer Söhne, als die Mauer noch stand, durch die Saale geschwommen sei. Sie und ihr Mann wollten sich in der Beuroner Gegend ein Domizil suchen und zur Ruhe setzen. Bei einem Spaziergang entdeckten sie das Haus und kamen mit dem Vorbesitzer ins Gespräch, der ein Wirtspaar suchte. Da ihr Mann von Beruf Koch ist und sie als Managerin gearbeitet hatte, entschlossen sie sich, weiterhin tätig zu bleiben, und übernahmen »Maria Trost«.

Nebel füllt das Tal, hat den Fluss und sogar die roten Dächer der Abtei verschlungen. Nur die weißen Felsgipfel ragen spitz heraus. Der Klang einer Glocke dringt durch die watteweiche Decke und signalisiert: Da unten gibt es noch Leben. Beim ersten Morgenlicht bin ich hinaufgestiegen auf die Felsen am linken Hochufer, stehe nun auf dem »Gespaltenen Stein« und warte, dass der Nebel sich lichtet. Ich hoffe, dass mir geheimnisvolle Fotos gelingen, wenn zarte Schleier durch das Tal schweben. Eine junge Singdrossel verkürzt mir das Warten. Sie ist noch nicht lange dem Nest entflogen, flattert und hüpft umher und bettelt um Futter. Der Jungvogel versteht noch nicht, dass die schöne Zeit der Fütterung vorüber ist. Die Eltern beginnen schon mit der neuen Brut und kümmern sich nicht mehr um ihr Junges. Bald hebt sich der Nebelvorhang, und weit reicht der Blick über das grüne Flusstal mit den bewaldeten Hängen. Die Donau dort unten im Talkessel wirkt, als würde sie Atem schöpfen, bevor sie sich wieder in die sich verengenden Felsen hineinwagt.

Bei den Wirtsleuten des »Maria Trost« habe ich mich für ein paar Tage abgemeldet und folge, ausgerüstet mit Schlafsack und Zelt, einem Wanderweg hinein in die Schwäbische Alb. Das Mittelgebirge ist 80 Kilometer breit, 220 Kilometer lang und reicht von Tuttlingen bis nach Ulm. Vor 150 Millionen Jahren, im Erdmittelalter, ist der Gebirgsstock entstanden, genauer in einer Zeit, die von den Geologen als »Jura« bezeichnet wird. In einem warmen Flachmeer lebten damals zahlreiche längst ausgestorbene Lebewesen, von denen viele als Fossilien im Kalk versteinert sind.

Der Weg windet sich durch hochstämmige Fichten und dicht belaubte Buchen. Am dunklen Boden leuchten die roten Blüten des Waldvögleins, einer prächtigen, fast einen Meter hohen Orchidee. Es ist still. Kein Vogelruf ist zu hören. So, als würde der Wald jeden Laut schlucken. Plötzlich wildes Keckern. Zwei Eichhörnchen, rostrot und dunkelbraun, jagen sich, springen von Ast zu Ast, rasen Baumstämme hinauf und hinunter. Borke spritzt und splittert bei der vehementen Verfolgungsjagd.

Der Wald geht über in eine flache Hochebene, die mit Wacholderbüschen spärlich bewachsen ist. Eine melancholisch wirkende Landschaft, wo Silberdisteln wie kostbarer Schmuck im Sonnenlicht glänzen. Ein Hase versucht, sich zwischen dürren Gräsern unsichtbar zu machen, und ergreift dann doch lieber die Flucht.

Schafe ziehen über die Heide, wogende, wollweiche Tierkörper. Vielstimmiges Blöken. Hütehunde tanzen bellend um die Herde. Das Zupfen der Halme und das Mahlen der Zähne sind zu hören, übertönt vom Lerchengesang im Himmelsblau. In der Wiese zirpt und summt es. Diese Flächen werden nicht künstlich gedüngt und sind daher voller Insektenleben. Kein Straßenlärm, weit entfernt die Dörfer. Nur wenige Gebiete in Deutschland sind noch so einsam.

Die Sonne versinkt hinter den Bäumen. Nach fünf Wandertagen bin ich zur Donau zurückgekehrt und habe mein Zelt auf einem schmalen Wiesenstreifen zwischen Fluss und Felswand aufgestellt. Leise plätschert das Wasser. Wildenten fliegen auf und landen geräuschvoll auf den glitzernden Wellen. Am seichten Ufer halte ich meine Hand ins Wasser, spüre den Sog, der mich mit sich ziehen will, fühle das Strömen und die Kraft der Donau, die hier noch jung und unerfahren ist. Ich spitze meine Ohren und höre ihr Lied, ein rhythmisches Klopfen, ein Sirren und Poltern. Es sind die Kiesel am Grund, sie wandern und wälzen sich weiter und immer weiter.

Die sterbende Sonne färbt den Himmel rot, ihr Widerschein legt sich wie ein samtenes Tuch auf das Wasser, mischt sich mit seinem silbernen Schimmer. Der Wind frischt auf. Der Fluss kräuselt sich und beantwortet den Luftstoß mit Gurgeln, Grollen und Gluckern. Wieder ist ein Tag zu Ende gegangen, und die Nacht blickt auf die junge Donau hinab. Bald wird sie wachsen, groß und mächtig werden, ein Strom, der sich nicht abbringen lässt auf seinem Weg nach Osten, der so viele Länder verbindet und manchmal auch trennt. Ein Strom, den die Menschen seit Urzeiten als Weg genutzt haben. Flussaufwärts und flussabwärts zogen sie mit all ihrer Habe auf der Suche nach neuen Siedlungsgebieten, mit Waren, um zu handeln, aber auch mit Waffen auf Eroberungszügen.

Und ich? Warum verwende ich so viel Zeit und Mühe darauf, ans Schwarze Meer zu gelangen? Auf der Suche nach mir selbst bin ich nicht, eher auf der nach dem Unbekannten, nach Natur- und Kulturerlebnissen und nach Begegnungen mit Menschen. Sie, die am Fluss leben, will ich kennenlernen.

Venus aus dem Eis
Von Beuron nach Ulm

Die Wirtin des »Maria Trost« hat mir ein üppiges Frühstück bereitet. So gestärkt, folge ich der Donau, die den Talkessel verlässt und sich wieder durch enge Felsen zwängt. Auf den Gipfeln sehe ich immer neue Burgen: Bronnen, Werenwag, Hausen, Gutenstein und wie sie alle heißen. Tatsächlich, fast auf jedem Fels erhebt sich eine Burg oder wenigstens eine Ruine. Sie zeugen davon, wie die Adligen sich in alten Zeiten bekämpft, wie sie Bündnisse geschmiedet und gebrochen haben, weil sie noch mehr Besitztümer an sich raffen wollten.

Die Wiesen sind grün, aber ohne Blumen und Insekten. An den Kalkfelsen turnen keine Kletterer mehr, klirren nicht die Karabinerhaken, klingt nicht hell der Schlag des Hammers, um Sicherungshaken zu schlagen, erschallen nicht mehr die Rufe: »Stand! Nachkommen! Achtung, Seilwurf!« Lebhaft erinnere ich mich an die Zeit, als ich hier die Senkrechte bezwang. Noch immer spüre ich das königliche Gefühl, wenn wir einen schwierigen »Weg«, wie die Routen in einer senkrechten Wand heißen, geschafft hatten. In luftiger Höhe saßen wir auf einer Felsspitze, dort, wohin sonst niemand kam außer uns Kletterern. Wir ließen uns den Wind um die Nase wehen und blickten hinaus in das Land und auf die Donau unter uns mit ihren Windungen und Kurven. Es war berauschend schön, als könne man fliegen.

Aber wegen derjenigen, die wirklich fliegen können, wurden wir gezwungen, unser Kletterparadies zu verlassen. Greifvögel wie der Wanderfalke, aber auch Dohlen, Kolkraben und Fledermäuse finden in den Spalten und Rissen Zuflucht und ziehen dort ihre Jungen auf, außerdem wachsen auf den Gipfeln seltene Pflanzen, Relikte der letzten Eiszeit. Die Interessen der Naturschützer und der Kletterer prallten unvereinbar aufeinander. Die Schützer der Natur setzten sich durch, und die Sportler wurden von ihren geliebten Felsen verbannt. Letztere wehrten sich mit einer Seilschaft von über 1000 Menschen, doch es nützte nichts. Nur an sehr wenigen ausgewählten Felsen darf heute noch geklettert werden. Gewissenhaft sorgen Ranger für die Einhaltung der Verbote.

Auf dem letzten, nicht mehr sehr hohen Fels der Schwäbischen Alb steht das Schloss Sigmaringen so dicht an der Donau, dass sich seine Türme und Erker mit den spitzen Hauben, die mächtigen roten Sattel- und Mansardendächer sowie die hohen Fassaden mit den zahlreichen Fenstern im Wasser spiegeln. Respekt einflößend und altehrwürdig wirkt das ehemalige Residenzschloss der Fürsten von Hohenzollern-Sigmaringen. Seit fast 1000 Jahren steht hier ein Schloss, doch sein heutiges Aussehen stammt aus dem Jahr 1905, als es nach einem verheerenden Brand vom Münchner Hofarchitekten Emanuel von Seidl im historisierenden Stil wiederaufgebaut wurde. Bereits im Mittelalter, aus dem nur wenige Mauerreste erhalten geblieben sind, wurde das Schloss von den Grafen von Zollern, den späteren Fürsten von Hohenzollern, zum Stammsitz erkoren.

Hohenzollern? Diesen Namen assoziiere ich mit Königen und Kaisern, denke an Friedrich den Großen und Wilhelm II., an Preußen und Protestantismus. In Sigmaringen lerne ich, dass das später preußische Herrschergeschlecht seinen Ursprung in Schwaben hatte. Noch heute tragen schwäbisch-katholische Mitglieder dieser Familie den großen Namen. Die schwäbischen Hohenzollern hatten aber immer nur den Fürstenstatus inne. Stolz schmücken sie sich mit dem Beinamen »Sigmaringen«, um sich vom preußisch-evangelischen Familienzweig zu unterscheiden.

Ich übernachte in einem restaurierten, 300 Jahre alten Gasthaus mit Fachwerk, Innenhof und Blumenpracht und habe Zeit zur Schlossbesichtigung. Nie zuvor ist mir beim Besuch von Schlössern und Burgen die Lebensart des Adels so deutlich bewusst geworden wie beim Durchschreiten der Hallen und Räume des Sigmaringer Schlosses. Das liegt sicher daran, weil sie voll eingerichtet sind, nicht nur mit Möbeln, Bildern und Teppichen, sondern auch mit kleinen Utensilien und Gegenständen des täglichen Bedarfs, so, als wären die Bewohner gerade mal eben zur Tür hinausgegangen und würden gleich wiedcrkommen. Das höfische Leben in einem Fürstenhaus wird so lebendig, und mit ein wenig Fantasie kann man sich in vergangene Zeiten hineinversetzen.

Am nächsten Morgen schwinge ich mich wieder auf mein Rad. Der Weg führt nah am linken Ufer entlang. Ich bewundere Schwäne, die hoheitsvoll durch das Spiegelbild des Sigmaringer Schlosses schwimmen, und schon liegt die Ortschaft hinter mir. Das Tal breitet sich nun weit aus, wird zu einer landwirtschaftlich intensiv genutzten Ebene. Getreide, Raps und vor allem Mais und nochmals Mais wachsen auf den Feldern. Keine Lerchen, die wie früher ihre Lieder aus dem Himmelsblau zur Erde klingen lassen. Meine Augen schweifen suchend umher. Wo sind all die Vögel geblieben, die Schmetterlinge und Käfer?

Die Orte reihen sich dicht aneinander. Kaum habe ich einen durchquert, kommt schon der nächste, und in allen steht ein Schloss. Doch nicht hoch oben auf Felsgipfeln, denn die fehlen nunmehr, sondern inmitten der Siedlungen. Der erste Ort nach Sigmaringen heißt Sigmaringendorf, wo die Lauchert, aus der Schwäbischen Alb kommend, ihr Wasser in die Donau ergießt. Nach nur vier Kilometern erreiche ich Scheer. So klein Scheer auch ist, es hat ein beeindruckendes Renaissanceschloss, das aus drei hohen Gebäudeteilen besteht. Der Dichter Eduard Mörike weilte hin und wieder im Ort bei seinem ältesten Bruder, der in Diensten der Fürsten Thurn und Taxis stand. Mörikes Gedichtsammlung »Grünes Heft« ist in Scheer entstanden.

Fünf Kilometer weiter liegt gegenüber von Ennetach am rechten Donauufer der Ort Mengen mit seinen Fachwerkhäusern aus dem 15. bis 17. Jahrhundert. Weit früher gab es dort ein römisches Kastell, von dem aus das Donautal überwacht wurde. Die zahlreichen Funde aus dieser Zeit sind im »Römermuseum« ausgestellt. Das Museum, eine ehemalige Scheune mit einer Front ganz aus Glas, zeigt anschaulich die Geschichte der Eroberung der einst von Kelten besiedelten Gegend durch römische Truppen und das Alltagsleben in einer römischen Provinz.

Bei Blochingen künden Infotafeln wieder vom Bemühen um eine naturnahe Flussgestaltung. Bis 1820 floss die Donau in weiten Mäandern durch die Aue, bevor sie in ein schnurgerades Bett gepresst wurde. Auf eineinhalb Kilometern hat man mit Baggern auch hier einen Flussbogen gegraben und Kiesinseln aufgeschüttet. Auf eine Uferbefestigung wurde absichtlich verzichtet, der Fluss soll sich frei bewegen können. Von einem hölzernen Turm aus können Besucher das Werk bestaunen. Viel scheint mir nicht gewonnen. Vielleicht ist auch mein Anspruch zu hoch, weil ich das Erreichte an dem messe, was verloren ging.

Hundersingen liegt weit oben auf dem linken Hochufer und wird von einer riesigen Kirche überragt. Im Dorf leben knapp 900 Menschen, doch die Kirche hat fast die Ausmaße einer Kathedrale, das macht mich neugierig, und ich entschließe mich zu einem Abstecher hinauf in die Ortschaft. Dazu muss ich den bequemen, ebenen Uferweg verlassen und den ziemlich steilen Hang hinauffahren. Von oben kann ich weit über das breite Donautal blicken. Die Kirche ist Sankt Martin geweiht und aus unverputztem roten Backstein gemauert. Mit dem 43 Meter hohen Turm und dem gewaltigen Kirchenschiff wirkt sie auf mich einschüchternd, doch innen ist der Kirchenraum hell und licht und vermittelt Geborgenheit.

Im Schatten hoher Laubbäume setze ich mich auf eine Bank und blättere in einem Büchlein, das die Baugeschichte der Martinskirche schildert. Demnach wurde im Jahr 1905 die alte Kirche abgerissen und diese dreischiffige Pfeilerbasilika im neuromanischen Stil erbaut. Warum sie so groß geplant wurde, obwohl im Ort nur wenige Einwohner leben, wird nicht berichtet. Eine Bemerkung rührt mich besonders: Die Störche, die auf der alten Kirche ihr Nest hatten, wehrten sich verzweifelt gegen die Zerstörung ihres Brutplatzes, und als sie den Abriss nicht verhindern konnten, verließen sie die Gegend für immer.

Vorerst kehre ich nicht zur Donau zurück, sondern lasse in einer Gaststätte von Hundersingen mein Rad mitsamt den Fahrradtaschen einschließen und wandere mit Rucksack über das Hochplateau. Die Langsamkeit zu Fuß bewirkt, dass ich die Umwelt deutlicher mit allen Sinnen wahrnehme. In früheren Zeiten war die Hochebene ein bevorzugter Siedlungsort gewesen. Hügelgräber säumen meinen Weg, über 50 sollen es sein. Fünf bis zehn Meter hoch sind sie und von einer geschlossenen Grasdecke überzogen. Sie wirken völlig intakt, dabei wurden sie bereits in antiker Zeit ihrer wertvollen Grabbeigaben beraubt. Archäologen fanden bei ihren Ausgrabungen dennoch unglaublich viele Gegenstände und richteten in der ehemaligen Zehntscheune des Klosters Heiligkreuztal in Hundersingen das »Keltenmuseum« ein.

Die eigentliche Sensation aber ist Heuneburg, eine der bedeutendsten Siedlungen der Kelten. Schon vor 2500 Jahren hatten die Heuneburger weit entfernte Handelspartner an der Ostsee und am Mittelmeer bis nach Griechenland. Als ich wenige Kilometer von Hundersingen entfernt die Ausgrabungsstätte auf dem Hochplateau erreiche, empfängt mich eine tobende Kinderschar. Endlich aus ihren Klassenräumen und vom Stillsitzen befreit, rasen Kinder kreuz und quer durch die restaurierte Keltensiedlung, rein in die Wohnhäuser, dann wieder hinüber zu den Speichern und Scheunen, zum engen Backhaus, zur Schmiede und zur Töpferei. Sie rennen die Wehrgänge entlang und fuchteln mit Holzstöcken herum, als wären es Schwerter. Vielleicht erfahren sie dabei, wie man sich als Kelte gefühlt haben musste, wenn es galt, die Stadt zu verteidigen. Die Lehrer trinken derweil Cappuccino im kleinen Café und erholen sich ein wenig von ihrem anstrengenden Beruf.

Einst bot Heuneburg Platz für 5000 Menschen. Möglichst originalgetreu wurde der Ort rekonstruiert, dabei achtete man darauf, nur Werkzeuge und Materialien zu verwenden, die damals den Kelten zur Verfügung standen. Die Häuser hat man mit Stühlen, Tischen, Betten und Gegenständen des täglichen Bedarfs eingerichtet, die den bei den Ausgrabungen gewonnenen Erkenntnissen nachempfunden wurden.

Heuneburg war von 620 bis 470 v. Chr. bewohnt. Ob ein feindlicher Überfall zum Ende der keltischen Ortschaft führte, ist nicht bekannt. Fest steht nur, dass ein Feuer wütete und die Gebäude danach nicht mehr aufgebaut wurden. Es war eine kriegerische Zeit voller Umbrüche, Wirrungen und Verwerfungen, denn gleichzeitig sind auch zahlreiche andere Keltensiedlungen aufgegeben worden. Funde aus einer späteren Periode zeigen eine veränderte keltische Kultur. Die Römer waren nicht an der Zerstörung von Heuneburg beteiligt. Sie kamen erst um 15 v. Chr. ins Land, da lebte schon lange keiner mehr in Heuneburg.

Die heutige Ausgrabungsstätte war keine Burg, kein befestigter Herrensitz, sondern eine Siedlung von Bauern, Handwerkern und Händlern. Die Häuser sind einheitlich schlicht, nur ein Gebäude ist größer. Es kann ein Versammlungsraum gewesen sein oder das Haus einer höhergestellten Familie, deren Angehörige von den Archäologen wegen ihrer prunkvollen Bestattungen als »Fürsten« bezeichnet werden. Nur 200 Jahre lang existierte die Siedlung, deren Bewohner ungeheuer reich gewesen sein müssen, denn sie kontrollierten die Fernhandelswege. Da gab es Krüge aus Rhodos, Trinkbecher aus Attika, Amphoren aus Italien und Griechenland, Bernstein aus dem Baltikum, kostbaren Gold- und Silberschmuck. Sie heuerten Baumeister aus Marseille an, dem damaligen Massilia, und ließen sich von ihnen eine Wehranlage konstruieren, wie es sie sonst nirgendwo nördlich der Alpen gab. Die Archäologen haben 80 Meter der Mauer, die Heuneburg einst ringförmig umschloss, rekonstruiert. Da ist zuerst ein drei Meter hoher Sockel aus sorgfältig aufgeschichtetem Kalkgestein, darauf wurde ein Holzfachwerk errichtet, ausgefüllt mit luftgetrockneten Lehmziegeln. Diese Bauweise war typisch für den Mittelmeerraum. Auf der Mauer erheben sich ein überdachter Wehrgang und alle zehn Meter ein in die Mauer integrierter Wachtturm. Vor dieser Mauer befanden sich drei Reihen zugespitzter Palisaden. Für Angreifer war es fast unmöglich, diese Hürden zu überwinden.

Besonders viele Erkenntnisse über die damalige Lebensweise haben Archäologen durch das Öffnen der Grabstätten gewonnen. Beerdigt wurden die Toten in Hügelgräbern, die wie eine Wohnung eingerichtet waren, ausgestattet mit Werkzeugen, Gegenständen des täglichen Bedarfs, mit Esswaren und Trinkgefäßen, als würden die Verstorbenen weiterleben. In einem Grab fanden die Forscher einen vierrädrigen Wagen mit Goldbeschlägen, filigranen Goldschmuck, der an etruskische Kunst erinnert, und den Stirnpanzer für ein Pferd. Das Bronzeblech war mit Spiralmustern verziert. In Mitteleuropa gibt es kein vergleichbares Objekt. Ein ähnliches Stück wurde weit entfernt in Sizilien gefunden, wahrscheinlich ist es phönizischen Ursprungs. Das beweist einmal mehr, dass die Bewohner dieser frühkeltischen Siedlung durch Handel und kulturellen Austausch weiträumig vernetzt waren.

Im Jahr 2010 entdeckte ein Bauer beim Pflügen das Grab einer »Fürstin«. Es ist das einzige Grab in der Umgebung von Heuneburg, das nicht ausgeraubt wurde. Die Holzabdeckung war bald nach der Bestattung zerbrochen, dadurch sank der Hügel ein und war für Grabräuber nicht mehr erkennbar – für die Archäologen ein unerwarteter Glücksfall. Damit sie in Ruhe arbeiten konnten, hob man das Grab im Ganzen heraus, verlud es auf einen Lastwagen und brachte es in eine Lagerhalle nach Ludwigsburg. Millimeter um Millimeter wurde vorsichtig von dem dunkelgrauen Klotz abgeschabt, der sechs mal sieben Meter groß war und 80 Tonnen wog. Im Inneren der modriggrauen Masse lag eine Frau, die etwa 580 v. Chr. gestorben war. Eichenhölzer bildeten eine Grabkammer von 16 Quadratmeter Größe. Die Hölzer waren gut erhalten, sogar die Jahresringe konnte man zählen, denn Feuchtigkeit hatte das Material konserviert. Nur von den sterblichen Überresten der Keltin war nicht mehr viel erhalten, dafür aber ihr Schmuck. Sie trug Perlen, Ringe und Spangen um Hals und Hüfte, ebenso um Hand- und Fußgelenke. Der Schmuck markierte ihren verschwundenen Körper, ein Schemen, eingefasst in Bernstein und Gold.

Ich blicke von der rekonstruierten Wehranlage hinaus ins Donautal. Der Fluss beschreibt einen sanften Linksbogen und fließt in nordöstlicher Richtung weiter. Am linken Ufer, wo ich mich befinde, steigt die Böschung etwa 60 Meter steil zum Heuneburg-Plateau hinauf. In meiner Fantasie male ich mir aus, wie es vor 2500 Jahren hier ausgesehen haben mag. Sicherlich war die Gegend dicht bewaldet. Die Donau zog mit immer wieder neuen Mäandern durch eine wilde Aue, änderte bei jedem Hochwasser ihre Erscheinung, bildete neue Bögen, verlegte Kieselinseln, schnitt Altwasserarme ab, die allmählich verlandeten und eine schier undurchdringliche Wildnis schufen, wie es sie heute in Westeuropa nirgendwo mehr gibt. Eine Heimat für Tiere wie Bären und Wölfe, Hirsche und Wisente. Das bedeutete reichlich Beute für die Jäger von Heuneburg. Nicht umsonst hatten sie sich gerade hier angesiedelt, an der Nahtstelle zwischen der Schwäbischen Alb und den Sümpfen, Mooren und Wäldern der Donau.

Wolken verdunkeln wieder einmal den Himmel. Ich bin zurück nach Hundersingen gewandert, schwinge mich auf mein Rad und mache mich auf nach Zell, meinem Tagesziel, wo ich ein Zimmer reserviert habe. Die Wege führen zwischen den Feldern entlang. Sie sind asphaltiert, zum Wandern unbequem, und so ist das Fahrrad das geeignete Fortbewegungsmittel. Bei Binzwangen wechsle ich aufs rechte Donauufer und erreiche auf einer Anhöhe Neufra, wo ich die »Hängenden Gärten« besichtige, Terrassen, die schon im 16. Jahrhundert auf 16 Meter hohen Stützmauern errichtet worden sind.

Wieder am linken Ufer, gelange ich nach Riedlingen. Kraftraubend geht es nach oben, vorbei an historischen Fachwerkhäusern, die ein prächtiges Ensemble bilden. Die gesamte Stadt steht unter Denkmalschutz. Auf dem Rathaus sehe ich ein Storchennest. Seit Menschengedenken kehren die Störche jedes Jahr zu ihrem Nest zurück. Noch nie seien sie ausgeblieben, sagen die Leute. Das habe die Stadt vor Kriegswirren, Plünderungen und Bränden geschützt. Tatsächlich ist Riedlingen einer der wenigen Orte in Süddeutschland, der selbst während des Dreißigjährigen Kriegs verschont geblieben ist. In Beuron hatte ich die Fresken des Malers Josef Ignaz Wegscheider gesehen, der in Riedlingen gelebt hat. Sein Wohnhaus, ein barockes Stadtpalais, liegt mitten in der Altstadt und wird als Fernhochschule genutzt.

Bis Zell sind es nur noch wenige Kilometer. Als ich das »Gasthaus Adler« erreiche, kann ich nur einen kurzen Blick hinauf zu den eifrig hin und her fliegenden Mehlschwalben werfen, die unter dem Dach brüten, bevor sich die Wolken öffnen und Regen herabprasselt. Schnell stelle ich mein Fahrrad in den dafür vorgesehenen Schuppen und betrete die Gaststube der Familie Britsch. Die Wirtin zeigt mir mein Zimmer. Ich sei heute ihr einziger Übernachtungsgast, sagt sie.

Am nächsten Morgen erzählt mir Frau Britsch beim deftigen Frühstück mit Erzeugnissen vom eigenen Bauernhof, dass sie und ihr Mann die Landwirtschaft vor Kurzem aufgegeben haben. Ihr Mann habe beruflich leidenschaftlich gern mit großen Maschinen und Baggern gearbeitet, aber nach zwei schweren Unfällen habe er aufhören müssen. Sie selbst habe auch ohne

Stallarbeit genug mit der Gastwirtschaft und den Gästezimmern zu tun. Ihr einziger Ausgleich und ihre Freude sei das Singen im Kirchenchor. Die Chormitglieder hätten sie zur Leiterin gewählt, eine Verpflichtung, der sie gern einmal in der Woche nachkomme. »Singen ist Labsal für Seele und Geist«, sagt sie.

Bevor ich aufbreche, rät sie mir zu einem Abstecher zum Bussen. »Das ist unser heiliger Berg, nur zehn Kilometer von Zell entfernt. Früher sind wir zu Fuß hingepilgert, heute aber wallfahrt jeder mit dem Auto dorthin.«

Der Bussen ist ein 776 Meter hoher Kegel aus dem Tertiär, der bei der Alpenauffaltung entstanden ist. Dem Abschliff der eiszeitlichen Gletscher hat er standgehalten. Vermutlich befand sich bereits in keltischer Zeit auf seinem Gipfel eine Kultstätte. Im Jahr 805 wurde dort die Kirche St. Johann Baptist errichtet. Inzwischen gibt es mehrere Gebäude auf dem Bergrücken: die Wallfahrtskirche zur »Schmerzhaften Mutter«, ein Nonnenheim und die Gaststätte »Schönblick«.

»Von oben haben Sie einen fantastischen Blick. Sie können das Ulmer Münster sehen und sogar die Alpen«, macht mir Frau Britsch den Abstecher schmackhaft.

Doch ich verwerfe die Idee sofort, als ich mich von der netten Wirtin verabschiede und ihre gemütliche, warme Gaststube verlasse. Es regnet zwar nicht mehr, aber dicker Nebel hängt bis zum Erdboden herab. Auf dem Bussen wäre mir keine Sicht vergönnt. So wende ich mich wieder der Donau zu. Wegen des Nebels spüre ich die Steigungen eher in meinen Waden, als dass ich sie sehen kann. Es ist eine hügelige Landschaft, die ich nun durchquere. Die Erhebungen sind die Endmoränen der Risseiszeit, der vorletzten Periode der Kaltzeit, die mit mehreren Eisvorstößen vor 350 000 bis 120 000 Jahren stattfand. Damals ließen die Alpengletscher ihre weißen Zungen bis zur Donau gleiten.

In dieser Gegend gab es früher zahlreiche reichsfreie Ortschaften. »Frei« im Wortsinn waren sie keineswegs, nur befreit von den Abgaben an weltliche Herrscher. Dafür mussten sie ihre Erträge bei den Klöstern abliefern. Diese wurden reich und errichteten prunkvolle Gebäude, die heute von Kunsthistorikern hochgelobt werden. Allerdings sind es allesamt Barockkirchen. Schade, dass ich dieser Stilrichtung nicht viel abgewinnen kann. Da sie am Weg liegen, schaue ich dennoch hinein. In Zwiefalten schmückt sich das Benediktinerkloster mit der üppigen Kunst des Spätbarock und des Rokoko. Der nächste barocke Höhepunkt ist in Obermarchtal zu bewundern. Joseph Anton Feuchtmayer, dessen Altar in Beuron anderen Werken weichen musste, hat in dieser Gegend Bedeutendes geschaffen. Mehr aber beeindruckt mich der Kontrast zwischen den sehr kleinen Orten und den im Verhältnis riesig wirkenden Kirchenbauten.

Die Welt ist noch immer in Nebel gehüllt, Grau in Grau, wie heute Morgen, als ich in Zell startete. Die trübe Witterung beeinflusst meine Stimmung nicht, ich habe die glückliche Veranlagung, jeder Wetterlage etwas Positives abgewinnen zu können. Ich mag das Wetter, so wie es ist, mit Stürmen und Nebel, Sonne und Graupel. Sonnenschein stimmt mich fröhlich, bei Sturm bekomme ich Lust, mich ihm entgegenzustemmen, Regen mag ich wegen seiner beruhigenden Wirkung, und Nebel erfreut mich durch seine geheimnisvoll verhüllende Art.

Immer wieder liegen abgebrochene Äste kreuz und quer auf der Straße, mitunter erschwert sogar ein entwurzelter Baum das Vorwärtskommen. Ich muss absteigen und das Rad über die Hindernisse heben. Zuerst wundere ich mich sehr, dann wird mir klar, dass der Regen, vor dem ich gestern noch rechtzeitig die Gaststätte erreicht hatte, sich in der Nacht wohl zu einem Unwetter entwickelt hat. Ein gewaltiger Sturm muss gewütet haben. Von all dem habe ich bei meinem tiefen Schlaf nichts bemerkt. Das Getreide auf den Feldern ist niedergeworfen und verdorben. Mich hat es schon immer bewegt, wie sehr Bauern vom Wetter abhängig sind. In nur wenigen Stunden kann ihre gesamte Existenzgrundlage vernichtet werden. Zwar gibt es heute Versicherungen, staatliche Hilfen, Ausgleichszahlungen, doch wenn der Bauer im Frühjahr die Saat in die Erde gebracht hat, kann er nur hoffen, dass er auch die Früchte seiner Mühen ernten kann.

In Ehingen – noch immer verhüllt Nebel die Landschaft – beschließe ich, die Donau vorübergehend rechts liegen zu lassen und einen Abstecher nach Blaubeuren zu machen. Doch eigentlich verlasse ich die Donau gar nicht, ich folge vielmehr ihrem alten Bett. Denn während der Eiszeit floss die Urdonau genau hier am Rande der Schwäbischen Alb und der eiszeitlichen Gletscher entlang. Auf der wenig befahrenen Landstraße sind es nur 21 Kilometer bis zur Steinzeit.

Das Tor in die Vergangenheit öffnet sich unvermutet. Etwas über zwei Meter hoch ist der Eingang ins Erdinnere, gleichmäßig gewölbt und einladend. Ob der Höhleneingang auch damals so aussah, als die Menschen nach ihrem langen, beschwerlichen Marsch hier ankamen? Das war vor 40 000 Jahren, ein Zeitraum, den ich mir kaum vorstellen kann. Und doch, während ich mich in die Karsthöhle, genannt der »Hohle Fels«, hineintaste, füllt sie sich mit Bildern, die mir meine Fantasie vorspiegelt. Diese steinzeitlichen Menschen waren meine direkten Vorfahren. Sie kamen vom Schwarzen Meer die Donau herauf. Die Eiszeit war noch in vollem Gange, und Gletscher beherrschten das Land. Manchmal, in den wärmeren Zwischenzeiten, zogen sich die Gletscherzungen zurück, nur um dann eiskalt wieder vorzustoßen. Das Flüsschen Ach, das unweit der Höhle fließt, gab es damals noch nicht; hier befand sich das Tal der Donau, die sich durch Felsen und Gletscher einen Weg bahnte. Die Vegetation muss spärlich gewesen sein, so wie heute in der Tundra am Polarkreis. Die Menschen jagten Rentiere, Elche, Wildpferde, Hirsche, Wisente und, wenn es ihnen gelang, auch Mammuts.

Warum haben sie sich auf den weiten Weg gemacht, sind von Afrika über Vorderasien ins gletscherbedeckte Eisland gewandert? Erfahren werden wir das nie. Wir wissen nur: Wenn Lebensbedingungen sich verschlechtern, Nahrung und Wasser knapp werden oder die Population zu groß wird, kommt es zu Wanderungen, und das nicht nur bei Menschen, auch bei Tieren wirken diese Mechanismen. Bereits 300 000 Jahre zuvor waren die Neandertaler im heutigen Europa angekommen und lebten noch hier, als die Menschen, von denen wir abstammen, einwanderten, nachdem sie viele Generationen zuvor ihre ursprüngliche Heimat Afrika verlassen hatten. Wie die Begegnungen verliefen, können wir nur ahnen, jedenfalls gab es intime Kontakte, denn wir tragen Neandertalergene in uns. Etwa 10 000 Jahre, aus heutiger Sicht ein enorm langer Zeitraum, lebten die beiden Menschengruppen nebeneinander, dann verschwand der Neandertaler für immer von der Erde.

Höhlen, die für den öffentlichen Besuch eingerichtet sind, haben auf mich nicht die gleiche Faszination wie unerschlossene Grotten, die ich mit meinen Kletterfreunden hin und wieder erkundet habe. Der »Hohle Fels« ist erfreulicherweise relativ ursprünglich geblieben. Nur am Eingang hängen Schautafeln mit Fotos und Texten. Um den Höhlenboden vor Trittspuren zu schützen, hat man Holzstege ausgelegt. Die Beleuchtung ist spärlich, sodass das Höhlenerlebnis nicht durch zu viel Licht geschmälert wird. Der kurze Gang, der vom Eingang ins Innere führt, ist etwa 15 Meter lang und so hoch, dass ich aufrecht gehen kann. Er mündet in eine Halle, die etwa 40 mal 30 Meter groß ist. Die Felswände sind wild zerklüftet, überall Risse, Spalten und Vorsprünge. Tropfsteine gibt es keine.

Der Töpfer Karl Friedrich Rixinger aus Gerhausen ging oft in diese Höhle und holte sich Lehm und Tonerde für seine Arbeit. Beim Graben stieß er eines Tages auf Knochen, die sich als Skelettreste eines Höhlenbären erwiesen. Das war im Jahr 1830 und erregte weiter kein Aufsehen. Diese Giganten unter den Bären kannte man schon von Funden in anderen Höhlen. Weitere Knochen wurden freigelegt, als ein Bauer, der es auf den Kot der Fledermäuse abgesehen hatte, welcher sich gut als Dünger eignet, schubkarrenweise Höhlenboden abtransportieren ließ. Doch noch ahnte niemand, was für eine Sensation sich in der Tiefe verbarg.

Im Jahr 1872 tagte in der Gegend der Anthropologische Verein. Die Tagungsteilnehmer besuchten auch die Höhle der »Hohle Fels«, und jeder durfte zur Erinnerung Knochen vom Höhlenbären mitnehmen. Später wurde ein ganzer Eisenbahnwaggon gefüllt mit Knochenfunden nach Stuttgart ins Königliche Naturalienkabinett transportiert. Vieles mag damals bei dem rauen Umgang mit den Fundstücken zerstört worden sein. Von der sorgsamen Grabungsarbeit der Paläontologen von heute, die mit Pinsel und Schäufelchen Unglaubliches ans Licht fördern, war man noch weit entfernt

Es war an einem Septembertag im Jahr 2008, als die Schweizer Studentin Aleksandra Mistireki eine Figur fand, geschnitzt aus dem Stoßzahn eines Mammuts. Das Stück misst nur sechs Zentimeter, doch es war eine spektakuläre Entdeckung, die weltweit Aufsehen erregte. Früher bereits hatten Wissenschaftler in der Höhle Tierfiguren ausgegraben, winzige Figurinen, die man leicht mit der Hand umschließen kann: Pferde, Wisente, Wasservögel, Fische, also Tiere, die von den Steinzeitmenschen gejagt und gefangen wurden. Doch die neu entdeckte Figur stellt ein menschliches Wesen dar – eine Frau. Unserem heutigen Schönheitsideal entspricht sie ganz und gar nicht und erst recht nicht unserer Vorstellung von der antiken Göttin der Liebe. Da aber bei den Urgeschichtsforschern der Begriff »Venus« für Frauenfiguren aus der Steinzeit seit Langem etabliert ist, wird auch der Fund aus der Höhle der »Hohle Fels« so genannt. Was die Figur zu etwas Einzigartigem macht: Sie ist 40 000 Jahre alt und damit rund 10 000 Jahre älter als alle bisher weltweit bekannten weiblichen Darstellungen. Für die Wissenschaftler war das eine unglaubliche Entdeckung. Die Fähigkeit zu so feiner und genauer Arbeit hatte man den Eiszeitmenschen dieser frühen Epoche nicht zugetraut.

Obwohl nur wenige Zentimeter groß, strahlt die Statuette enorme Kraft aus. Sie hat mächtige, nach vorn ragende kugelförmige Brüste, breite Schultern und Hüften, und das Dreieck zwischen den Beinen ist detailliert dargestellt. Ein Kopf ist nicht vorhanden, stattdessen gibt es eine Öse, durch die wahrscheinlich eine Kordel gefädelt wurde, um das Stück Elfenbein als Anhänger zu tragen. Beine und Füße wurden ebenfalls weggelassen, dafür sind Arme und Hände sorgfältig geschnitzt. Fast die gesamte Oberfläche der Figur – Bauch, Arme, Brüste – ist mit tiefen Einkerbungen versehen. Diese Ritzungen müssen eine Bedeutung haben, die sich uns aber nicht erschließt.

Da die weiblichen Geschlechtsmerkmale deutlich betont sind, liegt der Bezug zu Sexualität, Geburt und Fortpflanzung nahe. Andererseits zeigt das Schnitzwerk zwar weibliche Formen, aber es sind eben nicht die einer real existierenden Frau. Die »Venus« repräsentiert vielmehr die Idee von Weiblichkeit, von etwas Übermenschlichem, einem Geistwesen, einer Urmutter oder Göttin. Wahrscheinlich wurde die Figur als Amulett benutzt und jeweils von der Mutter an die Tochter weitergereicht, vielleicht gehörte sie aber auch einer Schamanin oder Heilerin.

Sorgsam und mit Mühe geschnitzt, war die Figur den steinzeitlichen Menschen bestimmt wertvoll. Warum aber blieb die »Venus« in der Höhle zurück, als die Gruppe weiterzog? Vielleicht war die Kordel gerissen, oder ein gefährliches Ereignis hatte die Leute zu einem hastigen Aufbruch gezwungen. Auch andere wertvolle Dinge wurden zurückgelassen: Flöten aus den Knochen von Gänsegeiern und die kleinen Tierfiguren. Die Gruppe, die in der Höhle der »Hohle Fels« einige Zeit überwintert hatte, ist wahrscheinlich nach Südfrankreich und Spanien weitergewandert und hat dort die berühmten Höhlenmalereien geschaffen. Die Karsthöhlen in der Schwäbischen Alb waren ungeeignet für Malereien, jedoch haben es die Steinzeitmenschen auch hier versucht. Auf abgefallenen Gesteinsplittern wurden rote Farbpunkte entdeckt.

Als ich aus der Unterwelt nach draußen trete, brauche ich eine Weile, um wieder in der Gegenwart anzukommen. Ich spüre die Sonne auf meiner Haut, höre das Plätschern der Ach, die in der Nähe vorbeifließt. Ich blicke zurück zur Höhle. Sie wirkt so unscheinbar. Da ist nur eine kaum 20 Meter hohe senkrechte, oben grün bewachsene Kalksteinwand. Ein Weg führt direkt am Höhleneingang vorbei, der Ort Schelklingen ist nur einen Kilometer entfernt, und doch hat mich die Höhle auf fast magische Weise in eine ferne Vergangenheit entführt.

Acht Kilometer weiter begegne ich einer zweiten nackten Frauenfigur, der »Schönen Lau«. Sie ist eine Nixe, die im Blautopf wohnt, einer Karstquelle, die einem unterirdischen Höhlensystem entspringt. Das intensive Türkisblau der Quelle hat wohl die Sage von der schönen Wasserfrau beflügelt. Es heißt, sie sei mit dem Wassernix des Schwarzen Meeres vermählt gewesen, doch weil der Fluch der Unfruchtbarkeit auf ihr lastete, habe er sie verstoßen. Ihr Blick ist traurig, seit Urzeiten wartet sie auf Erlösung. Der schwäbische Dichter Eduard Mörike hatte sich der Sagengestalt angenommen und der Schönen ein fünfmaliges Lachen geschenkt. Da war der Fluch von ihr genommen, und der Gemahl holte sie heim ins Schwarze Meer, denn aus der Blautopfquelle entspringt die Blau, die bei Ulm in die Donau fließt und so immer weiter zur Mündung ins Meer. Ein weiter Weg, der auch vor mir liegt.

Die Rufe der Turmfalken, die um das Dach des Klosters und die Kirchtürme Blaubeurens kreisen, wecken mich am Morgen. In alten Zeiten, so erzählt der Wirt des Gasthofes, in dem ich übernachtet habe, mit einem Schmunzeln, soll die Wassernixe im Keller dieses Gasthauses aufgetaucht sein. Es gab eine Wasserader, die den Keller mit dem Blautopf verband. Die Nixe freundete sich mit der damaligen Wirtin und ihren Kindern an. Die kitzelten die Lau und erzählten ihr lustige Sachen, damit sie lachte und erlöst wurde. Bestimmt waren es die

Geschichten der Blaubeurer, die Eduard Mörike zu seinem Werk inspirierten.

Bevor ich Richtung Ulm aufbreche, besuche ich noch einmal den Blautopf. Im frühen Morgenlicht leuchtet die Quelle dunkelblau, als wäre sie unendlich tief. Es sind aber nur 20 Meter bis zum Grund des Quelltopfes. Taucher haben dort unten den Eingang in eine Höhle gefunden, die größte der Schwäbischen Alb. Die ersten Kilometer sind noch wassergefüllt, dann sind die Höhlengänge trocken. Die Forscher entdeckten riesige Hallen mit Tropfsteinen und sich immer neu verzweigende Gänge. Wegen schwerer Tauchunfälle, auch mit tödlichen Folgen, hat die Gemeinde Blaubeuren den »Blautopf« gesperrt. Nur mit Sondergenehmigung darf noch getaucht werden. Zum Abschied blicke ich der schönen Nixe in die Augen und nehme ihren melancholischen Blick mit auf die Reise.

Der Weg nach Ulm ist einfach zu finden, ich muss nur dem Flüsschen Blau folgen, das sich durch Kalkgestein einen Weg gebahnt hat. Die Sonne scheint warm auf Wälder, Wiesen und Getreidefelder, aber auch auf Steinbrüche, Zementwerke und mit Steinen gefüllte Loren. Auf einem der Felsen am Blauufer steht das Schloss Klingenstein nahe der gleichnamigen Ortschaft. Wehrhaft thront das Gebäude auf einem schroffen Felssporn. Es soll dort oben spuken. Unheimliche Sagen ranken sich um seine Mauern. Das »Wilde Heer« habe in der Burg gehaust, und Ritter hätten mit Geistern ihre Kräfte beim Turnier gemessen, heißt es.

Auf den Grundmauern einer Burgruine aus dem 11. Jahrhundert wurde Schloss Klingenstein errichtet. 1860 sollte es abgerissen werden, da die adelige Familie es nicht mehr erhalten konnte, doch dann kaufte ein Apotheker aus Ulm das Schloss. Ernst Gustav Leube war zu Reichtum gelangt, nachdem er entdeckt hatte, dass man aus dem Kalk des Blautals eine reinweiße Farbe, das »Ulmer Weiß«, herstellen konnte. Außerdem mischte er den Kalk in Zahnpasta, damit die Zähne schön weiß wurden. Am meisten verdiente er am Zement, dessen Herstellung er neu entwickelte, jedoch bereits in der Antike hatten die Menschen die Verwendung dieses praktischen Bindemittels beherrscht und dann wieder vergessen.

Als ich mich Ulm nähere, führt der Radweg dicht neben der verkehrsreichen Straße entlang. Der Lärm der Autos, von dem ich so lange verschont geblieben war, nervt mich. Ich versuche, mir statt der Fahrzeuge einen Wasserfall vorzustellen, zum Beispiel den Dettifoss in Island, aber es hilft mir nicht wirklich.

Der Traum vom Fliegen
Von Ulm nach Donauwörth

Kein Aufzug, dabei sollen es 768 Stufen sein. Na ja, man muss ja nicht hinaufsteigen auf den höchsten Kirchturm der Welt. Ich aber will es, also gehe ich es an. Nach 392 Stufen erreiche ich eine Plattform, von der aus man die Aussicht genießen kann. Hier könnte ich es genug sein lassen, der Blick kann kaum besser werden. Doch kein Bergsteiger kehrt um, bevor er den Gipfel erreicht hat, wenn das Wetter es erlaubt. Die Sonne scheint, und der Himmel ist blau, also seufze ich kurz und begebe mich zu der nun sehr schmalen Wendeltreppe. Sie ist so eng, dass sie nur für einen Menschen Platz bietet. Wenn jemand von oben herunterkommt, stecken wir beide fest. Es ist unmöglich, aneinander vorbeizukommen. Ich mache mir wirklich Sorgen und eile, so schnell ich es vermag, nach oben. Da spüre ich einen heftigen Stoß. Erschrocken halte ich inne. Erst jetzt bemerke ich, dass die geschlossene, schützende Mauer von einem filigranen Steingitter abgelöst wurde, durch das der Wind faucht. Fast wird mir schwindelig, weil ich so hoch oben dem harten Luftzug ausgesetzt bin. Mutig steige ich weiter. Endlich bin ich ganz oben und blicke hinunter auf die Dächer von Ulm und weit über das Land.

Wie war es nur möglich, einen so hoch in den Himmel ragenden Turm zu bauen? Wenn mir allein beim Aufstieg die Knie weich werden, wie muss es erst den Arbeitern gegangen sein, die mit Flaschenzügen einen Stein nach dem anderen heraufziehen und in dieser luftigen Höhe verbauen mussten?

Im Jahr 1377 wurde mit dem Bau begonnen. Bürgermeister, Ratsherren und Patrizier öffneten ihre Geldtaschen, um das Vorhaben zu finanzieren, und legten Golddukaten auf den Grundstein. Ganz ohne Fürstenhilfe wollten die Ulmer Bürger ihre Kirche bauen, eine Kirche, die ihnen gehörte und in der sie gefahrlos den Gottesdienst feiern konnten. Die alte lag vor der Stadtmauer, und als Kaiser Karl IV. im Jahr 1376 die Stadt belagert hatte, war der Kirchenbesuch unmöglich gewesen. Das sollte ihnen nicht noch einmal passieren. Gleich ein Jahr später schritten sie zur Tat. Nur 12 000 Einwohner zählte die Stadt damals, doppelt so viele Menschen passen in den Kirchenraum. Das Gotteshaus wurde zum Symbol für die reichen und stolzen Bürger Ulms.

So begeistert man auch begonnen hatte, dauerte es doch ein halbes Jahrtausend, bis das Münster fertiggestellt werden konnte. Im Jahr 1530 kam es zum völligen Baustopp, weil über den »rechten Glauben« abgestimmt worden war. Stimmberechtigt waren wohl nur Männer und von denen wahrscheinlich nur die Patrizier. Jedenfalls entschieden sich 1621 Menschen für den Übertritt zum Protestantismus bei nur 243 Gegenstimmen.

300 Jahre lang blieb das Münster unvollendet, aber nicht nur das. Fanatische evangelische Bilderstürmer zerstörten im Innenraum, was ihre Vorväter geschaffen hatten. Bilder, Skulpturen und Altäre wurden zerschlagen. Jahrhundertelang bot das Münster einen traurigen Anblick. Das Wetter und die im Gemäuer nistenden Tauben setzten das Zerstörungswerk fort. Doch die Ulmer Bürger gaben nicht auf, und so konnte, was 513 Jahre zuvor begonnen worden war, im Jahr 1890 vollendet werden.

Beim Abstieg bemerke ich, dass dafür eine zweite Wendeltreppe vorgesehen ist, deshalb war mir niemand entgegengekommen. Im »Café Tröglein« am Marktplatz belohne ich mich mit einem Cappuccino. Schon 1811 gab es das Café, also noch bevor das Münster fertig geworden war. Im Zweiten Weltkrieg wurde es beim Bombenangriff zerstört, wie fast alle Gebäude am Platz. So nah schlugen die Bomben ein, dass die prachtvollen Fenster des Münsters unter der Druckwelle zerbrachen, obwohl man sie mit Holzwolle und Säcken geschützt hatte. Es kann nur ein glücklicher, kaum erklärbarer Zufall sein, dass das riesige Gotteshaus nicht getroffen wurde, aber alle kleinen Gebäude ringsum. Absichtlich verschont wurde es nicht, so genau kann keiner beim Bombenabwurf aus einem Flugzeug zielen.

Ulm, die Stadt der Superlative, hat nicht nur den mit 161 Metern höchsten Kirchturm der Welt, sondern auch das schönste Rathaus und sogar die schönste Tiefgarage, in die eine Stadtmauer aus der Stauferzeit und das Kellergeschoss eines Patrizierhauses integriert sind. Zudem lebte in Ulm der Flugpionier Albrecht Ludwig Berblinger, der 80 Jahre vor Otto Lilienthal einen Flugapparat gebaut hatte.

1770 in Ulm geboren, kam Berblinger nach dem Tod seines Vaters mit 13 Jahren ins Waisenhaus. Dort wurde er in eine Schneiderlehre gezwungen, obwohl er Uhrmacher werden wollte. Von Kindheit an war seine Leidenschaft die Mechanik. So konstruierte er in seiner freien Zeit die verschiedensten Apparate, sogar eine Beinprothese mit beweglichem Gelenk war dabei. Als Schneider aber waren ihm berufsfremde Tätigkeiten verboten, die Zunftgesetze waren streng, und so wurde er für seine Erfindungen mit Geldbußen bestraft. Jahrelang baute er heimlich an seinem Flugapparat. Bei Testflügen erprobte er das Gerät und hoffte, mit einer Vorführung endlich die Anerkennung der Ulmer Bürger zu bekommen. Vom damals 100 Meter hohen Münsterturm wollte er springen. Doch das erlaubten die hohen Ratsherren nicht. Stattdessen befahl man ihm, anlässlich des Besuches von Friedrich I., König von Württemberg, von einem Felsen an der Donau, der sogenannten Adlerbastei, zu starten. Von dort konnte der Flug nicht gelingen. Die kalte Iller mündet hier in die Donau, wobei gefährliche Fallwinde entstehen.

Der geniale Flugkonstrukteur wusste, die abwärtsgerichteten Luftströmungen würden ihn in die Tiefe ziehen. Er verschob den Flug Stunde um Stunde in der Hoffnung, abends würden sich die Luftverhältnisse ändern. Das Volk verlor die Geduld, schrie und grölte, wollte endlich das Spektakel sehen.

Schließlich schubste ihn einer der Wachleute vom Felsen – und der Schneider von Ulm fiel wie ein Stein in die Donau. Zwar überlebte er den Sturz, doch hämisches Gejohle demütigte ihn, als er tropfnass aus dem Wasser gezogen wurde.

Verhöhnt und verspottet, beschimpft als Lügner und Betrüger, musste er seinen Traum vom Fliegen aufgeben, wurde aus der Schneiderzunft ausgeschlossen und starb völlig verarmt. Eine späte Rehabilitierung wurde dem Schneider von Ulm durch Edgar Reitz, den Regisseur der »Heimat«-Reihe, zuteil. Sein Filmteam baute den Flugapparat gemäß Berblingers Konstruktionszeichnung nach, und tatsächlich, mit dem Gerät konnte man fliegen, wenn man den richtigen Platz zum Absprung wählte. Hätte der Flugpionier, wie geplant, vom Ulmer Münster starten können, wären ihm Anerkennung und Ehre zuteilgeworden. Seltsam, wie nah im Leben manchmal Erfolg und Niederlage beieinanderliegen, wie es nur eines Zufalls bedarf, dass sich das Schicksal in die eine oder andere Richtung neigt.

Der Schneider von Ulm war der erste Mensch, der den Traum vom Fliegen verwirklichte und den Gleitflug erfand. Wie selbstverständlich ist es für uns geworden, in ein Flugzeug zu steigen oder es als Drachen- und Gleitschirmflieger den Vögeln gleichzutun. Uns Menschen ist es gegeben, unmöglich erscheinende Träume zu verwirklichen, die Umwelt nach unseren Wünschen zu formen und zu gestalten, Kunstwerke zu schaffen, Neues zu erfinden, und gleichzeitig sind wir zu den grausamsten Handlungen fähig, können uns selbst und die Erde vernichten.

An meinem letzten Abend in Ulm spaziere ich durch das Fischerviertel. Die Blau teilt sich hier kurz vor ihrer Mündung in die Donau in fünf Arme. Zwei davon sind inzwischen überbaut, aber drei fließen noch durch das Viertel, wo ehemals Fischer und Gerber wohnten. Ihre Fachwerkhäuser stehen direkt an den Bächen und ragen mitunter übers Wasser hinaus.

Brücken überspannen die Blaubäche und verbinden die engen Gassen miteinander. Wenn die Fischer früher ihren Fang feilboten und die Gerber ihre Häute im Wasser einweichten, müssen unangenehme Gerüche das Viertel durchzogen haben. Heute genießt man die Düfte der Restaurants und Cafés. Einst lebte hier die arme Bevölkerung, heute vergnügen sich in der malerischen Umgebung Ausflügler. Entsprechend hoch sind die Preise.

Da trinke ich doch lieber nur ein Bier und gehe zum Abendessen in meine Unterkunft »Hotel Anker«. Es ist das einzige Haus, das am Münsterplatz trotz des Bombenhagels halbwegs unversehrt geblieben ist. Das kleine Hotel mit der dunkelroten Fassade hat zusätzlich zum Restaurant eine spanische Weinstube. Vater und Großvater des Hoteliers stammten aus Spanien, seine Mutter aus Dillingen, erzählt er mir. Sein Großvater war Tuchhändler und transportierte Stoffe von Spanien nach Brasilien. Als das Frachtschiff während eines Sturms im Meer versank, verlor er sein Vermögen. Was blieb ihm anderes übrig, als komplett neu anzufangen? Er entschied sich, nach Deutschland zu gehen, und ließ sich in Ulm nieder.

Auch viele Ulmer Bürger sahen sich früher gezwungen, ihre Heimat zu verlassen, und suchten ihr Glück auf dem Balkan. Anfang des 18. Jahrhunderts waren es die sogenannten Donauschwaben, die Gebiete des ehemaligen Osmanischen Reiches besiedelten, welche der Heerführer Prinz Eugen im Auftrag der Habsburger den Türken abgerungen hatte. Nicht alle Donauschwaben stammten aus Ulm, doch hier sammelten sich Tausende Auswanderer und vertrauten ihr Schicksal den »Ulmer Schachteln«, flachen Holzkähnen, an. Flussabwärts ging die Fahrt ins Ungewisse, in Landschaften, die heute zu Ungarn, Serbien, Bulgarien und Rumänien gehören. Gut 200 Jahre später, nach dem Zweiten Weltkrieg, strömten die Nachfahren zurück in die alte Heimat, die längst zur Fremde geworden war.

An einem sonnigen Tag verlasse ich Ulm und wende mich wieder der Donau zu, die inzwischen ein stattlicher Fluss geworden ist. Die Blau samt den anderen Zuflüssen aus der Schwäbischen Alb und die Iller aus den Alpen haben ihr reichlich Wasser gebracht. Als ich über eine Brücke zum rechten Flussufer quere, passiere ich auch die Grenze zwischen Baden-Württemberg und Bayern.

Mit nachtblauen Flügeln schwirren Libellen übers Wasser, lassen sich rastend auf Seerosenblättern nieder. Blessrallen schwimmen kopfnickend zwischen Binsen und hohem Schilf umher, ab und zu ertönt ihr Warnruf. Wie ein schwarzer Blitz gleitet eine Schlange ins Wasser, windet sich durch den grünen Teppich der Wasserlinsen, den Kopf mit den gelben Halbmonden hoch erhoben. Die Frösche kennen ihre Feindin und sind abgetaucht. Auf einem Ast hält ein Eisvogel nach Beute Ausschau, stürzt sich kopfüber ins Wasser und kehrt – ohne Fisch – auf seine Warte zurück. Tropfen perlen über sein blau schimmerndes Gefieder. Vermodernde Stämme liegen im Wasser, und knorrige Bäume befestigen die Ufer.

Ich befinde mich in einem von der Donau gespeisten Teich- und Seengebiet im Leipheimer Donaumoos. Das 500 Hektar große Naturschutzgebiet reicht von Leipheim bis Günzburg und Gundelfingen. Es ist ein Gebiet aus zweiter Hand, der ursprüngliche Auwald ist durch die Kanalisierung der Donau und den Bau von Staustufen verschwunden. Weil die Aue nicht mehr überflutet wurde, sank der Grundwasserspiegel, die Moore und Riedflächen trockneten aus, und Fichten verdrängten die Auwaldbäume. Nun hoffen Naturschützer, dass sich eine naturnahe Wildnis entwickelt, die von Besuchern, Gästen und Naturliebhabern auf »Erlebniswegen« und Beobachtungstürmen besichtigt werden kann. Es scheint zu glücken, immerhin ist durch das wieder bewässerte Gebiet ein Zufluchtsort für bedrohte Tier- und Pflanzenarten entstanden. Ich freue mich, als ich eine sumpfige Niederung mit weißen Wollgräsern erblicke, auch Mehlprimeln, gelbe Trollblumen und Knabenkrautorchideen wachsen auf den Feuchtwiesen.

Die St.-Laurentius-Kirche in Thalfingen beeindruckt mich. Sie führt mich auf eine Reise durch die Jahrhunderte. In akribischer Forschungsarbeit haben Archäologen die Reste von fünf am gleichen Platz erbauten Vorgängerkirchen nachgewiesen. Angefangen hat es mit einem kleinen Kirchlein aus Holz im 7. Jahrhundert, als die Merowinger in diesem Gebiet herrschten. Pfosten und Tongefäße wurden gefunden und konnten auf diese Zeit datiert werden. Aus der Zeit Karls des Großen im 9. Jahrhundert stammt der zweite Kirchenbau. Damals hat man halbmeterstarke Fundamente aus Stein aufgeschichtet, auf denen ein Fachwerkbau errichtet wurde. Der Kirchenraum war klein und fast quadratisch, kaum fünf mal fünf Meter. Der Lehmboden wurde, als die Kirche abbrannte, durch die Hitze zu einer festen Masse gesintert und ist so erhalten geblieben. Im 10. Jahrhundert wurde eine dritte, etwas größere Kirche gebaut, diesmal ganz und gar aus Stein mit meterdicken Kalksteinquadern. In staufischer Zeit, dem 12. Jahrhundert, wurden dem Kirchenbau ein nördlicher und ein südlicher Seitenaltar sowie ein Turm hinzugefügt. Als die Kirche im 15. Jahrhundert für die Gläubigen zu klein wurde, ersetzte man sie durch einen spätgotischen Neubau. Während des Dreißigjährigen Kriegs brannten schwedische Söldner die Kirche nieder, ganz Thalfingen wurde zerstört, und zahlreiche Einwohner verloren ihr Leben. Die heutige Kirche mit ihrer barocken Ausstattung stammt aus dem Jahr 1751. Nichts lässt die lange Baugeschichte vermuten. Ohne die Arbeit der Altertumsforscher wäre das Schicksal der Vorgängerkirchen wohl nicht bekannt geworden.

Bei Günzburg mündet die aus dem Allgäu kommende Günz in die Donau. Ich gönne mir eine Rast in einem der Cafés, die sich entlang der zentralen Straße mit ihren spitzgiebeligen Häusern aneinanderreihen. Geradlinig erstreckt sich diese Ge-

schäftsstraße mit ihren zahlreichen Gasthöfen und Kaffee-
häusern von Stadttor zu Stadttor.

Die Römer gründeten im Jahr 77 zur Sicherung des Donau-
übergangs ein Kastell, aus dem sich der Handelsort Guntia
entwickelte, das spätere Günzburg. Die Kirche »Zu Unserer
Lieben Frau« überragt alle Dächer. Nachdem die Vorgänger-
kirche niedergebrannt war, wurde sie vom Wessobrunner Baumeister und Stukkateur Dominikus Zimmermann, der auch
die berühmte Wieskirche in Oberbayern entworfen hat, um
1740 erbaut. In den folgenden Jahrhunderten wurde die Günz-
burger Frauenkirche immer wieder verändert und zuletzt 2002
umfassend saniert. Das feucht gewordene und mürbe Mauerwerk hatte seine Stabilität eingebüßt.

Innen empfängt mich ein ungewöhnlich lichter Raum. Die
Fenster mit farblosem Glas sind nicht nur Öffnungen für das
Licht, sondern architektonisch raffiniert eingesetzte, ornamentale Wandelemente, kunstvoll kombiniert als Rundbogen oder
in Tropfenform, dann wieder elegant als hohe dreiteilige Fenster. Zimmermann, 1685 geboren, wuchs in einem Holzhaus
mit winzigen Fensteröffnungen auf und war stets bestrebt, in
seine Kirchen möglichst viel Licht einzulassen. Bei der Frauenkirche von Günzburg ist ihm sein Anliegen besonders gut
gelungen. Der Zusammenklang von Raum, Form, Farbe und
Licht verleiht dem Sakralbau eine beschwingte Stimmung, die
sich auf mich überträgt.

Offingen, ein unscheinbarer Ort am rechten Donauufer,
wäre schnell durchquert. Doch für mich ist das Städtchen
durchaus beachtenswert, gibt es doch einen beeindrucken-
den Dokumentarfilm über Offingen von Thomas Gerhard
Majewski, in dem er Zeitzeugen des Zweiten Weltkrieges in-
terviewt hat.

Am 24. April 1945, die amerikanischen Truppen waren schon
ganz nah, wehte eine weiße Fahne vom Kirchturm Offingens
als Zeichen der kampflosen Übergabe. Für den Kommandan-
ten der SS-Kampfgruppe stand der Schuldige sofort fest: Pfar-

rer Otto Portenlänger. Obwohl dieser glaubwürdig versicherte, an der Aktion nicht beteiligt gewesen zu sein, wurde er zum Tod durch Erschießen verurteilt. Im Chaos des Kriegsgeschehens konnte er sein Leben zwar retten, doch 78 junge Soldaten, kurz zuvor noch Schüler, fanden den Tod. Als letztes Aufgebot waren sie entlang der Donau aufgestellt worden, um die Panzer der Amerikaner aufzuhalten.

Auf der linken Donauseite fahre ich weiter nach Gundelfingen. Ich übernachte dort in einem Landgasthof und habe daher genügend Zeit, das Städtchen zu erkunden. Der Fluss Brenz teilt sich im Ort in drei Arme, die auf 45 Brücken und Stegen überquert werden können. Auch alte Mühlen sind zu besichtigen. Gundelfingen schmückt sich mit dem Beinamen »Gartenstadt«, wegen der vielen Parkanlagen. Am Stadttor hängt das staufische Wappen. Der Stauferkaiser Friedrich II. verlieh Gundelfingen schon 1220 das Stadtrecht. Ein anderes Datum aber hatte eine entschieden nachhaltigere Wirkung – die Belagerung durch kaiserliche Truppen im Jahr 1462. Obwohl seitdem mehr als 550 Jahre vergangen sind, lebt dieses Ereignis als »Reichskrieg« im Bewusstsein der Gundelfinger fort und wird von einem aktiven »Historischen Bürgerverein« wach gehalten. Die Gundelfinger hatten sich damals nicht auf die Seite Kaiser Friedrichs III. geschlagen, sondern hielten zu Herzog Ludwig IX., genannt der Reiche, dessen Residenz in Landshut lag. Sein Sohn Georg war es, der die polnische Prinzessin Hedwig heiratete, weswegen noch heute die »Landshuter Hochzeit« gefeiert wird.

Doch zurück nach Gundelfingen. Dem bayerischen Herzog ging es um die Erweiterung seines Territoriums. Donauwörth hatte er sich schon einverleibt, aber dabei war er mit dem Kaiser in Konflikt geraten. Der schickte das kaiserliche Heer unter Führung des Markgrafen Albrecht Achilles. Als die kaiserlichen Truppen Gundelfingen belagerten, verteidigten die Einwohner zusammen mit den Soldaten des Herzogs ihren

Ort. Der Markgraf musste erfolglos abziehen und wurde später bei Giengen, das auch an der Brenz liegt, besiegt. Der Bayernherzog hingegen belohnte die kampfesmutigen Gundelfinger mit allerlei wichtigen Privilegien.

Weder Gundelfingen noch dessen Belagerung waren zuvor für mich ein Begriff gewesen. Erst bei meiner Donaureise lerne ich diesen Teil Deutschlands wirklich kennen. Ich bin überrascht, wie lebendig die Spuren der Vergangenheit in dieser Region noch sind. Woran ich mich aus dem Geschichtsunterricht nur bruchstückhaft erinnere, was während der Schulzeit reine Theorie war, gespickt mit leblosen Zahlen, wird für mich nun authentisch und begreifbar, fügt sich ein in Zusammenhänge. Zugleich ist es auch eine Reise in die eigene Vergangenheit. Beim Erleben der Natur an der Donau werden zahlreiche Bilder wach aus meiner Kindheit, als mich die Eltern zu Wanderungen und Fahrradtouren mitnahmen. Nur war damals die Landschaft bunter, die Felder eingerahmt von blühenden Hecken. Es duftete nach Wildblumen, und aus jedem Gebüsch war Vogelgesang zu hören. Kinder, die heute heranwachsen, ahnen gar nicht, was alles unwiederbringlich verloren gegangen ist.

Auf Blumenduft muss ich jedoch nicht verzichten, denn ich sitze auf einer Bank im Garten des Gundelfinger Schlosses Schlachtegg, das um 1530 erbaut wurde und eine Schule für Floristen beherbergt. Die Schülerinnen haben den Schlossgarten üppig mit Rosen ausgestattet. Der seltsame Name »Schlachtegg« geht nicht etwa auf die Belagerung zurück, wie ich erst glaubte, der Name des Schlosses hat eine ganz andere Bedeutung, die nichts mit Kampfhandlungen zu tun hat. Der mittelalterliche Begriff bezeichnet eine Dammaufschüttung, die man getätigt hat, damit das Schloss bei Hochwasser nicht von der Brenz beschädigt wird. Bei dieser Uferbefestigung wurden Pfähle in den Boden gerammt und mit Ästen verbunden, um so die Erosion der Ufererde zu verhindern.

Am nächsten Morgen bin ich frühzeitig unterwegs und genieße die Morgenstimmung. Der Übergang von der Nacht zum Tag hat für mich immer etwas Geheimnisvolles. Die Luft ist kühl, die Sonne schickt ihre ersten Strahlen über den Horizont, und ein himmelblauer Tag kündigt sich an. Silbergraue Wolken erhalten einen purpurnen Rand, der allmählich einen Goldton annimmt. Die düstere Schattenwelt am Horizont bekommt Farbe, wird mehr und mehr in Blassrosa, Gelb und Orange getaucht. Das Bild wandelt sich in stetem Wechsel, bis das Licht des Tages hell erstrahlt.

Nach wenigen Kilometern führen Wegweiser mich zum Römertempel in Faimingen, wo sich in grauer Vorzeit ein Wasserheiligtum des keltischen Gottes Grannus befand. Die Römer errichteten an dieser Stelle einen Tempel, weihten ihn dem Gott Apollo und nutzten die Heilkräfte des Wassers. Auch der römische Kaiser Marcus Aurelius Severus Antonius, besser bekannt unter dem Namen Caracalla, suchte hier Linderung von seinen Leiden. Im Jahr 213 hat er Faimingen besucht, das in der Antike »Phoebiana« hieß. Meilensteine mit eingravierter Schrift belegen den Besuch des Kaisers. Einer davon wurde in Gundelfingen gefunden und eine Kopie des Steines dort aufgestellt.

Caracalla, der diesen Spitznamen wegen seines Kapuzenmantels erhielt, wurde von seltsamen Krankheiten heimgesucht, die wohl vor allem psychisch bedingt waren, wie Historiker vermuten. Er war erst fünf Jahre alt, als er seinen Vater, Kaiser Severus, auf Eroberungszügen begleiten und die Grausamkeit des Krieges erfahren musste. Diese traumatischen Erlebnisse könnten seine Seele beschädigt haben. Mit Tücke und Hinterlist begann er bereits als Jugendlicher, diejenigen auszuschalten, die sich ihm entgegenstellten. Er wollte um jeden Preis an die Macht, schmiedete ein Giftkomplott gegen seinen Vater, ließ seinen Bruder umbringen, seine Gemahlin verstieß er und befahl, sie und ihren Vater zu töten. In Alexandria richtete er Massaker unter der Bevölkerung an, weil er sich verspottet glaubte. Tausende Opfer soll es gegeben haben. In antiken Schriften wird Caracalla als »allergrausamster, ruchloser und blutrünstiger Unhold« bezeichnet.

Trotz oder gerade wegen seiner grausamen Veranlagung war Caracalla ein genialer Feldherr. Erfolgreich befehligte er einen Militärschlag gegen germanische Stämme, bei dem er 10 000 Legionäre in drei getrennten Zügen zangenartig angreifen ließ. Das Ziel waren Gebiete jenseits des Limes, tief im Feindesland am Main, wo Alemannen und Chatten, die späteren Hessen, siedelten. Historiker beurteilen die Germanenschlacht des Caracalla als kriegerische Meisterleistung.

Der Feldzug verschaffte den Römern eine Zeit lang Ruhe vor den Germanen, die auf Erweiterung ihres Territoriums aus waren. Doch 20 Jahre nach dem Feldzug des Caracalla überrannten germanische Stämme den Limes – das war der Anfang vom Untergang des Römischen Reiches. Caracalla lebte da schon nicht mehr. Vier Jahre nach seinem Germanenkrieg wurde er, erst 29-jährig, von seiner Leibgarde hinterrücks ermordet. Genüsslich vermerkten die ihm nicht wohlgesinnten antiken Schreiber, dass die Mörder für ihren Anschlag den Moment nutzten, als der Kaiser nichts ahnend seine Notdurft verrichtete.

Inmitten des Tempels, umgeben von römischen Säulen, vermischt sich in meiner Vorstellung die Lebensgeschichte des Caracalla mit Bildern aus dem Film »Gladiator«. Da ging es zwar um einen anderen Bösewicht, doch auch Commodus gierte nach Macht, war zu jedem Verbrechen bereit und bestrafte alle, die ihm nicht huldigten, mit dem Tod. Selbst seinen Vater brachte er eigenhändig um, was dem echten Commodus jedoch nicht angelastet werden kann. Die Filmhandlung ist fiktiv und hält den geschichtlichen Fakten nicht stand, doch sie hat sich in mein Gedächtnis eingegraben und beflügelt meine Fantasie, sodass ich sie in der Tempelkulisse vor meinem inneren Auge ablaufen lassen kann.

Faimingen und Lauingen verbinden sich übergangslos zu einer Ortschaft. Auf dem Lauinger Marktplatz halte ich Ausschau nach einem geöffneten Café. Ich bin hungrig, da ich ohne Frühstück von Gundelfingen losgeradelt bin. Doch es ist noch zu früh am Morgen, die Cafés sind alle geschlossen. So habe ich Zeit, das bronzene Denkmal des Bischofs und Gelehrten Albertus Magnus zu betrachten, der 1193 in Lauingen geboren und später heiliggesprochen wurde. Sein Vater war niederen Standes, wahrscheinlich Diener bei der staufischen Fürstenfamilie. Der Sohn trat dem Dominikanerorden bei und bekam so Gelegenheit, sich das Wissen der damaligen Zeit anzueignen. Albertus Magnus interessiert mich, weil er, obwohl Theologe, naturwissenschaftliche Erkenntnisse anstrebte. Seine Schriften gelten im jeweiligen Wissensgebiet als bahnbrechend und bildeten die Grundlage für die moderne Naturwissenschaft. Er lieferte die erste ausführliche Beschreibung der mitteleuropäischen Fauna und Flora, beschäftigte sich mit Gesteinskunde und versuchte, antikes Wissen, vor allem die Schriften von Aristoteles, mit Kenntnissen seiner Zeit zu vereinen und in einer Enzyklopädie festzuhalten.

Wenn ich bedenke, wie gering die Bildung der Bevölkerung im 12. Jahrhundert war, wie wenig die Menschen über die Natur wussten, ist die Geistesgröße eines Albertus Magnus erstaunlich. Immer wieder gibt es einzelne Persönlichkeiten, die ihrer Zeit voraus sind. Aus dem Bewusstsein der Menschen heute ist Albertus Magnus weitgehend verschwunden, deshalb freut es mich, dass in seiner Heimatstadt seiner gedacht wird.

In Dillingen kann ich endlich das ausgefallene Frühstück nachholen. Der Ort überrascht mich, hatte ich doch eine kleinstädtische Atmosphäre erwartet. Stattdessen sehe ich mich von prächtigen Bürgerhäusern mit Barockfassaden umgeben. Imposante Gebäude wie Universität, Jesuitenkolleg, Amtsgericht, Kloster und Kirche der Franziskanerinnen befinden sich im Stadtzentrum. Der hohe Klerus und Gelehrte haben die Stadt geprägt. In Dillingen residierten die Augsburger Bischöfe, als ihnen die Fuggerstadt zu protestantisch geworden war. Der Prunk und Glanz, den sie in ihre neue Residenzstadt brachten, ist noch heute vielfach erhalten.

Gestärkt von Kaffee und einem reichlichen Frühstück, verlasse ich Dillingen und finde einen Radweg direkt an der Donau. Sie ist breit geworden und wälzt träge ihr Wasser voran. Zwischen den gelben Blüten der Teichrosen schwimmen grünfüßige Teichrallen. Frösche sonnen sich auf den breiten Blättern der Wasserpflanzen, und Bachstelzen jagen Eintagsfliegen. Weiden lassen ihre Zweige tief übers Ufer zum Fluss hinabhängen, und Meisen turnen im Geäst.

Ein Denkmal am Flussufer erinnert an Sebastian Kneipp, der um 1844 in Dillingen das Gymnasium besuchte. Als er an Tuberkulose erkrankte, stieg er täglich in die kalte Donau, um sich zu kurieren, und wurde wieder gesund. Das mag stimmen oder auch nicht, jedenfalls werden noch heute Kranke nach der kneippschen Methode mit kalten Güssen behandelt. Entlang des Weges laden Becken zum Wassertreten ein.

Gerne würde ich länger der Donau folgen, aber schon ist kein Durchkommen mehr. Beidseitig erstrecken sich neben dem Fluss größere und kleinere Teiche und Moore, kein Pfad führt durch das sumpfige Gelände. So muss ich den Weg durch die Ortschaften Steinheim und Höchstädt nehmen und gerate bei Blindheim an einen historischen Brennpunkt der Kriegsgeschichte. Unfassbar, wie viel Blut an der Donau vergossen wurde. Regelmäßig wie das Hochwasser überfluteten feindliche Heere das Land. Ob es die schreckliche Zeit des Dreißigjährigen Krieges war oder die häufigen Erbstreitigkeiten der Fürsten, immer wieder wurden Testamentsanfechtungen kriegerisch geregelt. So auch, als der aus der Habsburger Familie stammende spanische König Karl II. im Jahr 1700 ohne Nachkommen starb. Sowohl die österreichischen Habsburger als auch die französische Königsfamilie Anjou mit dem regierenden Sonnenkönig Ludwig XIV. konnten entfernte Verwandtschaft nachweisen. Wer den spanischen Thron bekam, würde ein riesiges Reich erben und enorme Macht gewinnen, denn zu Spanien gehörten zur damaligen Zeit die Niederlande, Norditalien, die Philippinen, Mittel- und Südamerika.

Der Sonnenkönig wollte seinen Enkel Philipp auf dem spanischen Thron sehen, was die anderen Herrscher unbedingt verhindern mussten, um das bereits dominante Frankreich nicht noch zu stärken. England und Österreich schmiedeten eine Allianz, der sich Holland, Dänemark, Preußen, Württemberg, Braunschweig und Hessen anschlossen. So stand der französische König fast ganz allein da. Nur einen einzigen Verbündeten konnte er gewinnen, den bayerischen Kurfürsten Maximilian II. Emanuel, der bei einem Sieg auf den Thron Österreichs spekulierte. So begann der Spanische Erbfolgekrieg, der von 1701 bis 1713 dauerte. Es war der erste weltweite Krieg, der gleichzeitig in Europa und in den Kolonien stattfand und unzählige Menschen das Leben kostete.

Beim Ort Blindheim starben an einem einzigen Tag mehr als 25 000 Soldaten. Was haben sie nur mit diesen vielen Leichen gemacht, frage ich mich. Vielleicht einfach in die Donau geworfen? Das Töten begann in der Früh am 13. August 1704, am Abend waren die Franzosen und der bayerische Kurfürst besiegt. Die Heerführer der siegreichen Allianz waren Prinz Eugen von Savoyen und John Churchill, Duke of Marlborough. Der spätere britische Premierminister Winston Churchill, mit Marlborough verwandt, wuchs in dem nach Blindheim benannten Blenheim Castle auf, das sein erfolgreicher Vorfahr von der dankbaren englischen Königin Anne als Geschenk erhalten hatte.

Voller Entsetzen vernahm der französische König die Nachricht. Seine bis dahin glorreiche Armee war nicht nur besiegt, sondern vollständig vernichtet. Dennoch dauerten die Scharmützel und Verhandlungen noch ein paar Jahre an, bis die europäische Welt neu geordnet war. Zwar bekam der Enkel des Sonnenkönigs als Philipp V. den spanischen Thron, doch Frankreich hatte seine vorherrschende Stellung in Europa verloren und war wirtschaftlich ruiniert. Der eigentliche Gewinner des Gemetzels war England, dessen Aufstieg zur Weltmacht mit diesem Erfolg begann.

Am schlimmsten traf es in der Folge Bayern, das unter österreichische Herrschaft geriet. Kurfürst Maximilian II. Emanuel wurde nur ins Exil geschickt, die bayerische Bevölkerung aber geriet in Not und Elend. Die österreichischen Steuereintreiber pressten dem Volk ungeheuer hohe Summen ab. Rekrutiermeister zogen von einem Bauernhof zum nächsten und fingen die jungen Burschen ein, die nun im österreichischen Heer kämpfen mussten. Mit dem Mut der Verzweiflung wagte die bäuerliche Bevölkerung einen Aufstand, der am 25. Dezember 1705 bei München in der »Sendlinger Mordweihnacht« blutig niedergeschlagen wurde, als selbst diejenigen, die sich ergeben hatten, umgebracht wurden. Einer der Letzten, der erschossen wurde, soll der sagenhafte Schmied von Kochel gewesen sein. Für den Kampf hatte er eine Keule geschmiedet, die einen Zentner wog. Der riesenhafte Mann hatte sich zuvor schon als Soldat bei den Türkenkriegen hervorgetan. Nur mit einer Stange bewaffnet, so wird erzählt, habe er das Stadttor von Belgrad eingerammt. Diesem bayerischen Volkshelden zu Ehren werden Festspiele und Theaterstücke aufgeführt, in heroischen Gemälden wurde er abgebildet und in Liedern sein Heldenmut gerühmt. In Wirklichkeit gab es den Schmied von Kochel allerdings nicht. Er wurde erfunden, um die schmachvolle Niederlage der »Sendlinger Mordweihnacht« und den Tod so vieler Menschen besser verkraften zu können.

Oje, ich benötige eine Atempause. Die Geschichte der Donauregion ist durchtränkt von Blut und Leid. Lieber möchte ich mich an Naturbeobachtungen erfreuen und verlasse daher das geschichtsträchtige Blindheim. Auf der rechten Flussseite erstreckt sich das Donauried. Die Bezeichnung »Ried« bedeutet Schilf, und das wächst nur dort, wo es nass und feucht ist. Im einstigen Moorgebiet jedoch gedeiht kein Röhricht mehr, es ist längst trockengelegt und für landwirtschaftliche Nutzung erschlossen. Das weite, flache Donauried ist von Gräben durchfurcht. Die Landschaft wirkt trotz der Felder, Wiesen und Waldinseln seltsam öde und verlassen. Eine einsame Lerche steigt in die Luft und getraut sich zu singen. In der Ferne eine Schafherde.

Die nächsten 18 Kilometer bis Donauwörth gibt es auf der rechten Seite der Donau keine Ortschaften, nur Bauerngehöfte, die hier »Schwaige« genannt werden, eine Hofform mit Viehzucht. Sie heißen Hubel-, Bälde-, Ludwigs- und Hosenschwaige.

Ein heller, trillernder Vogelruf »Hiäh – hihihi – hiäh« lässt mich aufmerken. Am Himmel kreisen zwei Rotmilane. Mühelos segeln sie im Aufwind, schrauben sich höher und höher hinauf. Ihr Flug erinnert mich an Albrecht Ludwig Berblinger, den »Schneider von Ulm«. Wie oft mag er den Vogelflug beobachtet und davon geträumt haben, in der Luft zu schweben.

Als die Sonne in der weiten Ebene am Horizont versinkt, wird es ungemütlich kühl. Bei einer Baumgruppe, die wie eine Insel im Acker-Wiesen-Land liegt, baue ich mein Zelt auf. Der karge, trockene Grashang ist mit Disteln, blauen Witwenblumen und weißen Graslilien geschmückt, sodass ich einige Mühe habe, einen blumenfreien Zeltplatz zu finden, um die zarten Blüten der Lilien nicht zu zerstören.

Fluss unterm Joch
Von Donauwörth nach Passau

Am Morgen wecken mich Stieglitze mit lebhaftem Gezwitscher: »Zwitt-witt-witt, didlitt, didlitt.« Vorsichtig öffne ich den Reißverschluss meines Zeltes und werfe einen Blick hinaus. Die clownartig gefärbten Vögel bemerken mich nicht, turnen aufgeregt in den Blütenständen der Witwenblumen und Disteln herum. Kaum eine Armlänge sind sie von mir entfernt. So nah war ich diesen Vögeln noch nie. Jedes Federchen kann ich erkennen. Die gelb und schwarz eingerahmten Flügel blitzen beim Flattern leuchtend auf. Besonders bunt ist der Kopf; vorn ist er vom Schnabel bis zu den Augen flammend rot, die Wangen sind weiß, Scheitel und Hinterkopf kohlschwarz. Diese rot-weiß-schwarze Kopfzeichnung macht den Stieglitz unverwechselbar. Die Vögel picken eifrig nach den Samen der Disteln. Deshalb heißen sie mancherorts auch Distelfinken.

Noch liegt Nebel über dem Ried, erzeugt eine geheimnisvolle Stimmung. Langsam lichtet sich der Dunst, und auf einmal sehe ich eine breite, fast stille Wasserfläche. Weit dehnt sie sich von einem Ufer zum anderen, mit einem Blick kaum zu fassen. Ich brauche einen Moment, um zu begreifen, dass das die Donau ist, die vor den Toren Donauwörths zu einem See gestaut wird. Das Wasser atmet Nebelschwaden aus, die über der Seefläche tanzen. Als die Sonne über den Horizont blitzt, färbt sie diese feinen Schleier golden. Lautlos gleiten Schwäne durch das zarte Licht. Ich stehe da, schaue und bin von dem wundersamen Schein wie gebannt. Und doch bin ich mir bewusst, dass hier der Donau Gewalt angetan wird. Ein Fluss, der nicht mehr fließen darf, verliert seine lebendige Kraft. Die Kiesel, die ein Fluss rollend bewegt, bleiben auf dem Grund des Stausees liegen. Nicht weiter schlimm, mag man denken, es sind doch nur Steine, doch sie sind das Material, mit dem der Fluss arbeitet. Wenn dieses »Geschiebe« im weiteren Verlauf fehlt, gräbt er sich immer tiefer in den Untergrund ein, und das Land ringsum trocknet aus.

Sicherlich – Energie durch Wasserkraft ist ganz im Sinne der nachhaltigen Stromversorgung. Doch hinter den verheißungsvollen Werbeslogans, mit denen die Wasserkraft als »Ökostrom« angepriesen wird, verbergen sich Gefahren, die verschwiegen oder bagatellisiert werden. Die Wasserkraftwerke zerstören meist mehr, als sie an ökologischen Vorteilen bringen. In der warmen Jahreszeit erwärmt sich das stehende Wasser, was für die an ein kühles Fließgewässer angepassten Mikroorganismen tödlich ist. Beim Absterben werden Faulgase frei, so kann ein Stausee mitunter größere Mengen an Treibhausgasen ausstoßen als ein Kohlekraftwerk. Schlimm ergeht es den Fischen. Sie werden vom abfließenden Wasser mitgerissen und von den rotierenden Turbinenschaufeln zerstückelt. Niemand denkt an grausam zerhackte Tiere, wenn der Ökostrom als eine natürliche Energiequelle angepriesen wird. Die Kraftwerksbetreiber reden sich mit Fischtreppen und Umgehungsrinnen heraus. Doch ein Fisch, der in den Turbinensog gerät, ist unrettbar verloren. Von nun an werden sich die Staustufen aneinanderreihen, die Donau wird in das Joch der Energiegewinnung gespannt.

Auf dem Damm beim Stauwerk quere ich auf die linke Uferseite und gelange nach Donauwörth, die Kreisstadt des schwäbischen Landkreises Donau-Ries. Dort, wo die Wörnitz in die Donau mündet, schmiegt sich die Ortschaft mit ihren spitzgiebeligen Häuserreihen zwischen die beiden Flüsse. Wenig Platz blieb der Stadt, sich auszudehnen, deshalb stehen die Häuser dicht beisammen. Die Straßen in der Altstadt sind schmal und dennoch von Verkehr durchflutet. Mit dem Fahrrad ist eine Stadtbesichtigung unerfreulich. Vergeblich versuche ich, mein Rad irgendwo sicher unterzustellen, was wegen meiner Sachen in den Gepäcktaschen zwingend notwendig ist.

So schnell gebe ich aber nicht auf und radle am Ufer der Wörnitz halb um die Stadt.

Auf diese Weise gelange ich zur Freilichtbühne am Mangoldfelsen, wo man zuletzt im Jahr 2006 bei einer Theateraufführung an das tragische Schicksal der Herzogin Maria von Brabant erinnerte, die in Donauwörth auf der Burg Mangoldstein enthauptet wurde. Sie war im Jahr 1254 mit dem Wittelsbacher Herzog Ludwig II., dem Strengen, vermählt worden. Als der Herzog wieder einmal weit entfernt in der Rheinpfalz weilte, hatte die junge Herzogin, erst anderthalb Jahre verheiratet, Sehnsucht. Sie schrieb zwei Briefe, einen an ihren Gemahl und einen an den Grafen Heinrich von Kyburg, den sie bat, den Herzog zur baldigen Rückkehr zu bewegen, dann wolle sie ihm gewähren, was er sich schon lange wünsche. Der unglückselige Bote verwechselte die Briefe und gab dem Herzog die an den Grafen gerichtete Nachricht. Der entbrannte wegen der missverständlichen Formulierung in rasender Eifersucht. Fünf Tage ritt Herzog Ludwig vom Rhein nach Donauwörth. Am 18. Januar 1256 erreichte er die Burg und ließ Maria von Brabant wegen Ehebruchs enthaupten. Später bereute er seine Tat, denn es ließen sich keine Beweise für ihre Untreue finden. Zur Buße stiftete der Herzog das Zisterzienserkloster Fürstenfeld in Fürstenfeldbruck. Maria, die kaum 30 Jahre alt geworden war, wurde im Donauwörther Kloster Heilig Kreuz bestattet.

Maisfelder begleiten mich auf meinem weiteren Weg. Schilder weisen darauf hin, dass aus diesem Mais Energie gewonnen wird. Damit werde ein wertvoller Beitrag gegen die Erwärmung des Klimas geleistet, loben die Infotafeln. Doch der Schaden, der durch den Maisanbau angerichtet wird, wiegt diesen Nutzen nicht auf. Man will das Klima schützen und zerstört dabei die Natur. Maismonokultur laugt den Boden aus. Immer mehr Kunstdünger ist nötig, um weiterhin hohe Erträge zu erwirtschaften. Der übermäßige Einsatz von Düngemitteln und das Versprühen von giftigen Pestiziden vernichten Pflanzen und Tiere im weiten Umkreis, und dort, wo nur Mais angebaut wird, verödet die Landschaft.

Am Wegrand steht ein Gedenkstein mit den Jahreszahlen 1969–1979, der die Flurbereinigung verherrlicht. Viel Zeit ist vergangen, seitdem Feldraine und Hecken beseitigt wurden und der Lebensraum zahlreicher Tiere verloren ging. Vergebens halte ich nach Rebhühnern, Kiebitzen und Hasen Ausschau. Das Bauernland hat sich in eine von der Agrarindustrie ausgebeutete Landschaft verwandelt, erschreckend und traurig.

Vor meiner Donaureise hatte ich nicht geahnt, wie weit dieser Prozess schon vorangetrieben worden ist. Wenn ich dieses Thema unterwegs anspreche, teilt selten jemand meine Meinung. Wanderer und Radfahrer genießen die aus ihrer Sicht unzerstörte Natur. Es sei doch alles grün, wird mir entgegengehalten. Erst wenn man Pflanzen- und Tierarten kennt, merkt man, wie viele verschwunden sind.

Ein breiter Strom mündet nahe der Ortschaft Marxheim in die Donau. Es ist der Lech, in seinen Ursprüngen ein wilder Alpenfluss. Er hat durch eine Kette von Staustufen den Charakter eines Fließgewässers fast verloren. Der nur 264 Kilometer lange Fluss wird durch die ungeheuer hohe Anzahl von 24 Staumauern in Fragmente zerhackt. Acht Kilometer nachdem die Donau den Lech in sich aufgenommen hat, wird sie bei Bertoldsheim zu einem riesigen See gestaut, noch größer als zuvor der Stausee bei Donauwörth, so groß, dass auf ihm Segelboote kreuzen können. Ein beliebtes Naherholungsgebiet für Ausflügler ist entstanden. Für die Natur der Donau jedoch bedeutet der Stausee einen zerstörerischen Einschnitt, da wende ich mich lieber wieder den Städten am Fluss zu.

Neuburg liegt etwas erhöht auf einem Jurafelsen der Fränkischen Alb. Die »neue Burg«, die den Namen der Stadt prägte, ist ein Renaissanceschloss. Mächtig und imposant spiegelt sich das Gebäude in der hier fast 100 Meter breiten Donau. Der Innenhof bezaubert mit zweigeschossigen Laubengängen. Das Schloss war einst die Residenz von Pfalzgraf Ottheinrich, eines den Prunk, die Pracht und die Kunst liebenden Monarchen. Er war für die damalige Zeit weit gereist, war bis Spanien und Palästina gekommen. Ottheinrich war der Enkel der liebreizenden polnischen Königstochter Hedwig, die, wie schon erwähnt, den Wittelsbacher Georg den Reichen heiratete und damit den Anlass für die »Landshuter Hochzeit« lieferte.

Mit seiner stattlichen Leibesfülle war Ottheinrich schon rein äußerlich der Inbegriff eines Renaissancefürsten. So lebte er auch, war großzügig mit Einladungen und Geschenken, gab Unmengen für Feste und Jagden und für seine Kunstsammlungen aus. Als aufgeklärter Fürst förderte er die Wissenschaften und ordnete an, dass Mediziner in ihrer Ausbildung Leichen sezieren sollten.

Ottheinrich häufte riesige Schuldenberge an, und immer mehr Gläubiger forderten ihr Geld zurück. In höchster Not erinnerte er sich an seine polnische Großmutter Hedwig. Ihre Mitgift von 32 000 Gulden war nie ausgezahlt worden, und so machte der Enkel flugs eine Rechnung auf und kam mit Zins und Zinseszins auf die stattliche Summe von 200 000 Gulden. Um den Betrag einzutreiben, reiste er nach Krakau zu Hedwigs Bruder, dem polnischen König Sigismund I. Drei Wochen lang hielt der den Pfalzgrafen hin, bis er ihm schließlich die Mitgiftsumme, allerdings ohne Zinsen, ausbezahlte. Doch dieser Betrag reichte Ottheinrich bei Weitem nicht, um sich von seiner Schuldenlast zu befreien. Er verlor alles, sein ganzes Hab und Gut. Seine Bücher und Sammlungen wurden versteigert, und er musste seine Residenz verlassen. Später hatte der Lebemann noch einmal Glück. Durch eine unerwartete Erbschaft kam er zu Geld und konnte als Pfalzgraf in seine Residenz Neuburg zurückkehren.

Ingolstadt empfängt mich mit Pauken und Trompeten. Eine Hexe mit wildem roten Haar wird gefesselt durch die Straßen geführt. Neben ihr stolpert ein armer Mensch in Eisenketten daher, der zum Tode verurteilte Räuber Kneißl, gefolgt von Rittern in ihren Rüstungen hoch zu Ross. Schöne Damen in wallenden Gewändern, wohlbeleibte Männer, in Brokat, Samt und Seide gekleidet, grüßen huldvoll. Es sind die Herzöge, und sie heißen allesamt Ludwig: Ludwig der Bayer, Ludwig der Bärtige und Ludwig der Strenge. Am Ende des Zuges marschiert die mit Lanzen und Spießen bewaffnete Stadtwache.

Die Stadt feiert das Herzogsfest. Die Menschen des Mittelalters hatten sich gewiss nicht vorgestellt, dass Jahrhunderte später ihre gar nicht so lustige Epoche als vergnügliches Spektakel inszeniert würde. Wie wird man einmal auf unsere Gegenwart zurückblicken? Ob sie auch Anlass bieten wird für Lustbarkeit? Es wird sehr darauf ankommen, was überliefert wird und von wem. Wir denken, wir wären gut informiert, was früher war, doch der Blick in die Vergangenheit zeigt nur einen Ausschnitt, niemals die ganze Wirklichkeit. Die Vergangenheit wird je nach Bedarf verklärt und beschönigt oder verunglimpft und geschwärzt, aber das meiste wird verschwiegen und gerät in Vergessenheit. Deswegen vielleicht meine Leidenschaft für Geschichte, die ich mir trotz des staubtrockenen Schulunterrichts bewahrt habe. Mein Bestreben ist, möglichst viel von dem, was im Dunklen liegt, aufzudecken und zu verstehen.

Schloss, Stadttor und Stadtmauern, Türme und beeindruckende Kirchen hat Ingolstadt vorzuweisen. Doch mein Grund für einen längeren Aufenthalt ist ein anderer, nämlich Marieluise Fleißer, eine Frau, die nur eines wollte: weg aus der Provinz. Sie wollte eine berühmte Dramatikerin werden und hatte tatsächlich gleich mit ihrem ersten Stück »Pioniere in Ingolstadt« bahnbrechenden Erfolg. Aufgeführt in Berlin, machte das Drama die kaum 20-jährige Autorin schlagartig berühmt. Das Stück war ein Theaterskandal, vor allem wegen der provokanten Regiearbeit von Bertolt Brecht, die aber nicht ihm, sondern der Fleißer angelastet wurde. Die Ingolstädter waren empört, fühlten sich bloßgestellt. In ihrer Heimatstadt war die

Schriftstellerin fortan eine Unperson, dennoch kehrte sie einige Jahre später zurück, aus finanzieller Not, denn als die Nationalsozialisten an die Macht kamen, wagte niemand mehr, ihre Werke aufzuführen und ihre Erzählungen zu drucken. Sie suchte Zuflucht bei ihrem Jugendfreund Bepp Haindl, einem Tabakhändler, und willigte 1935 in eine Ehe ein, die ihr für lange Zeit alle kreative Kraft raubte. 23 Jahre dauerte die sie bedrückende Ehe. Erst nach dem Tod ihres Mannes im Jahr 1958 begann sie wieder zu schreiben. Die provinzielle Enge und Beschränktheit, der sie hatte entfliehen wollen, wusste sie in ihren realistischen Dramen hart und unsentimental zu schildern. Es sind Werke, die Marieluise Fleißer als eine der bedeutendsten deutschen Dramatikerinnen des 20. Jahrhunderts auszeichnen.

In der Kupferstraße, eingezwängt zwischen den Häuserreihen einer engen Seitengasse, steht das Haus, in dem Marieluise Fleißer 1901 geboren wurde. Wäre da nicht die Gedenktafel angebracht, hätte ich es übersehen, so schmal ist es, grau und unscheinbar. In dieser ärmlichen Umgebung wurde Marieluises rebellischer Geist geformt und ihr zugleich die verhängnisvolle Eigenschaft eingeprägt, sich als Frau zu unterwerfen. Welch Widerspruch sich doch in ihrer Person vereinigte.

Die Zimmer im Haus sind geräumiger, als ich sie mir von außen vorgestellt hatte. Im Erdgeschoss befindet sich die Werkstatt des Vaters. Trotz der einfachen Herkunft hat der Schmied und Eisenhändler die Tochter in ihrem Bestreben, sich Bildung anzueignen, unterstützt. Sie durfte eine höhere Schule besuchen, was Mädchen aus dem Kleinbürgertum in damaliger Zeit selten gestattet wurde. Er ließ sie sogar nach München ziehen und finanzierte ihr eine Ausbildung zur Lehrerin, wie er meinte, stattdessen studierte die Tochter jedoch Dramaturgie, Theaterwissenschaften und Germanistik bei dem damals berühmten Artur Kutscher.

Im oberen Stockwerk sind Schriften und Erinnerungsstücke ausgestellt. Erst kurz vor ihrem Tod im Jahr 1974 erlebte diese außergewöhnliche Frau, deren Dasein lange auf ein kleines Tabakgeschäft reduziert war und deren Geist dennoch die spießbürgerliche Enge sprengte, die verdiente Würdigung durch die Herausgabe ihrer gesammelten Werke.

An ihrem linken Ufer wird die Donau von einem Damm begrenzt. Ein schmaler Weg führt auf dem mit Gras bewachsenen Erdwall bis zum 20 Kilometer entfernten Kraftwerk Großmehring. Strommasten und Leitungen dominieren die Landschaft. Einst sollen hier die Nibelungen die Donau überquert haben. Ein Denkmal kennzeichnet die Stelle, als entspräche die Erzählung echten Geschehnissen.

Der nächsten sagenhaften Figur, deren Existenz im Gegensatz zu den Nibelungen jedoch historisch belegt ist, begegne ich in Vohburg. Es ist Agnes Bernauer, deren Bronzefigur mich am Burgtor begrüßt. Liebreizend sieht sie aus und gleicht einer Nixe mit ihren von bronzenen Wellen umspielten Füßen. Das Wasser soll auf ihren Tod in der Donau hinweisen. In der Stadt am Fuß des Burgbergs gibt es die Agnes-Bernauer-Brücke, die Agnes-Bernauer-Straße und alle vier Jahre ein von Laienschauspielern in Szene gesetztes Festspiel. Dabei ist urkundlich nicht verbürgt, ob Agnes überhaupt je in der Vohburg war. Es liegt allerdings nahe, da sich die Burg im Besitz von Albrecht befand, dem Sohn von Ernst von Bayern. Albrecht hatte sich in die schöne Agnes verliebt, eine Badertochter aus Augsburg, und lebte mit ihr zusammen. Zuerst in der »Bluetenburg«, dem heutigen Schloss Blutenburg. Vermerkt ist ihr Name auf einer Münchner Steuerliste, denn Albrecht hatte seiner Agnes das Jagdschloss geschenkt. Später lebten sie zusammen im Schloss von Straubing.

Etwa sieben Jahre dauerte die Liaison. Solange der herzogliche Vater glaubte, Agnes sei nur die Mätresse seines Sohnes, duldete er die Verbindung, doch als es hieß, sie hätten sich heimlich vermählt und Agnes würde sich wie die zukünftige Herzogin im Straubinger Schloss gebärden, griff Herzog Ernst ein. Er konnte nicht dulden, dass die nicht standesgemäße Frau den Fortbestand der Erblinie gefährdete. Als sein Sohn sich auf einem längeren Jagdausflug befand, nutzte der Herzog die Gelegenheit, nahm die ungeliebte Schwiegertochter gefangen und ließ sie in der Donau ertränken. Die Bernauerin starb mit nur 25 Jahren am 12. Oktober 1435.

Albrecht kam zu spät zurück, um seine Frau zu retten. Beinahe hätte er seinem Vater den Krieg erklärt, schien sich aber schnell beruhigt zu haben, als sein Vater Reue zeigte und eine Kapelle zum Andenken an Agnes stiftete. Ein Jahr später war Albrecht wieder verheiratet, diesmal standesgemäß mit Anna von Braunschweig, mit der er zehn Kinder zeugte.

Es gibt keinen schriftlichen Beweis, dass Albrecht wirklich mit Agnes vermählt war, oder er wurde vernichtet. Doch ihr Tod in der Donau ist durch Berichte von Zeitzeugen verbürgt. In der Kunst lebt Agnes Bernauer fort, als Mythos von Liebe und Tod. Die Künstler bemächtigten sich des Stoffes und füllten die Leerstellen mit ihrer Fantasie. Sie verewigten Agnes Bernauer in Gemälden, Gedichten, Dramen, Erzählungen und Volksliedern. Aus der Vielzahl der Werke ragen die des Dichters Friedrich Hebbel und des Musikers Carl Orff besonders heraus.

Hopfen bis zum Horizont, mehrere Meter hohe Stangen, an denen sich die Pflanzen emporranken. Das Hopfenland Hallertau produziert einen der drei wichtigen Grundstoffe für die Bierbrauereien. Asphaltierte Wege führen schnurgerade durch die Felder, die sich aneinanderreihenden Stangen wirken dekorativ. Doch es ist eine Monokultur, arm an Pflanzen und Tieren, für die wegen der intensiven Bewirtschaftung kein Platz bleibt.

Kaum habe ich die Hallertau durchquert, ändert sich die Landschaft. Senkrecht fallen die Felsen zum Fluss hin ab. Wie durch eine Düse schießt die Donau in die Weltenburger Enge. Ob es lange gedauert hat, bis sich das Wasser seinen Weg durch die Kalkfelsen des Fränkischen Jura erzwungen hat? Wahrscheinlich gar nicht so lange, jedenfalls nicht Jahrtausende, wie man vielleicht annehmen mag. Das Schmelzwasser am Ende der Eiszeit verlieh dem Wasser diese durchschlagende Kraft und bahnte der Donau ein neues Bett. Zuvor war sie durch das Altmühltal geflossen.

»Düster wird es ringsumher und schauerlich. Geheimnisvolle Stille schwebt über dem dunkelgrünen Wasser«, so beschreibt Ludwig Bechstein im Jahr 1838 sein Reiseerlebnis. Die bizarren Felswände, die schroff aus dem Wasser ragen, der dahinschießende, strudelnde Fluss, all das gibt es noch immer, jedoch eine romantische, gar geheimnisvolle Stimmung kann nicht aufkommen. Vielleicht bei Regen oder im Winter, ich aber erlebe den Donaudurchbruch an einem sonnenblauen Tag, der noch dazu ein Sonntag ist. Reisebusse, Dieselqualm, kein Ende nimmt der Menschenstrom. Immer mehr bunt gekleidete, fröhliche Ausflügler ergießen sich aus den Fahrzeugen, um das Erlebniskonzentrat aus Landschaft und Kultur zu genießen. Menschen bevölkern den Biergarten, begeben sich zu den Ausflugsdampfern und besichtigen das Kloster.

Dort, wo die Donau, bevor sie sich in die Felsenschlucht stürzt, das mitgeführte Geröll zu einem Uferstreifen angeschwemmt hat, erhebt sich weiß und rot leuchtend ein mächtiger Klosterkomplex. Mit Sicherheit ist es das älteste Kloster an der Donau, älter als Beuron, denn schon in frühchristlicher Zeit kamen um das Jahr 600 iroschottische Missionare in diese Gegend. Hochwasser und Kriegsschäden haben die alten Gemäuer ruiniert. Der heutige barocke Bau stammt aus dem frühen 18. Jahrhundert und wurde von den Gebrüdern Asam mit kunstvollen Fresken geschmückt, die als Meisterwerke gelten. Selbst mich, dem Barock sonst weniger zugeneigt, beeindruckt die Kunstfertigkeit. Gedrehte Säulen, Emporen und goldene Friese leiten die Augen empor zum Deckenfresko mit der Darstellung des himmlischen Jerusalem. Es ist eine Formen- und Farbenvielfalt, die mich wie ein Strudel in ihren Bann zieht.

Dann fällt mein Blick auf den Hochaltar. Ein geheimnisvolles Lichtspiel haben die Brüder Asam dort veranstaltet, indem sie das Tageslicht, ohne dass die Fenster sichtbar sind, von hinten auf den Altar fallen lassen. Wie von verborgenen Scheinwerfern angestrahlt, bricht eine Reitergestalt aus der Finsternis hervor. Es ist der heilige Georg, der den Drachen tötet. Lässig sitzt er auf seinem tänzelnden Pferd, hält dem Untier sein Flammenschwert entgegen und beachtet es doch kaum, denn das Drachentöten ist Nebensache. Das Böse wird ignoriert und verliert dadurch seine Macht.

Das Bergmassiv, durch das sich die Donau beim Kloster Weltenburg presst, engt den zuvor breiten Strom auf kaum 60 Meter ein. Die Ausflugschiffe wirken viel zu groß für das schmale Gewässer. Wie riesige Ungetüme stampfen sie durch die Schlucht, schrammen fast die Felswände. Mir gelingt es, auf einem kleinen Motorboot mitzufahren. Ein Ufer ist nicht vorhanden, nur Wasser zwischen 100 Meter hohen, oben mit Wald gekrönten Felsen. Die Wände sind glatt geschliffen, dann wieder wild zerklüftet. Einzelne Felsformationen ragen kulissenhaft hervor und tragen fantasievolle Namen wie Jungfrau, Löwe, Lutherkanzel, Bischof. Im Gestein sind Eisenringe verankert und machen deutlich, dass früher, als es noch keine Motoren gab, die Schiffe mühsam mit Haken entlang dieser Ringe stromaufwärts gezogen wurden. Viel zu schnell ist die abwechslungsreiche Fahrt vorbei. Nur sechs Flusskilometer misst die Weltenburger Enge, die trotz ihrer Kürze Berühmtheit erlangt hat.

Die Schifffahrt endet bei der Ortschaft Kelheim, wo gerade ein Radrennen stattfindet. Die Stadt ist komplett gesperrt, blockiert von Polizeieinheiten. Beidseits der Straßen stehen Menschen dicht an dicht, nirgendwo ein Durchkommen. Genervt sage ich meine gebuchte Übernachtung in der Altstadt ab und entscheide mich für eine Unterkunft fünf Kilometer außerhalb von Kelheim. Ein angenehmes Quartier, wie sich herausstellt, um von hier aus zu Fuß die Gegend zu erkunden.

Letzte Regentropfen sammeln sich an den Fichtennadeln, rinnen die nasse Baumrinde hinab, rieseln auf Farne und Büsche, um dann lautlos im weichen Moos zu versickern. Der Waldboden trinkt sich satt, und schon bricht die Sonne wieder durch die Wolken. Ein Waldweg windet sich von Kelheim am linken Donauufer hinauf zum Michelsberg. Das Sonnenlicht flirrt durch die Kronen der Laubbäume und malt Kringel auf die Erde. Es riecht nach Pilzen, umgestürzte Bäume lassen eine kleine Wildnis entstehen.

Als ich aus dem Wald heraustrete, fällt mein Blick auf einen hell leuchtenden Rundbau. Es ist die »Befreiungshalle«, die der bayerische König Ludwig I. bauen ließ in Gedenken an die Kämpfer, die Deutschland von napoleonischer Fremdherrschaft befreiten. Zur Grundsteinlegung im Januar 1842 war der König, der später durch die Affäre mit Lola Montez die Krone verlieren sollte, persönlich anwesend. Die Bauzeit dauerte 21 Jahre, begonnen von Friedrich von Gärtner und nach dessen Tod beendet von Hofbaumeister Leo von Klenze. Um den Kuppelbau mit seiner umlaufenden Arkade und der zu ihr aufsteigenden Freitreppe auf die geplante Höhe von 52 Metern emportreiben zu können, mussten die Fundamente bis zu 15 Meter tief in den abschüssigen felsigen Untergrund hineingetrieben werden. Die mit Ziegeln gemauerten Hallen und Flure des unterirdischen Labyrinths gehören zum Eindrucksvollsten, was diese höchst eigenartige Architekturschöpfung zu bieten hat. Leider werden Führungen durch diese Katakomben selten angeboten.

Der monumentale Rundtempel wird von den einen als Gasometer verspottet, anderen flößt er, vielleicht wegen seiner gigantischen Ausmaße, Ehrfurcht ein. Die Kelheimer haben sich an den Anblick gewöhnt, doch wirklich beliebt ist die Befreiungshalle nicht. Viereckige Strebepfeiler umgeben außen das Gebäude. Auf ihnen stehen 18 germanische Frauengestalten; sie verkörpern die einzelnen Volksstämme, die an den Freiheitskriegen beteiligt waren. Über dem Eingangsportal hat der König eine Widmung anbringen lassen:

Den Teutschen Befreiungskämpfern
LUDWIG I.
König von Bayern

Als ich durch das Portal schreite, blicke ich in eine lichtdurchflutete Halle, von oben beleuchtet durch ein Opaion, eine Öffnung in der 45 Meter hohen Kuppel. Überlebensgroße marmorweiße, geflügelte Siegesgöttinnen, 34 an der Zahl, reichen sich die Hände zum feierlichen Reigen. Die von Ludwig Schwanthaler entworfenen Figuren wirken wie eine Mischung aus antiken Göttinnen und christlichen Engeln.

Vielleicht hat Ludwig I. mit diesem bombastischen, zum Kitsch neigenden Bauwerk versucht, sein Gewissen zu beruhigen. Denn sein Vater, Maximilian I. Joseph, wie der Krönungsname lautete, hatte Bayern verraten, indem er sich mit Napoleon verbündete und dafür von ihm die Königswürde erhielt. Er war der erste König Bayerns, die früheren Herrscher trugen nur den Herzogstitel. Gegen seinen Willen wurde Ludwig als Kronprinz gezwungen, mit bayerischen Truppen den Aufstand der Tiroler unter Andreas Hofer niederzuschlagen. Zudem verloren unzählige junge Männer aus Bayern in Napoleons Russlandfeldzug ihr Leben. Erst im letzten Moment, als sich das Schicksal des Eroberers bei der Leipziger Völkerschlacht wendete, machte Ludwigs Vater gemeinsame Sache mit den verbündeten Truppen der Russen, Preußen, Österreicher und Schweden. Ludwig, der von Anfang an große Abneigung gegen den Korsen gehegt hatte, weihte die Befreiungshalle zum 50. Jahrestag der Völkerschlacht bei Leipzig am 18. Oktober 1863 ein. Baumeister Leo von Klenze hatte da noch ein Jahr zu leben, und Ludwig verstarb fünf Jahre später.

Auf schmalen Asphaltwegen mit Blick auf die Donau radle ich an mehreren Weizenfeldern vorbei. Ein Schwarm Goldammern, gelb leuchtend wie Kanarienvögel, begleitet mich zwitschernd eine Weile. Wenige Kilometer hinter Kelheim zweigt der Rhein-Main-Donau-Kanal ab. Er wird der »Neue Kanal« genannt, denn schon Ludwig I. hatte 1846 eine Verbindung bauen lassen. Noch früher, bereits im Jahr 793, hatte Karl der Große mit der »Fossa Carolina« den ersten Versuch gestartet, die Donau mit dem Rhein und somit das Schwarze Meer mit der Nordsee zu verbinden, musste aber wegen bautechnischer Schwierigkeiten und Erdrutschen nach wenigen Kilometern aufgeben.

Was zur Zeit Karls des Großen noch nicht möglich war, gelang dem Bayernkönig oder, besser gesagt, dem von ihm beauftragten Baumeister. Die Aufgabe war schwierig, denn der Kanal musste die Fränkische Alb, also die Europäische Wasserscheide, überwinden. Das Rhein-Main-Fluss-System liegt westlich dieses Mittelgebirges und die Donau mit ihren Nebenflüssen östlich. Durch den Ludwig-Donau-Main-Kanal wurde schon damals, vor fast 200 Jahren, verbunden, was auf natürliche Weise nie zueinandergehören sollte: das Schwarze Meer und die Nordsee. 100 Schleusen waren nötig, um den Aufstieg des Wassers in die Fränkische Alb und dann den tiefen Abstieg in die Mainebene zu gewährleisten. Als technisch-historisches Denkmal können einige der Schleusen, Hafenanlagen, Lagerbauten und Schleusenhäuser besichtigt werden.

Die Zeiten änderten sich, die Lastschiffe wurden größer, der schmale Kanal genügte nicht mehr. Schon 1921 gab es Pläne für einen neuen Kanal, doch erst 1960 wurde der Bau begonnen, und es sollten 32 Jahre vergehen, bis der Rhein-Main-Donau-Kanal fertiggestellt werden konnte, auch wegen der massiven Proteste der Bevölkerung und der Naturschutzverbände. Als das »ziemlich dümmste Projekt« nach dem »Turmbau zu Babel« wurde das Vorhaben beschimpft. Doch die Politiker des Freistaates wollten diesen Kanal unbedingt und allen Widerständen zum Trotz verwirklichen. Wohl nie zuvor gab es einen so langen und erbitterten Kampf zwischen sturen Politikern, kompromisslosen Naturschützern, lautstarken Bürgerinitiativen und bissigen Kritikern. Beinahe wären Natur und Bevölkerung vom Kanal verschont geblieben, denn die hohen Kosten schienen sich bei dem vorhergesagten niedrigen Lastentransport nicht zu rentieren. Doch bayerische Politiker geben nicht so schnell auf. Sie ließen ein neues Gutachten anfertigen, und flugs hatte sich der prognostizierte Warentransport verdoppelt. Nun stimmte die Kosten-Nutzen-Rechnung!

Aus heutiger Sicht wiegt der wirtschaftliche Gewinn den Schaden nicht auf. Natürliche Landschaft gibt es kaum noch im Altmühltal, durch das der Kanal zwischen Donau und Main gebaut wurde. Wo sich früher Niedermoore ausdehnten, der Lebensraum für Kiebitz, Brachvogel und Bekassine, erstrecken sich heute gemähte Wiesen, die so arm an Leben sind, dass nicht einmal Heuhüpfer sich dort aufhalten wollen.

Ich fahre weiter entlang der Donau. Wälder, Felder und Wiesen wechseln sich ab. Wo die Naab am linken Ufer in die Donau mündet, tauchen die Türme von Regensburg auf. Eine Brücke spannt sich über den Strom, und Häuser im Stil vergangener Jahrhunderte drängen sich beidseits der Ufer. Die Stadtansicht wirkt auf mich wie ein barockes Ölgemälde.

Regensburg ist die einzige große deutsche Stadt, die im Zweiten Weltkrieg verschont geblieben und nicht durch Bomben zerstört worden ist. Die Sprengung der Steinernen Brücke in den letzten Tagen des Krieges konnte gerade noch verhindert werden, nur an zwei Stellen wurde sie beschädigt und schnell wieder repariert. Sie ist mit fast 900 Jahren die älteste noch funktionsfähige Brücke Deutschlands. Der Welfenherzog Heinrich der Stolze gab 1135 den Auftrag zu ihrem Bau. Er war der Vater von Heinrich dem Löwen, der auch mit Brücken in Verbindung gebracht wird. Die eine, bei Freising, ließ er zerstören und dafür bei München eine neue über die Isar bauen.

Die Brücke in Regensburg hat zwar der Welfe in Auftrag gegeben, doch bezahlt haben sie die durch den Handel reich gewordenen Regensburger Kaufleute. Mit einer Spannbreite von 350 Metern und 16 Halbbögen erstreckt sie sich horizontal ohne Wölbung über den Strom. Eichenstämme, die senkrecht in den Boden gerammt wurden, bilden das Fundament der Steinernen Brücke und sind noch immer original erhalten. Solange sie vom Wasser bedeckt bleiben, sind sie vor Fäulnis sicher. In nur elf Jahren war das Bauwerk vollbracht, ohne Maschinen und technische Hilfsmittel, die uns heute zur Verfügung stehen.

Wie so oft bei großartigen, von den Leuten bestaunten Errungenschaften des Mittelalters rankt sich auch um die Regensburger Brücke die Sage, der Teufel habe bei ihrem Bau geholfen. Die Seelen der ersten drei, die über die Brücke gingen, sollten ihm gehören. Was tat der clevere Baumeister? Er sorgte dafür, dass zuerst ein Hahn, dann ein Hund und zuletzt ein Ziegenbock über die Brücke liefen. Der Teufel musste sich damit zufriedengeben, denn offensichtlich hat man Tieren im Mittelalter eine Seele zugestanden.

Als Regensburg im Jahr 179 von Marc Aurel, dem Philosophen auf dem römischen Kaiserthron, gegründet wurde, erhielt es den Namen »Castra Regina«. In ihrer fast 2000-jährigen Geschichte hat die Stadt zahlreiche Erinnerungen an Römer, Heilige, Kaufherren, Handwerker, Wissenschaftler und Künstler gespeichert. Wie bei kaum einer anderen großen Ortschaft ist das mittelalterliche Stadtbild mit seinen verwinkelten Gassen, den Plätzen, Springbrunnen, Torbögen, Turmbauten und Patrizierhäusern erhalten geblieben.

An Kirchen und Türmen reich, überragt der Dom doch alle anderen Bauten. Schon als der heilige Bonifatius im Jahr 739 das Bistum Regensburg schuf, wurde der Grundstein des Doms gelegt. Die endgültige Fertigstellung aber dauerte Jahrhunderte, weil der Weiterbau wegen Geldmangels eingestellt werden musste. Erst auf Initiative von Ludwig I. konnte der Dom Mitte des 19. Jahrhunderts vollendet werden.

Der Abend senkt sich über die Stadt. Die durch zahlreiche Zuflüsse angeschwollene Donau eilt zwischen den Strebepfeilern der Brücke hindurch, kleine Strudel und Wirbel bildend. Das Licht der untergehenden Sonne zaubert warme Farben auf die braunen Fluten. Am Ufer liegen Ausflugsdampfer, und zahlreiche Menschen spazieren an der Promenade entlang. Auf meiner bisherigen Reise hatten sich die Städte eher von der Donau abgegrenzt, führten ihr eigenes Leben. Regensburg aber ist anders. Es ist die erste Stadt, die wirklich eine Beziehung zu ihrem Fluss aufgebaut hat. Hier leben die Menschen an und mit der Donau. Die Regensburger Schriftstellerin Eva Demski beschreibt in ihrem Buch »Mama Donau«, wie sie im Fluss schwimmen lernte. In ihrer Kindheit gab es noch einen Badestrand am Ufer.

Ich übernachte mitten in der Altstadt und bummle am nächsten Morgen durch die Gassen. Regensburg ist nicht nur reich an Kirchen, sondern auch an Denkmälern, von denen eines seltsam fremdartig wirkt und so gar nicht in eine bayerische Stadt passen will. Da steht auf einem Sockel ein spanischer Grande; ein wenig ähnelt er in seiner Rüstung den Eroberern, den Konquistadoren, die das Inka-Reich zerstörten. Dieser Recke stützt sich nicht nur auf ein Schwert, sondern steht mit einem Fuß auch noch auf dem abgeschlagenen Kopf eines Türken. Es ist Don Juan de Austria, der »Retter des Abendlandes«, wie er genannt wird. Er hat in der Seeschlacht bei Lepanto im Golf von Korinth die Türken besiegt. Warum aber ehrt Regensburg einen Befehlshaber der spanischen Flotte?

Seine Mutter war eine Regensburgerin, Barbara Blomberg, die Tochter eines Gürtelmachers. Als in Regensburg im Sommer 1546 wieder einmal der Reichstag tagte, lernte die 18-jährige Schönheit den spanischen Kaiser Karl V. kennen. Wie das wohl zugegangen sein mag? Ob die Honoratioren der Stadt sich bei dem spanischen Habsburger beliebt machen wollten, indem sie ihm das schönste Mädchen Regensburgs »ins Bett legten«, oder ob Barbara dem Herrscher auffiel, als sie in der Herberge »Goldenes Kreuz« aushalf? Karl war seit sieben Jahren Witwer. Er befehligte ein Reich, in dem, wie es hieß, die Sonne nie unterging. Zwar zählte er erst 47 Jahre, doch er war frühzeitig gealtert, von Müdigkeit und Schwermut gezeichnet, ein gichtgeplagter Mann. Dennoch, als er Regensburg verließ, war Barbara schwanger. Er sah seine Geliebte nie wieder, stattete sie aber mit einem großzügigen Heiratsgut aus und vermählte sie mit einem seiner kaiserlichen Beamten. Den Sohn, den sie gebar, ließ er holen und in Spanien bei Pflegeeltern aufziehen. Erst als der Herrscher starb – Juan war zwölf Jahre alt –, erfuhr er von seiner Abstammung. Der neue spanische König, sein Halbbruder Philipp II., führte ihn bei Hofe ein und gewährte ihm eine standesgemäße Ausbildung. So hatte es Karl in seinem Testament verfügt, in dem er ihn als leiblichen Sohn anerkannte.

Juan sollte eigentlich eine kirchliche Laufbahn einschlagen. Doch der ehrgeizige junge Mann fühlte sich zum Militär hingezogen, fand Anerkennung bei der Niederschlagung eines Aufstandes der arabischen Bevölkerung in den Alpujarras bei Granada und erhielt als 24-Jähriger den Oberbefehl bei der Lepanto-Seeschlacht, der letzten, die mit Galeeren durchgeführt wurde. Ihm gelang, was kaum jemand für möglich gehalten hatte: die als unbesiegbar geltende osmanische Flotte vernichtend zu schlagen.

Seine Mutter, inzwischen Witwe, traf er ein einziges Mal, als er 29 Jahre alt war, um sie zum Eintritt in ein Dominikanerkloster in Kastilien zu überreden. Ihr als freizügig geltender Lebensstil hätte seine Karriere gefährden können.

Der Kriegsheld Don Juan de Austria wurde nicht alt. Er starb mit 31 Jahren wahrscheinlich an Typhus, vielleicht wurde er aber auch im Auftrag der englischen Königin vergiftet, weil er deren Rivalin, Maria Stuart, ehelichen wollte. Nach dem Tod des Sohnes durfte Barbara das Kloster verlassen und ihren Wohnsitz frei wählen. Sie entschied sich für ein Landgut in Kantabrien, das sie mit Bediensteten und ihren Kindern aus der Ehe mit dem kaiserlichen Beamten bewirtschaftete. Sie führte ein selbstbestimmtes Leben, bis sie als 70-Jährige starb.

Die Arkaden, Torbögen und Wasserspiele in Regensburg, die Straßencafés, oft begleitet vom Rauschen der Donau, sorgen für ein südliches Flair, gerade an einem sonnigen Tag wie heute. Vom Flussufer zieht es mich wieder hinein in die verwinkelten Gassen der Altstadt. Vor einem gelb getünchten Haus bleibe ich stehen. Das Gebäude ist schmal und unscheinbar, in der Häuserreihe fällt es nicht weiter auf. Gebaut um 1540, war es früher ein prächtiges Patrizierhaus, gehörte dem Regensburger Kaufmann Hillebrand Billi und hatte einen für Regensburg typischen »Geschlechterturm«, einen viereckigen, wuchtigen, neun Stockwerke hohen Turmbau. In diesem Haus starb im November 1630 Johannes Kepler. Er hatte die Sonne ins Zentrum unseres Planetensystems gerückt und deren Bahnen berechnet. Zufällig habe ich dieses Haus entdeckt, wusste vorher nichts von Keplers Aufenthalt in Regensburg. Ich nutze die Gelegenheit zu einem Besuch des Museums, das man in seinem Sterbehaus eingerichtet hat.

Johannes Kepler wurde 1571 in der Nähe von Stuttgart geboren. Sein Leben fällt in die unruhige Zeit der Reformation und des Dreißigjährigen Krieges. Seine Biografie ist demgemäß geprägt von Not und Schicksalsschlägen, umso erstaunlicher seine wissenschaftliche Leistung. Der Beginn seiner Laufbahn verlief noch relativ problemfrei. Er studierte an der Universität Tübingen und belegte, wie es damals für Universalgelehrte üblich war, zahlreiche Fächer: Philosophie, Rhetorik, Theologie, Latein, Griechisch, Hebräisch, Mathematik, Astronomie. Seine Lehrer machten ihn mit dem Weltbild des Nikolaus Kopernikus vertraut, der 50 Jahre zuvor erkannt hatte, dass die Erde um die Sonne kreist und nicht umgekehrt, wie die Kirche lehrte. Allerdings berechnete Kopernikus eine kreisförmige Planetenbahn, weswegen es keine Übereinstimmung mit den tatsächlichen Planetenbewegungen gab. Erst Keplers Berechnungen einer ellipsenförmigen Bahn waren exakt.

Während sein italienischer Zeitgenosse Galileo Galilei seine Lehren widerrufen musste und der Italiener Giordano Bruno nach acht Jahren Kerkerhaft und Folter auf dem Marktplatz in

Rom verbrannt wurde, war Kepler vor kirchlichen Anfeindungen sicher. Er hatte zunächst einen Lehrauftrag in Graz inne, war dann Hofastronom bei Kaiser Rudolf II. in Prag und bekam nach dessen Tod eine Anstellung bei dem berühmten Feldherrn Albrecht von Wallenstein, für den er Horoskope erstellte. Warum es Kepler anders erging als Galilei und Bruno? Der Kampf der Katholiken und Protestanten gegeneinander und der daraus resultierende Dreißigjährige Krieg tobten zu der Zeit in Deutschland und ließen den Kirchenoberen wahrscheinlich wenig Raum, mathematische Formeln zu studieren und wissenschaftliche Schriften zu deuten, die auch für heutige Nichtmathematiker nicht zu durchschauen sind.

Allerdings, was der Kirche wichtig war, dafür nahm sie sich Zeit, trotz und vor allem während der Wirren des Dreißigjährigen Krieges – die Hexenprozesse. Weil Keplers Mutter Katharina gern Kräutertees trank, wurde sie als Hexe angeklagt. Eine mit ihr zerstrittene Nachbarin denunzierte Katharina, und so lag die alte Frau ein Jahr lang angekettet im Kerker. Kepler gelang das schier Unmögliche, er verteidigte seine Mutter vor Gericht. Nie zuvor hatte jemand gewagt, als Verteidiger einer Hexe aufzutreten. Kepler kam seine Berühmtheit als Gelehrter zugute. Er konnte seine Mutter vor dem schmerzvollen Feuertod bewahren. Doch die Qualen im Kerker hatten sie gezeichnet, ein Jahr später starb Katharina Kepler. Schwer vorstellbar ist für uns heute diese Gleichzeitigkeit: finsterer Aberglaube und höchste wissenschaftliche Leistungen, die das moderne Bild vom Universum prägten.

Nach Regensburg hatte Johannes Kepler die schiere Not getrieben; er konnte Frau und Kinder nicht mehr ernähren. Der Kaiser und der Feldherr Wallenstein schuldeten ihm seit Jahren den Lohn. Wieder einmal tagte der Reichstag in Regensburg, und auch Kaiser Ferdinand II. war anwesend. Doch bevor Kepler ihn sprechen konnte, erkrankte er schwer und starb nach wenigen Tagen. Seine Witwe bemühte sich vergeblich, die ausstehende Besoldung ausgezahlt zu bekommen.

Sechs Jahre später starb auch sie, erschöpft und verarmt. Sie hatte sieben Kinder geboren, nur zwei überlebten diese Notzeiten.

Tief hängen die Wolken, als ich Regensburg verlasse. Ich überquere die Steinerne Brücke, die wie ein enger Gürtel die Donau überspannt, und radle auf schmalen Wegen am linken Ufer entlang. Ab und zu versperren mir Sträucher den Blick auf den träge dahinströmenden Fluss. Es herrscht reger Schiffsverkehr, Lastkähne schieben sich gegen die Strömung flussaufwärts, und Ausflugsdampfer befördern Passagiere nach Passau und vielleicht weiter bis zum Delta.

Rechter Hand breitet sich eine fruchtbare Ebene aus, der »Gäuboden«. Der Wind hat den während der Eiszeit von Gletschern erzeugten Gesteinsstaub hier angeweht. Bis zu sechs Meter dicke Schichten, reich an Mineralien, garantieren ertragreiche Ernten. Von alters her wird dieses Gebiet für Ackerbau genutzt und gilt als Kornkammer Bayerns. Neben Getreide sehe ich Felder mit Kartoffeln und Zuckerrüben, doch auch hier ersetzt der Mais nach und nach die anderen Feldfrüchte.

Links der Donau erstreckt sich der Bayerische Wald, blaue Bergsilhouetten begrenzen den Horizont. Der Donau ist es nicht gelungen, sich durch den harten Granit des Mittelgebirges zu arbeiten. Sie weicht nach Süden aus und schlängelt sich an seinem Rand entlang.

Wer würde vermuten, dass Bayern einst ein Weinland war? Früher wuchsen tatsächlich Weinreben von Kelheim bis Passau an dem der Mittagssonne zugewandten Donauufer. Statt Bier wurde hier der »Baierwein« getrunken. Ich besuche das Weinmuseum unterhalb von Donaustauf beim Ort Bach, das mitten in einem Weinberg liegt. Das weiß getünchte, niedrige Gebäude ist ein historisches Presshaus aus dem 14. Jahrhundert. Innen begutachte ich dicke Holzfässer und eine der ältesten Weinpressen dieser Gegend und erfahre mehr über das mir bislang unbekannte Weinanbaugebiet.

Es waren die Römer, die die Kelterkunst nach Bayern brachten. Der Baierwein galt als »Naturbursche«, war derb und kräftig. Nicht jedem hat er gemundet. Als der Weinanbau der Konkurrenz des Bieres nicht mehr gewachsen war und die Winzer Not litten, lieferten sie einige Flaschen an Ludwig I. und baten um finanzielle Unterstützung. Er aber antwortete: »Ich zöge es ohne Zaudern vor, zeitlebens auf Wasser als auf diesen Wein beschränkt zu werden. Für Leute rauen Gaumens mag er angehen, jedoch gewähre ich des Bittstellers Gesuch nicht.« Trotz dieser vernichtenden Beurteilung wird auch heute noch Wein angebaut, allerdings handelt es sich mit sechs Hektar um das kleinste Weinanbaugebiet Deutschlands.

Wenige Kilometer weiter überrascht mich ein fremdartiger Anblick. Weiß leuchten Säulen am grün bewaldeten Berghang. So griechisch der Tempel auch anmutet, trägt er dennoch den aus der nordisch-germanischen Mythologie stammenden Namen »Walhalla«. Das war der geheimnisvolle Ort, an dem Gott Odin, auch Wotan genannt, die gefallenen Helden an seine Tafel rief.

Wie die Befreiungshalle bei Kelheim wurde die Walhalla auf Initiative Ludwig I. gebaut. Schon als Kronprinz hegte er die Absicht, »rühmlich ausgezeichnete Teutsche« in Form von Büsten in einem Ehrentempel zu vereinen. Mit dem Bau musste er allerdings warten, bis er zum König gekrönt war, dann beauftragte er seinen Hofarchitekten Leo von Klenze, der ihm den klassizistischen Tempel im dorischen Stil entwarf, wobei er den Parthenon-Tempel auf der Akropolis Athens zum Vorbild nahm.

Steil schlängelt sich der Fußweg bei Donaustauf den 420 Meter hohen Bräuberg hinauf. Fichten beschatten den Weg, eine erwartungsvolle Stille breitet sich aus. Dann öffnet sich der Blick auf weiß schimmernde Säulen, zu denen eine Prachttreppe mit 358 Stufen hinaufführt. Durch die Eingangspforte aus Eichenholz mit ihren wuchtigen Torflügeln trete ich in den Innenraum und bin überrascht von der Lichtfülle, die von oben auf den Weiheraum herabstrahlt. Würdevoll und edel wirkt der Raum und zugleich freundlich. Das hereinflutende Licht und die Verwendung verschiedenfarbigen Marmors in Weiß, Gelb, Schwarz, Grau und einem dunklen Rotton vermitteln eine heitere Stimmung.

Die Worte, die Ludwig I. bei der Eröffnung sprach, sind überliefert: »Mögen alle Teutschen immer fühlen, dass sie ein gemeinsames Vaterland haben, ein Vaterland, auf das sie stolz sein können; und jeder trage bei, so viel er vermag, zu dieser Verherrlichung.«

Der König verfügte, in der Walhalla solle unabhängig von seiner Nationalität geehrt werden, »wer teutscher Zunge sey«. Deshalb gibt es auch Büsten von Schweizern, Österreichern, Deutsch sprechenden Niederländern und Schweden. Die Auswahl, die Ludwig I. getroffen hat, ist nicht abgeschlossen, heute entscheidet die Bayerische Akademie der Wissenschaften, ob die Büste einer berühmten Persönlichkeit in die Ahnengalerie aufgenommen wird. Mit nur sechs Büsten sind Frauen unterrepräsentiert. Ludwig hatte eine Zarin, eine Königin, eine Gräfin und eine Ordensfrau ausgewählt, in neuerer Zeit wurden die Philosophin Edith Stein und Sophie Scholl, Mitglied der Widerstandsgruppe »Weiße Rose«, aufgenommen.

Ursprünglich war ich geneigt gewesen, die Walhalla oben auf ihrem bewaldeten Hügel links liegen zu lassen oder ihr höchstens einen kurzen Pflichtbesuch abzustatten, doch unerwartet begeistere ich mich für die Idee Ludwigs I. Ich finde es spannend, sich die Namen von Musikern, Wissenschaftlern, Schriftstellern, Politikern ins Gedächtnis zu rufen und zu überlegen, wer fehlt. Wen hätte ich selbst der Ehrung für wert befunden? Von A wie Konrad Adenauer bis W wie Richard Wagner reicht die Liste, auch Kepler und Kopernikus, Walther von der Vogelweide, Wallenstein, Adalbert Stifter und Albert Einstein wurden nicht vergessen. Gar nicht so schlecht, dieser Ludwig, der uns mit der Walhalla ein außergewöhnliches Geschichtsbuch geschenkt hat.

Dorische Säulen umrahmen den lang gestreckten Tempel außen von allen Seiten. Ich spaziere zwischen den Säulen und der Tempelmauer entlang, dabei eröffnen sich mir immer wieder Blicke tief hinab zur Donau und weit hinaus bis zum Horizont. Der Fluss zieht in einem breiten Bogen unten vorbei und macht der Bezeichnung »blaue Donau« alle Ehre, denn das Himmelsblau spiegelt sich in seinem Wasser auf einzigartige Weise.

Lange habe ich mich in Ludwigs Ehrentempel aufgehalten und meine Fantasie beim Betrachten der Büsten spielen lassen. Nun nehme ich mir viel Zeit, den Anblick der Donaulandschaft zu genießen. Später suche ich im Wald einen sichtgeschützten Platz und baue mein Zelt auf. Der Sonnenuntergang taucht die Bäume in warmes Licht, die Stämme schimmern goldumrandet. Als sich der Himmel verdunkelt und die graue Dämmerung die Farben auslöscht, krieche ich in meinen Schlafsack und schlafe ungestört bis zum nächsten Tag.

Der Morgen zeigt sich am östlichen Horizont mit einer Röte, durch die sich violette Wolkenschlangen winden. Ich schwinge mich aufs Rad und fahre von der Anhöhe hinunter zum Radweg, der die Donau entlangführt. Im 9000-Einwohner-Ort Bogen erfahre ich, wie es zum bayerischen Staatswappen mit dem weiß-blauen Rautenmuster gekommen ist. Ich wusste nicht, dass dieses Motiv eine 800 Jahre alte Geschichte hat und in Bogen entstanden ist. Damals herrschten hier die mächtigen Grafen von Bogen, zu einer Zeit, als die Wittelsbacher nur wenig Land besaßen und kaum eine politische Rolle spielten.

Das Adelsgeschlecht der Grafen von Bogen hatte von alters her ein Wappen mit weiß-blauen Rauten. Der letzte Graf Albert III. heiratete im Jahr 1184 die erst 14-jährige Ludmilla, eine Prinzessin aus Böhmen. Durch die Heirat wurde der Graf, der bereits ein großes Gebiet an der Donau von Regensburg bis Passau beherrschte, noch reicher, denn Ludmilla brachte bedeutenden Landbesitz als Mitgift in die Ehe mit ein.

Die böhmische Prinzessin gebar ihrem Gemahl drei Söhne, und nichts deutete darauf hin, dass das Geschlecht der Grafen von Bogen alsbald erlöschen würde. Doch Albert III. starb mit nur 33 Jahren bei einem der Kreuzzüge. Die Witwe mit ihren unmündigen Kindern heiratete bald wieder. Ausgerechnet auf den Wittelsbacher Herzog Ludwig I., den Kelheimer, ein erbitterter Widersacher ihres verblichenen Gemahls, mit dem dieser manchen Kampf ausgefochten hatte, fiel ihre Wahl. Ludmilla hatte mit Ludwig einen weiteren Sohn, Otto II., und da Alberts Söhne kinderlos starben, erbte er das Land und das weiß-blaue Rautenwappen, das fortan alle Wittelsbacher benutzten und das schließlich zum bayerischen Staatswappen wurde. Heute ist das 800 Jahre alte Rautenmuster zum Symbol Bayerns geworden.

An Deggendorf fahre ich vorbei und blicke vom linken Ufer hinüber zur unspektakulären, hinter Weidengebüsch fast verborgenen Einmündung der Isar. Vor Jahren hatte ich dieses Mündungsgebiet erkundet und erinnere mich jetzt lebhaft an eine traumhafte Naturlandschaft.

Der Donauabschnitt zwischen Straubing und Vilshofen ist heiß umkämpftes Gebiet. Seit Jahrzehnten wird um das letzte Teilstück der bayerischen Donau gerungen, wo das Leben noch im Fluss ist, wo sie frei fließen darf ohne Kanalbauten und ohne Staustufen, ein Rückzugsbiotop für Pflanzen und Tiere. Es handelt sich nur um 70 Flusskilometer, aber es sind eben die letzten naturbelassenen Kilometer in Bayern. So wichtig ist den unterschiedlichen Interessengruppen dieses Thema, dass erbittert gestritten wird, in Niederbayern, in München, in Berlin, in Brüssel. Es geht um die Frage, was mehr wert ist, die Natur oder der Schiffsverkehr.

Damit tief liegende Containerschiffe und Lastkähne die Donau unbegrenzt passieren können, müsste die Fahrrinne vertieft werden. Man kann das erreichen, indem bei Mühlham die hufeisenförmige Schleife durchstochen und eine Staustufe bei Aicha eingebaut wird. Das bedeutet, der Lebensraum für Pflanzen und Tiere geht verloren, denn die sind an eine Umwelt angepasst, in der sich Hoch- und Niedrigwasser dynamisch abwechseln, in der Fluss und Aue gewissermaßen im Takt des wechselnden Wasserspiegels atmen. Zahlreiche Anwohner engagieren sich seit Jahren für den Erhalt der freien Donau und die Bewahrung dieses besonderen Natur- und Kulturraumes. Daher wurden neben dem Plan, der den optimalen Ausbau für die Schiffe verspricht, mehrere Varianten, die eine sanftere Umgestaltung vorschlagen, erstellt. Doch diese bringen nicht den erwünschten Nutzen für die Wirtschaft, zudem bedeuten alle Eingriffe einen Verlust an Natur.

Während ich den Windungen der Donau nahe am Ufer folge, entdecke ich allerdings keine urwüchsige Wildnis. Den »bayerischen Amazonas«, wie das gepriesene Naturjuwel oft genannt wird, habe ich mir anders vorgestellt. Der Silberweidenwald ist sehr schmal, und Felder reichen mitunter nahe an den Fluss heran. Die Naturschützer haben hier jedoch zahlreiche schützenswerte Arten ausgemacht, von Flussuferläufern und Flussregenpfeifern bis zu Eisvögeln und Blaukehlchen. Zwei Drittel aller Brutvogelarten Bayerns wurden beobachtet sowie vom Aussterben bedrohte Amphibien, seltene Insekten und 55 Fischarten.

Beim Bootshafen in Vilshofen steht auf einer schlanken Säule eine 1,39 Meter große, goldglänzende Kugel, die die Sonne repräsentiert. Entlang des Donauradweges ist mit exakten maßstäblichen Größen und Entfernungen unser Planetensystem dargestellt. Der ehemalige Mathematik-, Physik- und Astronomielehrer am Gymnasium in Vilshofen, Helmut Eckl, hat diesen Planetenweg im Maßstab eins zu einer Milliarde ins Leben gerufen.

Mit dem Fahrrad bin ich zu schnell, erst zu Fuß kann ich die Entfernungen zwischen den einzelnen Planeten nachvollziehbar erleben. Deshalb deponiere ich mein Rad in einer Vilshofener Gaststätte und wandere am linken Ufer flussaufwärts von Vilshofen Richtung Hofkirchen und Winzer. Nur 58 Meter vom Sonnenmodell entfernt befindet sich der sonnennächste Planet, der Merkur. Er wurde wie die anderen Planeten auf einen aus dem Flussbett der Donau gefischten Findling montiert. Als Nächstes folgt die zwölf Millimeter große Venus. Die Erde, fast genauso groß wie die Venus, ist 150 Meter entfernt. Auch der Erdmond wurde nicht vergessen. Er ist so angebracht, dass er die Sonne verdeckt, wenn man diese von der Erdkugel aus anpeilt, stellt also die Situation bei einer Sonnenfinsternis dar. Der größte Planet, der Jupiter, ist 778 Meter vom Sonnenmodell entfernt.

Die Abstände zwischen den Planeten werden immer größer, je weiter ich an den Rand unseres Planetensystems gelange. Zu den Planeten Uranus und Neptun muss ich einige Kilometer zurücklegen. Pluto, der inzwischen von den Astrologen gar nicht mehr zu den echten Planeten gerechnet wird, ist sechs Kilometer vom Sonnenmodell entfernt. In zehn Kilometer Entfernung endlich erreiche ich den Zwergplaneten Eris als Außenposten des Sonnensystems.

Das Fenster öffnet sich zur Donau hin. Ein schmaler Ufersaum trennt das ebenerdig gelegene Zimmer vom Fluss. Ich vernehme sein Rauschen, doch watteweißer Nebel versperrt mir die Sicht.

Ich bin in Passau, benötige ein paar Tage, mich den Sehenswürdigkeiten der Stadt zu widmen, dem Dom St. Stephan mit der weltweit größten Orgel, der Veste Oberhaus am Hochufer über der Stadt mit ihren Wällen und Wehranlagen aus dem 13. Jahrhundert und der Veste Niederhaus im Winkel zwischen Ilz- und Donauzusammenfluss. Im gotischen Rathaus will ich das Gemälde »Einzug Krimhilds in Passau« betrachten und die 300 Treppenstufen zur Wallfahrtskirche »Mariahilf« hinaufsteigen, nicht zu vergessen das Scharfrichterhaus im ehemaligen Stadtgefängnis, wo jedes Jahr der Kabarettwettbewerb stattfindet und das Scharfrichterbeil vergeben wird, das zum Beispiel Urban Priol, Günter Grünwald und Hape Kerkeling erhalten haben. Bekannte Kabarettisten wie Sigi Zimmerschied und Bruno Jonas standen hier erstmals auf der Bühne. Im konservativen Passau fanden gerade diese kritischen Geister ihren Nährboden.

An vorzüglichen Übernachtungen ist kein Mangel, darunter das »Hotel Wilder Mann«, wo schon die spätere österreichische Kaiserin Elisabeth, genannt Sisi, nächtigte, bevor sie ihre Brautfahrt auf der Donau nach Wien fortsetzte. Doch mein Reiseziel ist noch weit, deswegen will ich sparen und suche mir eine preisgünstigere, aber doch bequeme Unterkunft, das »Rotel Inn«.

Das Frühstück genieße ich auf der Dachterrasse des wie ein Ozeandampfer geformten Hotels. Mein Blick schweift zum nahen Fluss, dort lösen sich die letzten Nebelschleier im Sonnenlicht auf. Am Ufer liegen Kreuzfahrtschiffe, manche auch in Doppelreihe, mit vielsagenden Namen wie »Sisi«, »Sofia«, »Rossini«, »Agnes Bernauer«, »Moldavia«. Das Personal schafft über die Landungsstege Verpflegung und Getränke an Bord, bevor die Fahrt weitergeht.

Passau wirkt wie eine schwimmende Stadt. Von allen Seiten von Wasser umgeben, ist nicht viel Platz auf dem schmalen Streifen Land, der spitz wie ein Schiffsbug in die Fluten ragt, wo Donau, Inn und Ilz zusammentreffen. Diese drei Flüsse vereinigen sich exakt an einem Punkt, dem sogenannten Drei-Flüsse-Eck. Die Farbmischung im Wasser ist spektakulär: Die Ilz aus dem Bayerischen Wald führt moorschwarzes Wasser mit sich, die gar nicht so »blaue Donau« hat graubraunes Wasser, und der Inn aus den Alpen ist hellgrün. Der Streit, wer nun in wen mündet, ist noch immer nicht entschieden. Bei der schmalen, nur 65 Kilometer langen Ilz ist kein Zweifel möglich; sie ist eindeutig ein Nebenfluss der Donau. Aber fließt nun der Inn in die Donau oder doch eher umgekehrt? Betrachtet man die Farben der Gewässer, muss man feststellen: Der helle Inn drängt die dunkel gefärbte Donau zurück, also ist sie es, die in den Inn mündet. Er macht es ihr schwer und nimmt nur zögerlich ihr Wasser auf. Erst nach einigen Hundert Metern hat sich beider Wasser vermischt und fließt als gemeinsamer Strom weiter. Allerdings hat der Inn mit 510 Kilometern einen etwas kürzeren Weg als die Donau zurückgelegt. Zwar ist seine Strömung rasant, doch die behäbige Donau hat meist mehr Wasser, außer im Frühjahr, wenn der Inn das Schmelzwasser aus den Alpen mit sich führt. Wer auch immer in wen mündet – eine Umbenennung des beliebten Walzers von Johann Strauß in »Am schönen blauen Inn« kommt sowieso nicht infrage.

Die Donau in Österreich
– 357 Kilometer

Und nun begann der Regen erneut, den Boden um mich herum in Schlamm zu verwandeln, während der Wind an meinem Zelt rüttelte, als wolle er es an dieser Stelle nicht haben … zerriss ein Donner die Nacht in tausend Stücke. Wie ein gigantischer Peitschenhieb explodierte die Luft.

Thomas Bauer

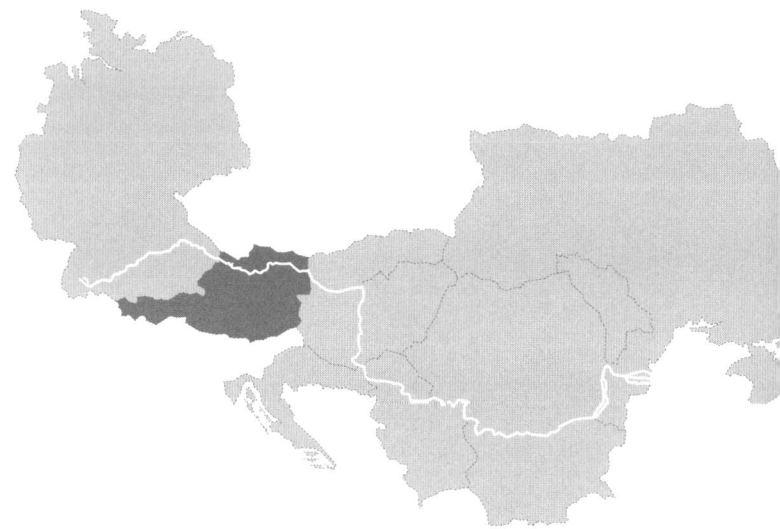

Genussreiche Kulturlandschaft
Von Passau nach Hainburg

Wasser, so weit das Auge reicht. Immer mehr flutet heran, immer höher steigt der Pegel. Die Passauer Bürger sind an Hochwasser gewöhnt, doch diesmal ist es anders. Die Geschwindigkeit, mit der die Straßen überschwemmt werden, ist unfassbar. Eben noch schwappten die braunen Fluten bis ans Kellerfenster, kurz darauf reicht das Wasser bis zum ersten Stock.

Da gleich drei Flüsse in Passau zusammenfließen, wissen die Menschen dieser Stadt, was in Zeiten hoher Pegelstände zu tun ist. Bei einer früheren Überflutung stellte der Wirt eines Cafés eine Tafel vor den Eingang: »Bester Blick auf das Hochwasser«. Doch als im Juni 2013 gewaltige Wassermassen urplötzlich über Passau hereinbrechen, ist das kein Spaß mehr. Die Niederschläge sind heftiger und stärker als je zuvor. Die Fluten durchbrechen die Dämme, und in Passau steht das Wasser 12,85 Meter hoch.

»Die Schleusen des Himmels öffneten sich« – das kommt uns bekannt vor. So strafte Gott die ungehorsame Menschheit und verschonte nur Noah, weil er besonders fromm war, samt seiner Familie und den Tieren, denen er auf seiner Arche Asyl bot. Gott schloss damals mit Noah einen Bund und versprach: »Nie mehr soll das Wasser zur Flut werden, um alles Fleisch zu vernichten.« Als Symbol dieses Bundes spannte er einen Regenbogen.

Die Erzählung einer strafenden Sintflut wurde erstmals im 5000 Jahre alten Gilgamesch-Epos in Keilschrift niedergeschrieben. Die Überschwemmungen heutiger Zeit sind keine Gottesstrafen, sondern entstehen, weil Flüsse begradigt, kanalisiert und angestaut sind und die Auwälder zerstört wurden, in die das Hochwasser sich in früheren Zeiten ergießen konnte. Gott muss sich nicht mehr anstrengen, die Welt zu zerstören, wir selbst können das viel besser.

Doch jedes schlimme Ereignis hat etwas Gutes, das bewahrheitet sich auch bei der Passauer Flut. Die Hilfsbereitschaft der Bürger untereinander ist bewundernswert. In Gummistiefeln, mit Schaufeln und bloßen Händen säubern Freiwillige Straße um Straße von Schlamm und Unrat. Studenten koordinieren sich übers Internet, die Gruppe »Passau räumt auf« bildet sich und wird zu einer der wichtigsten Fluthilfeinitiativen. Der Zusammenhalt in der Stadt ist nie besser gewesen. Selbst der Bischof kommt, um sich bei den Jugendlichen zu bedanken.

Doch zu diesem Zeitpunkt habe ich die Stadt Gott sei Dank schon weit hinter mir gelassen.

Ich schwinge mich aufs Fahrrad und verlasse Passau. Die Türme der Stadt verschwimmen im regenverhangenen Himmel. 2226 Flusskilometer sind es immer noch bis zum Delta, doch für mich werden es bedeutend mehr sein, will ich doch rechts und links der Donau die Gegend erkunden. Bis zur Mündung … so weit mag ich jetzt nicht denken und richte meine Gedanken erst einmal Richtung Wien.

Der Fahrradweg von Passau nach Wien ist schon lange kein Geheimtipp mehr, sondern gilt als »Radautobahn«. Man hatte mich gewarnt: Bunt gekleidete Radler im hautengen Dress würden einer hinter dem anderen die schöne Gegend bevölkern. Doch ich habe Glück – es regnet, seit gestern schon. Ohne Unterlass prasselt das Wasser auf mich herab. Ich bin trotzdem losgefahren, denn ich war lange genug in Passau. Warten würde nicht helfen, der Wetterbericht prognostiziert eine weitere Regenwoche. Das hat wohl abschreckend gewirkt, denn ich habe die Strecke für mich allein. Und noch ein zweites Mal habe ich Glück, denn nach wenigen Stunden scheint die Sonne. Nur in Linz wird es noch einmal einen Regentag geben, doch bis dahin muss ich noch einige Radkilometer zurücklegen.

Solange ich am linken Ufer bleibe, befinde ich mich in Deutschland. Am rechten Ufer beginnt Österreich, die Grenze verläuft mitten im Fluss. Der Weg führt nah an der Donau entlang, die mächtig an Umfang zugenommen hat. Das Tal ist eng und dicht bewaldet, tief hat sich das Wasser in das harte Gestein eingegraben. »Donauleiten« heißen die der Sonne zugekehrten Talhänge, ein Naturschutzgebiet mit fast mediterranem Klima. Am jenseitigen, österreichischen Ufer erhebt sich der »Sauwald«. Wegen des Regens vermeide ich Ausflüge in die Bergwelt und folge der Donau, bis ich auf die Nixe Isa treffe. Sie sitzt am Ufer, in Bronze gegossen. Isa ist die Schwester der Loreley und wohnte einst mitten im Fluss auf dem Jochenstein. Doch als dort das deutsch-österreichische Kraftwerk gebaut wurde, verlor sie ihren Wohnsitz und hockt seitdem nackt und schutzlos am Ufer.

Ich verabschiede mich von Isa, doch sie bleibt stumm und wirft mir nur einen hochmütigen Blick zu. Auf dem Gittersteg des Kraftwerks überquere ich die Donau und gelange nach Österreich. Niemand hindert mich daran, von einem Land ins andere zu wechseln, niemand will Papiere sehen oder verlangt Zoll. Früher wurden hier hohe Gebühren erhoben. Männer mit schwarz gefärbten Gesichtern schlichen sich heimlich bei Nacht über die Grenze; der Schmuggel war ein wichtiger Erwerbszweig für die Bevölkerung.

Die Donau, durch das Innwasser gestärkt und kräftig ins Fließen gekommen, wird durch das Gemeinschaftswerk der Deutschen und Österreicher in ein fast stehendes Gewässer verwandelt. Nachdem der Fluss die Turbinen angetrieben hat, kann er zwar seinen Weg fortsetzen, doch der wird auch weiterhin durch Staustufen zerhackt. Elfmal muss er in Österreich die Anstauungen erdulden. Die Donaukraftwerke sind die Basis der österreichischen Stromversorgung.

Es hat aufgehört zu regnen. Die Sonne kämpft sich durch die Wolken und beleuchtet die Burgruine Krempelstein und das Schloss Vichtenstein, dahinter wird der fast 900 Meter hohe

Haugstein sichtbar. Früher war das Schloss die Sommerresidenz der Passauer Fürstbischöfe. Ich folge nun dem Pfad am rechten Ufer, einem ehemaligen Treidelweg, auf dem die Schiffe mit Pferden stromaufwärts gezogen wurden.

Bei Engelhartszell weitet sich endlich das Tal. Auf einem Felsen im Ortszentrum thronend, bestimmt die Pfarrkirche Maria Himmelfahrt das Bild, doch die Besucher zieht es zum hinter dem Ort gelegenen Stift Engelszell. Schon im 13. Jahrhundert wurde hier ein Kloster gegründet. Ursprünglich wurde es von Zisterziensern geführt, heute ist es ein Trappistenkloster, das einzige in Österreich. Die Mönche leben zurückgezogen und scheinen sich ausgiebig der Likörherstellung zu widmen. Das reichhaltige Angebot im Klosterladen – Kirsch-, Marillen-, Eierlikör und ein Magenbitter, der aus 40 Kräutern destilliert wird – verführt mich dazu, mich mit hochprozentigem Proviant einzudecken.

Die Stiftskirche ist für Besucher geöffnet. Das Deckenfresko im Chor zeigt im üblichen barocken Stil die Krönung Mariens. Als ich aber zur Decke im Langhaus über der Orgelempore schaue, kann ich einen Ausruf des Erstaunens kaum unterdrücken. Ein solches Fresko habe ich in einer Kirche noch nie gesehen. Es ist eindeutig kein barockes Werk. Statt einer figürlichen Darstellung sind da nur farbige Flächen und Flecken, unregelmäßig und zerrissen wie in einem kubistischen Gemälde, jedoch genau auf die Farbgebung im Chor abgestimmt. Es ist ein Werk der klassischen Moderne und gilt als eines der bedeutendsten zeitgenössischen Kirchenfresken Österreichs. Der Maler Fritz Fröhlich aus Linz hat es 1957 geschaffen.

Von Engelhartszell bringt mich eine Fähre wieder ans linke Ufer, das nun auch österreichisches Territorium ist. Erneut folge ich einem alten Treidelweg nahe am Fluss. Die Berghänge rücken dicht heran, immer enger wird das Tal. Plötzlich mag die Donau nicht mehr, ihr reicht es jetzt. Von allen Seiten wird sie von hartem Gestein bedrängt, nirgendwo ein Durchkommen. Sie beschließt umzukehren, zurück zum Schwarzwald, wo das Fließen noch leicht und eine Freude war. Also dreht sie sich um 180 Grad, stößt jedoch wieder an harten Fels. Das zwingt sie zu einer weiteren Kehre zurück in die alte Fließrichtung. So sind zwei Bögen entstanden – die Schlögener Schlinge.

Ich verspreche mir einen Traumblick von der Landzunge und steige steil bergauf, doch die Aussicht ist leider nicht so prächtig, wie ich sie mir vorgestellt habe, denn Baumkronen versperren die Sicht. Ich gehe weiter zur Ruine Haichenbach, einst die Burg eines Raubritters, der mit seinen Gesellen die Donauschiffe überfiel und ausraubte, und hoffe, von dort einen besseren Überblick zu haben. Als ich mich dem Gemäuer nähere, lässt mich ein seltsames Geräusch innehalten. Ein Rasseln und Klirren und Fauchen. Vorsichtig setze ich meine Füße auf, damit mich nicht das Knacken eines Zweiges verrät. Schritt um Schritt schleiche ich mich näher heran, umrunde eine Mauer und zucke überrascht, aber auch erschrocken zusammen. Meinen Augen bietet sich ein seltsames Schauspiel. Die Körper steil aufgerichtet, ringen zwei Schlangen miteinander. Sie wiegen sich hin und her, umschlingen sich und lösen sich wieder, winden erneut ihre schlanken Leiber umeinander und recken sich in die Höhe. Eine versucht, der anderen in den Nacken zu beißen, dann wieder umspielen sie sich sanft, als würden sie tanzen. Ein ungewohnter Anblick, Schlangen, die sich sonst am Boden schlängeln, hoch aufgerichtet wie Kobras zu sehen. Fasziniert schaue ich zu und begreife allmählich: Es ist der Hochzeitstanz der Schlangen. Ihr geheimes Liebesleben scheint mir nicht für fremde Augen bestimmt. Leise, wie ich gekommen bin, ziehe ich mich zurück.

Meinem Blick als Biologin hat der Moment genügt, die olivfarbenen Tiere zu erkennen. Es waren Äskulapnattern, jede weit über einen Meter lang, die größten nördlich der Alpen vorkommenden Schlangen. Asklepios war der griechische Gott der Heilkunst, von den Römern später in Aesculapius (deutsch auch Äskulap) latinisiert. Als Erkennungszeichen trug er einen Stab, um den sich eine Schlange windet, noch heute das Symbol der Medizinerzunft. Einer anderen Theorie zufolge ringelt sich am Äskulapstab kein Reptil, sondern ein Wurm. Der Medinawurm ist ein bis zu 120 Zentimeter langer Parasit, der sich im Menschen von der Larve zu einem fertigen Wurm entwickelt. Dieser bohrt eine Öffnung durch die Haut nach außen, um seine Eier abzugeben. Der Arzt klemmt – so wie es schon in der Antike praktiziert wurde – das herausragende Ende des Wurms in ein gespaltenes Stöckchen und rollt ihn vorsichtig, damit er nicht abreißt und schlimme Entzündungen hervorruft, Tag für Tag etwa zehn Zentimeter auf den Stab, bis er ganz aus dem Körper entfernt ist. Der aufgerollte Medinawurm auf antiken medizinischen Abbildungen könnte später als Schlange gedeutet worden sein, da dieser Wurm in unseren Breiten nicht vorkommt.

Äskulapnattern sind in Deutschland selten. Sie lieben südliche, warme Gegenden und sind, wie fast alle Nattern, nicht giftig. Um sie von gefährlichen Schlangen zu unterscheiden, genügt ein Blick in ihre Augen. Nattern haben eine runde Pupille, während die von Kreuzottern und anderen Vipern einen senkrechten Schlitz bilden. Diese Regel gilt nicht in den Tropen, denn Kobras haben ebenfalls Augen mit runder Pupille.

Der Bauer vom Gehöft Au, das unterhalb der Burgruine auf der flachen Landzunge liegt, bringt mich mit seinem Kahn zum rechten Ufer. Er weist zum Steilhang und erklärt: »Von dort oben haben Sie den besten Blick auf die Schlögener Schlinge.«

Ein Waldweg führt kurvenreich eine knappe Stunde hinauf zum Aussichtspunkt. Aus 650 Meter Höhe sehe ich tief hinunter, wo sich der Strom in einer 180-Grad-Kurve um die Landzunge windet. Blau spiegelt sich der Himmel in den von bewaldeten Bergen und grünen Hügeln eingerahmten Fluten. Ein Bild, das den Atem stocken lässt und in keinem Donaubildband fehlt.

Auf einer Tafel neben dem Aussichtspunkt lese ich die dramatische Geschichte der gegenüberliegenden Burgruine, wo ich die Schlangen beobachtet habe. Der Haichenbacher Ritter hatte mit seinen Räubergesellen wieder einmal ein Schiff überfallen und schleppte mit der Beute auch den Händler auf seine Burg. Der wehrte sich nach Kräften. Bevor er ins Verließ gestoßen wurde, spuckte er einen Kirschkern über die Mauer und verfluchte die Unholde. Die Jahre vergingen, der Mann im Kerker war längst gestorben, da erfüllte sich sein Fluch: Aus dem Kern war ein stattlicher Baum geworden, mit dessen Hilfe die Mauer erstürmt und das Raubritternest zerstört werden konnte. Die Begebenheit blieb den Leuten im weiten Umkreis im Gedächtnis, und so nannten sie die Burg »Kerschbaumer Schlössl«.

Die meisten Fotografien zeigen die Schlögener Schlinge bei sonnigem Wetter, ich aber möchte ein geheimnisvolles, romantisches Bild im Nebel machen. Ein allzu geduldiger Mensch bin ich nicht, doch drei Tage will ich auf die richtige Stimmung warten und miete ein Zimmer in einer Pension. Am nächsten Morgen – Nebel! Ich hechte aus dem Bett, ziehe mich blitzschnell an und renne den Berg hinauf. Aber zu viel Nebel ist nun auch wieder schlecht. Undurchdringlich füllt er das Tal und reißt bis zum Abend nicht auf. Am nächsten Tag: Sonne. Kein Nebelfetzchen. Am dritten Tag: Nebel, wattedick bis hinab zum Fluss. Mit einem ausgiebigen Frühstück will ich mich für die Warterei entschädigen. Da zeigen sich die ersten Himmelsflecken. Ich lasse Rührei, Semmeln und Kaffee unberührt stehen und rase los. Außer Atem komme ich am Aussichtspunkt an, gerade noch rechtzeitig, um die gewünschten Aufnahmen machen zu können. Es sind genau die Bilder entstanden, die ich mir vorgestellt hatte.

Die Donau vollführt noch ein paar Schwünge und Windungen, dann liegt das Granitmassiv hinter ihr, und das Tal öffnet sich. Breit und behäbig strömt sie Linz entgegen. Die Gegend ist dünn besiedelt, die Ufer beidseits dehnen sich weit aus. Überall Wiesen und Felder, ab und zu ein Bauerngehöft in der hier typischen Vierkantbauweise, wobei wuchtige Gebäude an allen vier Seiten einen Innenhof umschließen.

In Ottensheim überrascht mich in der spätgotischen Kirche eine Ausstellung dunkler Kohlezeichnungen, die der Opfer des Konzentrationslagers Mauthausen gedenkt, nur 20 Kilometer östlich von Linz an der Donau gelegen. Die bedrückenden Darstellungen der Elendsgestalten stimmen mich auf diesen Schreckensort ein.

Im hellen Sonnenschein hatte ich die Kirche betreten, als ich sie verlasse, ist der Himmel bedrohlich dunkel. Angesichts des aufziehenden Unwetters verzichte ich auf eine Besichtigung des Zisterzienserklosters »Wilhering« am rechten Ufer. Ich trete kräftig in die Pedale und erreiche nach wenigen Kilometern meine Unterkunft auf der Anhöhe Urfahr hoch über der Stadt Linz.

Am nächsten Morgen begrüßt mich ein wolkenverhangener Blick auf Linz, das in einem lang gestreckten Tal liegt. Nach allen Seiten ist die Stadt gewachsen, zieht sich über die Hügel hinauf zu den sie begrenzenden bewaldeten Bergen. Als ich die Herberge verlasse, um die Altstadt zu besichtigen, regnet es in Strömen, die beste Voraussetzung, mich der museenreichen Stadt zu widmen. Die Straßenbahn bringt mich bequem von Urfahr hinab nach Linz, wo sie die Donau auf der Nibelungenbrücke überquert. Am ungewöhnlich weiträumigen Hauptplatz, umgeben von Rathaus, Kirchen und den gepflegten Fassaden der Bürgerhäuser, fällt sofort die imposante, 20 Meter hohe Marmorsäule auf, die Dreifaltigkeitssäule. Überbordend verziert, trifft sie meinen Geschmack nicht wirklich. Sie wurde im Jahr 1723 aus Dankbarkeit für überstandene Katastrophen und zum Schutz vor Krieg, Feuersbrunst und Pest aufgestellt.

Es ist verwunderlich, wie viele traditionelle Gebäude erhalten geblieben sind, denn Hitler hatte Linz seine zweifelhafte

Gunst zukommen lassen, hatte es zur »Patenstadt des Führers« erkoren und zu seiner Altersresidenz ausbauen wollen. Aus diesem Grund und weil in Linz der »Anschluss« Österreichs an das faschistische Deutschland vollzogen wurde, bemühten sich die Alliierten, die Stadt mit einem Bombenhagel auszulöschen. Linz möchte diese Zeit vergessen, erinnert seine Besucher lieber daran, dass es 2009 europäische Kulturhauptstadt war, und stellt sich gerne als kunst- und kulturliebend dar. Vieles ist wieder aufgebaut worden, da gibt es anmutige Arkadengänge, klassizistische Fassaden, Renaissanceinnenhöfe, Kirchen, Museen mit interessanten Ausstellungen. Der Komponist Anton Bruckner war Domorganist in Linz, Johannes Kepler unterrichtete hier, Mozart komponierte die »Linzer Sinfonie«, und Adalbert Stifter bewohnte 20 Jahre lang ein Haus mit Blick auf die Donau.

Als ich etwa zwölf Jahre alt war, entdeckte ich die Erzählungen Adalbert Stifters. Mich begeisterten seine gefühlvollen Naturschilderungen. Die Melancholie und die weltabgewandte Einsamkeit, die in den Texten mitschwang, passten zu meiner damaligen Befindlichkeit. Wie Stifter unauffällige Dinge, einen Stein, ein Blatt, einen Farnwedel, genau beschrieb und ihnen dadurch eine Bedeutung gab, formte mein Denken und Fühlen. Deshalb freue ich mich, in Linz seine Wirkungsstätte besuchen zu können, wo er von 1848 bis 1868 gelebt hat.

In dem großen Eckhaus ist sein Arbeitszimmer mit authentischem Mobiliar eingerichtet. Den Boden bedeckt ein rot gemusterter Teppich. Sofa, Sessel und Stühle im Biedermeierstil verleihen dem Raum eine anheimelnde Atmosphäre. Erst hier erfahre ich, dass der an Depressionen und einer unheilbaren Krankheit leidende Schriftsteller eines Tages seinen Anblick im Spiegel nicht mehr ertragen konnte, das Rasiermesser ansetzte und seine Kehle durchschnitt. Dieser gewaltsame Tod passte nicht zum Idealbild, das seine Mitmenschen sich von dem Dichter gemacht hatten. Der Selbstmord wurde als Unfall beim Rasieren vertuscht, und so konnte Stifter kirchlich beerdigt werden. Die Verzweiflung, die ihn in den Tod trieb, kann ich nachempfinden, denn sie quälte auch mich, als ich mich damals als Jugendliche an seinen nur scheinbar idyllischen Naturschilderungen berauschte.

Am Donauufer erhebt sich ein moderner Bau mit Glasfassade, das Lentos Kunstmuseum. Mit den Gedanken noch beim tragischen Lebensende von Adalbert Stifter, schreite ich durch besucherleere Räume. Die fantastischen Bilder des Malers Franz Sedlaček fesseln mich besonders. Scheinbar alltägliche Szenen des dörflichen Lebens hat er gemalt, so das Gemälde »Der Besessene«, auf dem es von Menschen wimmelt. Klein und dunkel strömen sie von allen Seiten herbei zu einem einsamen Menschen in der Bildmitte. Als ich genauer hinschaue, erkenne ich, dass sie mit Mistgabeln und Knüppeln bewaffnet sind. Sedlaček hat es auf geheimnisvolle Weise geschafft, das Grauenvolle zu verdecken. Erst bei intensivem Betrachten wird das unheimliche Geschehen sichtbar, das dann umso mehr schockiert, eine Gänsehaut hervorruft und gleichzeitig eine voyeuristische Lust am Grauen erzeugt. Das Werk Sedlačeks ist zwischen den Weltkriegen entstanden, an beiden nahm er teil, nach dem Zweiten blieb er verschollen.

Im nächsten Raum hängt Oskar Kokoschkas Gemälde »Linz«. Die Stadt zahlte 100 000 Schilling für das großformatige Bild. Trotz des großzügigen Honorars ging Kokoschka im Frühjahr 1955 ziemlich widerwillig an die Arbeit. Lange suchte er nach der geeigneten Aussicht, die er schließlich auf dem die Donau überragenden Steyregger Pfenningberg fand. Seiner Schwester schrieb er: »Der Blick auf Linz ist so fad, dass ich ordentlich verzweifelt bin.« Er jammerte zudem über die Kälte, den Wind und die steif gefrorenen Finger. Er könne immer nur zwei Stunden lang den Pinsel halten. Es muss ein besonders raues Frühjahr gewesen sein. Trotz dieser Misslichkeiten ist ein stimmungsvolles Bild entstanden. Auf mich wirkt die Malerei durch die hingetupfte Leichtigkeit eher impressionistisch, obwohl sie dem expressionistischen Stil zugeordnet wird.

Auf dem Bild sieht man, wie in Linz die Industrialisierung begann. Aus den Schornsteinen des Stahlwerks Voest Alpine lässt der Maler schwefelgelbe Rauchwolken steigen, und die Schmelzöfen glühen rot. In der Bildmitte fahren Schiffe auf der leuchtend blau gemalten Donau. Im Vordergrund erinnern Bauern mit ihren Pferden vorm Pflug an die ehemals ländliche Zeit.

Als ich am Abend die Nibelungenbrücke überquere, leuchtet die Glasfassade des Lentos Museums abwechselnd blau, violett und rot; diese Lichtrevue spiegelt sich im Donauwasser.

Am nächsten Morgen schwinge ich mich wieder auf mein Rad und folge dem Treidelweg links der Donau. Schwäne gründeln am Ufer, Gänsesäger tauchen hin und wieder zum Flussgrund hinab. An den Böschungen leuchtet purpurrot das Springkraut, Tautropfen hängen an seinen Blüten und blitzen im Sonnenlicht. Hummeln verschwinden brummend in den fast fünf Zentimeter großen Kelchen. Innen werden sie reich mit Nektar und Pollen bewirtet. Die Pflanzen mit den attraktiven Blüten sind Fremdlinge. Ihre Heimat ist der westliche Himalaja, deshalb tragen sie den Namen Indisches Springkraut. Englische Pflanzenliebhaber brachten Samen aus Indien mit und säten sie in ihren Gärten aus. Von dort begann der unaufhaltsame Siegeszug der zwei Meter hohen Gewächse durch ganz Europa. Wie ihr Name »Springkraut« sagt, platzen die reifen Samenkapseln explosionsartig auf und schleudern die Samen bis zu sieben Meter weit in die Gegend. Überall an unseren Flüssen, Bächen und Wäldern breiten sich diese Pflanzen aus. Wir könnten uns freuen über den schönen Neophyten, würde das Springkraut nicht unsere einheimische Vegetation verdrängen. Wo der schöne Fremdling wuchert, haben andere Gewächse keine Chance mehr. Verbissen hatten Naturschützer die Pflanzen bekämpft, doch inzwischen weiß man, dass sie nicht endlos ins Kraut schießen. Wenn sie nach einigen Jahren die Nährstoffe im Boden aufgebraucht haben, fehlt ihnen die Kraft zum Wachsen, und andere Pflanzen kommen wieder zum Zug. So regelt sich die Natur von selbst, wenn der Mensch sie lässt.

Mauthausen liegt direkt am Fluss, die schönen Fassaden der ersten Häuserzeile spiegeln sich im Wasser. Wie der Name sagt, war früher hier eine Mautstelle von zwei sich kreuzenden Handelswegen. Von Westen nach Osten verlief die Donauschiffsroute, von Süden nach Norden eine weitere Route entlang der Flüsse Traun und Enns. Durch den Handel wurden die Bewohner wohlhabend. Einmal rechneten sie mit einer besonders hohen Einnahme und mussten für ihr Gewinnstreben schwer büßen. Als nämlich Kaiser Barbarossa mit dem Kreuzfahrerheer die Mautstelle passieren wollte, verlangten sie auch von ihm die fällige Gebühr. Wutentbrannt ließ Barbarossa die Ortschaft anzünden und dem Erdboden gleichmachen. Man sollte sich also immer gut überlegen, von wem man Maut verlangt.

Bis zur Steinzeit reicht die Besiedlung des Gebietes von Mauthausen zurück, wie archäologische Funde am in der Nähe gelegenen Berglitzl beweisen. Wie ich aber schon durch die Bilderausstellung in der Kirche von Ottensheim erfahren hatte, ist Mauthausen seit dem letzten Jahrhundert untrennbar mit den Schrecken des Nationalsozialismus verbunden. Die Gedenkstätte, die auf dem Gebiet des ehemaligen Lagers errichtet wurde, liegt etwa fünf Kilometer außerhalb des Ortes. Das Wissen, dass hier unzählige Menschen umgebracht wurden, ist unerträglich. In den Papieren der Unglücklichen stand »Rückkehr unerwünscht«. Auf grausame Weise wurden Gefangene zu Tode gemartert, durch Hunger, schwerste Arbeit in einem Steinbruch, brutale Strafen. Das Wachpersonal konnte unbehelligt seinen Sadismus ausleben. Eine entsetzliche Tortur war die »Todesstiege«, ein steiler Abstieg in den Steinbruch. Statt einer Treppe gab es unterschiedliche, bis zu einem halben Meter hohe Steinquader. Die Häftlinge wurden mit Fußtritten und Kolbenschlägen zum Absturz gebracht und rissen die Vorausgehenden mit in die Tiefe. Wer verletzt war und nicht arbeiten konnte, wurde erschossen. Beim Abmarsch zurück ins Lager musste jeder einen schweren Stein mitschleppen, was das Erklimmen der Stiege grausam erschwerte. Über 100 000 Menschen verloren auf diese Weise ihr Leben. Das Grauen, das mit dieser Treppe verbunden ist, kann man sich heute nur schwer vorstellen, denn die »Todesstiege« wurde verändert, die Stufen sind nun flach und gleichmäßig. Gräser, Sträucher und Blumen wachsen am Steilhang.

Die Donau hat kurz nach Linz Zuwachs durch die von Süden hinzufließende Traun erhalten und bei Mauthausen von der ebenfalls von Süden kommenden Enns. Nun strömt sie durch eine weite und offene Ebene, die den Namen »Machland« trägt. Das Gebiet, ein ehemals sumpfiges Schwemmland, wird intensiv landwirtschaftlich genutzt, die Auwälder sind verschwunden. Eine Umleitung führt mich von der Donau weg. Der gesamte Uferbereich ist Baugebiet, die Dämme werden zwecks Hochwasserschutzes erhöht. Über Naarn und Perg gelange ich nach Mitterkirchen. Vor dem Haus meiner Herberge spendet ein prächtiger Walnussbaum angenehm Schatten. Zum Abendessen kredenzt die Wirtin mir Spezialitäten vom eigenen Bauernhof, dazu selbstgemachten Most. Vorher aber nutze ich den Nachmittag zum Besuch eines zwei Kilometer entfernten Keltendorfes. Beim Pflügen hatte ein Bauer im Jahr 1980 kupferne Ringe und Armreifen entdeckt. Ähnlich wie in Heuneburg bei Hundersingen wurden auch hier die Häuser originalgetreu nachgebaut. So kann das Leben der Menschen vor etwa 2700 Jahren nachempfunden werden. Spuren urzeitlicher Bevölkerung gibt es vielerorts entlang der Donau, doch gerade in diesem ehemals sumpfigen Schwemmland hatten die Altertumsforscher sie nicht erwartet. Es war wohl die handelsgünstige Lage im Mündungsgebiet von Enns und Traun, weswegen Kelten der sogenannten Hallstattzeit sich hier ansiedelten.

Am nächsten Tag fahre ich weiter durch das flache Machland. Der Donau geht es nicht gut. Wieder einmal wird sie angestaut und treibt im Kraftwerk Wallsee-Mitterkirchen die Turbinen an. Hohe Dämme zwängen den Fluss in ein begradigtes Bett. Auf Schautafeln am Wegrand werden Tiere und Pflanzen dargestellt, die längst verschwunden sind, doch das wird den Betrachtern dieser Tafeln nicht vermittelt, es wird so getan, als würden sie hier noch existieren.

Der nächste größere Ort an der Donau ist Grein. Dort nehme ich mir Zeit, das Stadttheater zu besichtigen. Es ist das älteste Schauspielhaus Österreichs, in dem immer noch gespielt wird. Die Bürger Greins hatten 1791 die Initiative ergriffen und auf eigene Kosten das Theater gegründet. Die Innenausstattung ist liebenswert verspielt. Vielerlei Stile, vorwiegend Elemente des Rokoko, verbinden sich zu einem harmonischen Ganzen. Der Theatervorhang ist mit dem Bildnis der Stadt aus der Gründerzeit geschmückt. Übrigens hat der Begriff »Sperrsitz« in Grein seinen Ursprung, denn die Bürger erwarben mit einem Schlüssel quasi ein Abonnement und das Anrecht auf ihren eigenen Sitzplatz. Sie konnten ihren Sitz hochklappen und an der Lehne mit dem Schlüssel abschließen. Ein weiteres Kuriosum ist der »Toilettensitz«. Wer dringend aufs Klo musste, konnte die Vorstellung vom stillen Örtchen aus, sichtgeschützt, weiterverfolgen. Auch Häftlingen wurde der Kunstgenuss nicht vorenthalten. Durch ein Guckloch konnten sie vom Kerker aus zuschauen, denn das Gefängnis grenzte direkt ans Theater.

Grein liegt am Eingang des Strudengaus, vor der Donauregulierung war dies eine gefährliche Engstelle. Schiffspassagiere begannen zu zittern, wenn sie sich Grein näherten. Ungebändigt raste der Fluss wild tosend durch ein 30 Kilometer langes Felsental. Tückische Riffe, Strudel und Wirbel brachten Schiffe zum Kentern und zogen sie in die Tiefe. Nicht wenige Menschen ertranken in den Fluten. Beinahe hätte dieses Schicksal auch Sisi auf ihrer Brautfahrt ereilt. Die kaiserliche

Jacht »Adler« schlug leck, gerade noch konnte die zukünftige Kaiserin Österreichs an Land gezogen werden. Ihre Fahrt nach Wien musste Sisi auf einem anderen Schiff, der »Hermine«, fortsetzen.

Die Greiner Bürger verdingten sich als ortskundige Lotsen, als »Naufergen«, oder stellten Fuhrwerke zur Verfügung, um wertvolle Fracht über Land zu transportieren. Diese Einnahmequelle haben die Greiner verloren. Nichts wogt, wallt und wirbelt mehr. Der Schrecken des Strudels ist für immer gebannt. Das Kraftwerk Ybbs-Persenbeug staut die Donau zwölf Meter hoch, die Felsriffe liegen tief unter dem Wasserspiegel und können keinem Schiff mehr Schaden zufügen.

Auf von Bäumen beschatteten Wegen radle ich bequem an der Donau entlang. Nichts erinnert an einen ehemals von Felsen eingezwängten Fluss, nur die Bezeichnung »Strudengau« und eine Ortschaft mit Namen Struden bieten eine Reminiszenz an die einstige Gefahrenstelle. Träge dümpelt die Donau dahin, kaum ist ein Fließen erkennbar. Behäbig liegt der Fluss im Tal, das sich bald wieder weitet. Die sanfte Hügellandschaft wird »Nibelungengau« genannt. Seit Donaueschingen schon begleiten mich die Nibelungen. Brücken, Straßen, Cafés, Restaurants tragen ihren Namen, und hier ist gleich eine ganze Landschaft nach ihnen benannt.

Das mittelalterliche Heldenepos wurde, vermutlich in Passau, Anfang des 13. Jahrhunderts geschrieben. Der unbekannte Dichter hat mündlich überlieferte Ereignisse aus der Zeit der Völkerwanderung und vom Untergang des Burgunderreiches in sein Werk aufgenommen. Die Burgunder siedelten im 5. Jahrhundert in der Gegend von Worms am Rhein und wurden von hunnischen Söldnern im Auftrag der Römer angegriffen und besiegt. Diese historischen Fakten hat der Dichter mit der germanisch-nordischen Mythenwelt verwoben und mit der bildhaften Schilderung der Donaulandschaft garniert. Als Vorbilder für die Sagengestalten dienten ihm Zeitgenossen. So ist Kriemhilds Oheim Pilgrim dem Passauer Bischof

Wolfger nachempfunden. Für die Brautfahrt der Kriemhild zum Hunnenkönig hat sich der Dichter von der bayerischen Herzogstochter Gisela inspirieren lassen, die im 11. Jahrhundert die Donau entlang nach Ungarn reiste, um dort König Stephan I. zu heiraten. Gisela war damals erst zehn Jahre alt. Nachdem sie zur ungarischen Königin gekrönt war, begann sie gemeinsam mit ihrem Gemahl, die bis dahin heidnischen Ungarn zu christianisieren.

Der Tag ist trüb und grau, als ich in Pöchlarn eintreffe, das mitten im Nibelungengau liegt. Hier genoss Kriemhild, so steht es im Nibelungenlied, die Gastfreundschaft Rüdigers von Bechelaren und seiner Gemahlin. Das nahmen die Stadtoberen zum Anlass, sich mit der Bezeichnung »Nibelungenstadt« zu schmücken. Ein imposantes Denkmal zeigt die im Halbkreis angeordneten Wappen der 16 wichtigsten Stationen, an denen Kriemhild auf dem Weg zu Attila Einkehr hielt.

Pöchlarn hat nicht nur die Nibelungen zu bieten, sondern auch das Geburtshaus von Oskar Kokoschka, dessen Bild »Linz« ich zuvor im Lentos Kunstmuseum besichtigen konnte. Nun möchte ich das Haus besuchen, in dem Kokoschka im Jahr 1886 zur Welt kam. Bekannt wurde der Maler nicht allein seiner Bilder wegen, sondern auch wegen seiner leidenschaftlichen Affäre mit Alma Mahler. Alma galt als Femme fatale und war mit mehreren berühmten Personen ihrer Zeit verheiratet: mit dem Komponisten Gustav Mahler, dem Architekten Walter Gropius und dem Dichter Franz Werfel. Sie stilisierte sich zur schöpferischen Muse und empfing in ihrem Salon in Wien zahlreiche Künstler. Fast hätte Kokoschka die Beziehung zu Alma das Leben gekostet, denn nachdem sich seine Geliebte von ihm getrennt hatte, nahm er todessehnsüchtig am Ersten Weltkrieg teil und wurde schwer verwundet. Doch das Schicksal meinte es gut mit ihm, er überlebte und genoss noch ein langes und intensives Künstlerleben.

Als Maler prägte Kokoschka die moderne Kunstgeschichte des 20. Jahrhunderts, bis er 1980 in hohem Alter starb. Die meisten seiner Gemälde begeistern mich nicht besonders. Seine zerrissene, unruhige Malweise wirkt aggressiv und gewalttätig auf mich. Wenn sein Wesen so war, wie seine Bilder sich mir vermitteln, wäre ich ihm nicht gern begegnet. In der Pöchlarner Ausstellung entdecke ich aber auch andere Bilder von ihm, Gemälde von Tieren und Pflanzen. Die Tiere, die er gemalt hat, sprechen mich besonders an. Es sind keine bloßen Abbildungen, sondern allegorische Darstellungen.

Am späten Nachmittag erreiche ich, nur zehn Kilometer von Pöchlarn entfernt, die Ortschaft Melk. Den ganzen Tag hingen die Wolken tief über der Landschaft, die Luft war windstill und schwül. Jetzt lockert sich die Wolkendecke, und das Abendrot taucht das imposante Benediktinerstift auf der Anhöhe in warmes Licht. Von diesem monumentalen barocken Prachtbau ließ sich Umberto Eco zu seinem Roman »Der Name der Rose« inspirieren, ein Buch, das zu einem gigantischen Welterfolg wurde und den Professor für Semiotik mit einem Schlag berühmt machte. Der italienische Autor erfand den Mönch Adson, der im Skriptorium des Klosters Melk seine Lebensgeschichte niederschrieb.

Als ich den Aufstieg zum Kloster bewältigt habe, das auf einem Felssporn hoch über der Donau thront, ist die Pforte bereits geschlossen. Um die berühmte Klosterbibliothek zu besichtigen, muss ich mich bis zum nächsten Tag gedulden. Mehr als 80 000 Bände und über 1000 Handschriften sollen die Regale füllen.

Als der Mond am Himmel aufgeht, sitze ich in einem Gartenrestaurant und habe mir zum Essen einen Veltliner bestellt. Hellgrün schimmert er im Glas. Mein Blick schweift hinauf zum Kloster, das im Scheinwerferlicht ockergelb in die Nacht hinausstrahlt. Im dunklen Wasser der Donau zittert das Spiegelbild des Gebäudes im leichten Wellenschlag.

Jährlich wird Melk von Hunderttausenden Menschen besichtigt. Das berühmte Kloster ist eine der bedeutendsten kunsthistorischen Sehenswürdigkeiten Österreichs und wurde von der UNESCO zum Weltkulturerbe geadelt. Mein Empfinden aber ist widersprüchlich. Der kolossale Bau hat von allem zu viel, ist zu groß, zu massig, zu prunkvoll. Er übersteigt das angemessene Maß und verliert dadurch an Würde. Der Klosterpalast verkörpert Macht und Herrschaft, alles in seiner Umgebung wird erniedrigt. Selbst die Ortschaft Melk zu Füßen des gleichnamigen Klosters wird von seinem übermächtigen Schatten verdunkelt.

Und doch berührt mich das Kloster, seitdem ich mehr über seine Baugeschichte weiß. Schon um 1089 lebten Benediktinermönche in ununterbrochener Tradition auf dem Felsplateau über der Donau. Im Jahr 1700 wurde der kaum 30-jährige Berthold Dietmayr einstimmig zum Abt gewählt. Mit jugendlicher Tatkraft und frischem Ungestüm begann er mit dem Umbau des Klosters, das prachtvoller und größer werden sollte als alles bisher Dagewesene. Nach 35-jähriger Bauzeit war das Werk vollendet. Doch nur zwei Jahre später vernichtete ein Feuer das Geschaffene. Dieses tragische Ereignis weckt mein Interesse. Ich stelle mir die Verzweiflung des Abtes vor, der Schmerz muss ihn tief ins Herz getroffen haben. Sein Lebenswerk war zerstört. Doch er versinkt nicht in Selbstmitleid. Berthold Dietmayr findet den Mut, von Neuem zu beginnen. Allerdings hat ihn die Katastrophe gezeichnet und seine Gesundheit angegriffen. Ein Jahr nach dem Brand stirbt der Abt; das Kloster aber wird bald nach seinem Ableben wiederhergestellt sein.

Erneut hat es die Donau gewagt, sich mit dem Granitgestein des Böhmerwaldes zu messen, einer 120 Kilometer langen Bergkette, die sich entlang der deutsch-tschechisch-österreichischen Grenze erstreckt und deren höchste Erhebung der 1456 Meter hohe Große Arber ist. Diesmal ist eine besonders schöne Gegend entstanden, die Wachau, ein Juwel unter den europäischen Flusslandschaften. Was macht dieses kaum 35 Kilometer lange Flusstal so einzigartig? Es ist weltweit berühmt, sogar aus Japan strömen Besucher herbei, von der UNESCO wurde es zum Weltkulturerbe gekürt. Auf ihrem langen Lauf zwängt sich die Donau doch immer wieder durchs Gestein, warum gilt gerade das Durchbruchstal zwischen Melk und Krems als etwas ganz Besonderes?

Wie bisher so oft, säumen felsige Berge den Fluss, das rechte Ufer ist bewaldet, auch das ist nichts Neues. Links aber weichen die Fichten zurück, geben den Blick auf terrassierte Hänge frei. Weinberge prägen das Landschaftsbild, und auf Felsgipfeln thronen Schlösser und Burgen, von denen manche malerisch zu Ruinen zerfallen sind. In die Windungen des Flusses eingebettet, liegen Ortschaften, deren Bewohner sich darauf spezialisiert haben, die Gäste mit Wein und Marillenknödeln zu verwöhnen. Marillen, die österreichische Bezeichnung für Aprikosen, gedeihen so zahlreich in dem milden Klima, dass zur Obstblüte die Gärten wie von einem weißen Schleier verhüllt scheinen.

Das Klima! Mit Sicherheit ist das der Grund für die poetischen Lobeshymnen, mit denen die Wachau überschüttet wird. Südländisch warm ist es in diesem Tal. Raue Nordwinde werden vom Gebirge gebremst. Die milde Wärme stimmt fröhlich. So heiter wie in der Wachau sind mir die Menschen auf meiner bisherigen Reise noch nirgendwo erschienen.

Eine unbekleidete Frauenfigur begrüßt mich am Wegesrand, die steinzeitliche »Venus von Willendorf«. Eigentlich ist sie kaum größer als zehn Zentimeter, doch damit der sensationelle Fund auch entsprechend wahrgenommen wird, hat man eine Kopie in Lebensgröße geschaffen. Die »Fruchtbarkeitsgöttin« ist mindestens 25 000 Jahre alt und stammt aus der Eiszeit. Wie ihre Schwester, die Venus aus der Höhle der »Hohle Fels« bei Blaubeuren, wurde sie von Menschen hergestellt, die, vom Schwarzen Meer kommend, die Donau entlang in das eiszeitliche Europa eingewandert sind. Bei der Venus von Willendorf wurde jedoch nicht Mammutelfenbein als Rohstoff verwendet, sondern Kalkstein. Der von dichtem Kraushaar bedeckte Kopf neigt sich zu den üppigen Brüsten, ein Gesicht ist nicht vorhanden. Der Körper ist nackt und überaus füllig, krankhafte Fettleibigkeit würde man heute diagnostizieren. Doch in einer Zeit, als das Überleben in einer unwirtlich rauen Natur vom Erfolg der Jäger abhing, war Überfluss an Nahrung selten vorhanden. Kaum jemand in der eiszeitlichen Jägergruppe wird übergewichtig gewesen sein. Deshalb war die dicke Muttergottheit ein Symbol für Macht und Stärke, für Fruchtbarkeit und Nahrung in Fülle. Allerdings sind das Interpretationen aus heutiger Sicht. Was die beleibten Figuren den Steinzeitmenschen tatsächlich bedeuteten, können wir nur mutmaßen.

Gleich nach der Bahnunterführung geht es hinauf zur Fundstelle. Den etwa drei Meter hohen, senkrechten Hangabschnitt haben die Archäologen so präpariert, dass man die einzelnen Erdschichten gut erkennen kann. Als die Bahnlinie im Jahr 1908 gebaut wurde, fand man zufällig einige Pfeilspitzen und Faustkeile und begann daraufhin mit den wissenschaftlichen Grabungen. Als sie fast abgeschlossen waren, entdeckte man am letzten Tag die kleine Figur. Im nahe gelegenen Museum »Venusium« besichtige ich Steinwerkzeuge, Feuerstellen und die Nachbildung eines Mammutjägers mit seinen Waffen. Neben einem Abguss der »Willendorfer Venus« sind Repliken aller elf in Europa gefundenen Muttergottheiten ausgestellt. Das Original aus der Steinzeit ist im Naturhistorischen Museum in Wien zu finden.

Von Willendorf radle ich auf schmalen Wegen zwischen Weinbergen und Donau über Spitz nach Dürnstein. Dort will ich nun endlich die berühmten Marillenknödel probieren. Was kann man nicht alles aus Aprikosen machen: Likör, Schnaps, Marmelade, Strudel, Chutney, Eis und eben auch Knödel. Woher die Aprikosen kamen, weiß man nicht genau. Einige Botaniker meinen, sie wuchsen ursprünglich in China, andere behaupten, in Armenien, wieder andere, in Indien. Wie auch immer, in der Wachau gedeihen die Früchte besonders gut und haben ein ganz eigenes Aroma entwickelt. Doch bevor ich mich den Knödeln zuwende, möchte ich die Stadt besichtigen.

Die Orte in der Wachau, durch die ich bislang kam, sind alle touristisch geprägt. Cafés, Restaurants, Hotels bemühen sich um die Gäste, Andenkenläden säumen die Straßen. Dürnstein, das vielleicht malerischste Städtchen von allen, übertrifft mit seinem Besucherstrom die anderen bei Weitem. Es quillt über von Menschen. Dicht an dicht wälzen sich die Massen durch die schmalen Gassen mit ihrem klobigen Kopfsteinpflaster. Alle Besucher der Wachau wollen unbedingt nach Dürnstein. Kein Busunternehmen, das Dürnstein nicht im Programm hätte. Ob es an Richard Löwenherz liegt, der immer in einem Atemzug mit Robin Hood genannt wird, dass Dürnstein ein dermaßen begehrtes Ausflugsziel wurde?

Richard I., König von England, war drei Monate lang in Dürnstein eingekerkert. Die Burg aus dem 12. Jahrhundert existiert nicht mehr, an ihrer Stelle wurde eine neue gebaut. Seit dem Dreißigjährigen Krieg ist die Burg verlassen und verfällt immer mehr. Gerade deshalb bietet diese Ruine die passende Kulisse für die Legende von Richard und seinem treuen Diener Blondel. Es heißt, um seinen Herrn zu finden, sei Blondel durchs Land gezogen, immer mit einem Lied auf den Lippen, das nur der König kannte. Als Blondel unter den Dürnsteiner Burgmauern wieder einmal seinen Gesang anstimmte, vollendete Richard die Strophe und konnte befreit werden. So die Legende.

Die Wirklichkeit ist weniger poetisch und, wenn überhaupt von Musik bestimmt, höchstens von Fanfaren, Trommeln und Kriegsgetümmel. Richard I. nahm am Dritten Kreuzzug teil und eroberte mit seinem Bundesgenossen, dem österreichischen Herzog Leopold V., die stark befestigte Hafenstadt Akkon, im heutigen Israel gelegen. Dem Österreicher gelang es als Erstem, sein Banner auf den Burgzinnen zu hissen. Wutentbrannt riss Richard die Fahne herunter und warf sie in den Schmutz. Schließlich war er der König, und ihm gebührte die

Ehre, seine Standarte im Winde wehen zu lassen, der andere war ja nur ein Herzog.

Richard, ein rechter Haudegen, besaß wenig diplomatisches Geschick. Die Beleidigung, die er Leopold zugefügt hatte, entfachte den schwelenden Konflikt zwischen ihm und den anderen europäischen Herrschern um Erbstreitigkeiten und Machtansprüche. Der deutsche Kaiser und der französische König sprachen sich ab, den Rivalen bei seiner Rückkehr vom Kreuzzug gefangen zu nehmen. Richard verkleidete sich als armer Pilger, um seinen Widersachern zu entkommen. Doch in Wien, ausgerechnet im Hoheitsgebiet des tödlich beleidigten Herzogs, fiel der englische König trotz seiner Verkleidung oder gerade wegen dieser durch herrschaftliches Gebaren auf und wurde verhaftet. Leopold ließ den verhassten Feind in der Dürnsteiner Burg seines Vasallen Hadmar von Kuenring einkerkern. So geschehen im Dezember 1192.

Als Herzog war Leopold nicht hochrangig genug, die Verhandlungen zu führen, daher überließ er den königlichen Gefangenen drei Monate später dem deutschen Kaiser Heinrich VI., einem Sohn Barbarossas. Der Stauferkaiser inhaftierte Richard in seiner Burg Trifels im Pfälzerwald, wo der König Englands wahrscheinlich nicht im Kerker schmachten musste, dafür war er ein zu wertvolles Pfand. Es gibt Berichte von üppigem Essen und Trinkgelagen der englischen Gesandten und Verhandlungspartner mit dem Gefangenen.

Nach zwei Jahren hatte Richards Mutter Eleonore von Aquitanien das Lösegeld zusammengerafft, einen in der Tat königlichen Schatz von 23 Tonnen Silber. Kirchengüter wurden beschlagnahmt, und jeder Bürger musste ein Viertel seines Einkommens abgeben. In England fehlten danach in den Haushalten das Silberbesteck und die silbernen Leuchter. Dabei hat sich Richard in den zehn Jahren seiner Herrschaft nur zweimal für wenige Monate in England aufgehalten. Aufgewachsen war er bei seiner Mutter in Aquitanien, der sonnigsten Provinz Frankreichs. Zeit seines Lebens konnte er sich nicht für das nasskalte Land seines Vaters erwärmen, von dem er die englische Krone erbte.

Seltsamerweise ist Richard I. beim englischen Volk bis heute beliebt, wozu wahrscheinlich Legenden wie die Sage von Robin Hood wesentlich beitrugen. Die erbarmungslose Ausbeutung der Bevölkerung, damit der König mit der horrenden Geldsumme freigekauft werden konnte, lastete man seinem Bruder Johann an, der das Land für ihn verwaltete, während sich Richard beim Kreuzzug Lorbeeren verdiente. Mit dem Beinamen »Löwenherz« wurde Richard I. zum Idealbild des ritterlichen Edelmanns stilisiert, während man seinem Bruder den Spottnamen »Johann Ohneland« gab. Überlieferungen können manchmal äußerst ungerecht sein.

Die Sonne beleuchtet das Weinlaub und die noch unreifen Trauben. Stark ist der Kontrast zwischen dem hellen Grün und den dunkelbraunen, fast schwarzen, knorrigen Rebstöcken. Immer höher hinauf folge ich dem steinigen Pfad, der mich durch einen steilen Weinberg führt. Der Menschentrubel unten in Dürnstein ist bald vergessen. Das beglückende Gefühl, weit weg in freier Natur zu sein, durchflutet mich. Weil ich mich längere Zeit Rad fahrend fortbewegt habe, genieße ich es, meinen Weg Schritt für Schritt zu erleben. Gehen bedeutet, die Landschaft mit dem ganzen Körper wahrzunehmen, mit allen Sinnen, nicht nur mit den Augen. Und es gibt uns die richtige Geschwindigkeit vor, die uns Menschen angemessene.

Es ist windstill. Die Luft, aufgeheizt von der Sonne, steht unbeweglich zwischen den Reben. Es riecht nach staubiger Hitze und nach etwas, das ich nicht benennen kann; es müssen die Ausdünstungen der Pflanzen sein. Ich kenne diesen Geruch, er erinnert mich an meine Kindheit. Mein Heimatort Freyburg an der Unstrut ist ein Weinstädtchen. Auf dem Heimweg von der Schule stromerte ich gern durch die Weinberge, natürlich mit Vorliebe, wenn die Trauben reif und prall an den Rebstöcken hingen. Gern legte ich mich auf die Erde, die sonnenwarm und trocken war, dort, zwischen den Pflanzen, fühlte ich mich geborgen und naschte die süßen Früchte.

Während ich meinen Gedanken nachhänge und durch die Weinberge bei Dürnstein wandere, kann ich aus dem Augenwinkel gerade noch ein grünes Blitzen wahrnehmen. Still verharre ich, bis sie sich aus ihrem Versteck unter den Steinen am Wegrand wieder herauswagt – eine Smaragdeidechse. Ein prächtiges Tier, doppelt so groß wie eine Zauneidechse, der Körper leuchtend grün und die Kehle himmelblau. Smaragdeidechsen fühlen sich dort wohl, wo es südlich warm ist, und kommen deshalb nur an wenigen Stellen nördlich der Alpen vor. Meine Heimat war so eine Wärmeinsel im sonst kühlen Deutschland. Dort bin ich dem schönen Reptil zum ersten Mal als Kind begegnet und konnte mein Glück kaum fassen, als es mir gelang, eine dieser Echsen zu fangen. Sie ganz aus der Nähe zu betrachten erfüllte mich damals mit Freude. Dass ich das exotisch wirkende Tier auf meiner Donaureise wieder zu Gesicht bekomme, ist fast so wie die Begegnung mit einer fernen Vergangenheit.

Die Sonne neigt sich dem Horizont entgegen, und ich beeile mich, wieder hinunter zum Donauufer zu kommen. Auf meine Marillenknödel muss ich wegen des Besucherandrangs in Dürnstein allerdings verzichten und radle noch am Abend bis zur Ortschaft Stein. Dafür schmecken sie dort, im Gästehaus »Einzinger«, besonders gut. Das Haus gefällt mir wegen seines historischen Flairs, deshalb miete ich mich für die Nacht ein. 1556 erbaut, war es früher ein Handelshaus, in dem Textilien und Gewürze gelagert wurden. Ich wähle einen historisch eingerichteten Raum mit Namen »Zuckermagazin«, dessen antike Möbel aus verschiedenen Zeitepochen stammen. Der romantische Innenhof ist von Arkaden und Laubengängen umgeben. Hängepflanzen wuchern die Mauern herab, und auf den Arkadensimsen blühen duftende Blumen. Auf der Dachterrasse mit Blick auf die Donau genieße ich das Abendessen und probiere den Hauswein, der goldgrün im Glas schimmert.

Nach einem stärkenden Frühstück verlasse ich am nächsten Morgen die stilvolle Herberge, ein Highlight unter meinen bisherigen Übernachtungen, und gelange schnell nach Krems. Die Orte Krems und Stein gehen ineinander über, sodass man nicht weiß, wo der eine endet und der andere beginnt. Ehemals war Krems ein wichtiger Handelsort, sogar bedeutender als Wien. Der alte Ortskern mit seinen barocken Bürgerhäusern, den Renaissancehöfen und den gotischen Erkern kündet noch von dieser Zeit.

Am Donauufer zeigen Tafeln in regelmäßigen Abständen die Flusskilometer an. Von Krems legt die Donau noch genau 2000 Kilometer bis zum Delta zurück, und bis Wien muss ich 82 Kilometer radeln. Nach 20 Kilometern erreiche ich das Kraftwerk Altenwörth. Links verläuft kein Weg mehr, und ich muss zum rechten Ufer wechseln. Nachdem die Donau 35 Kilometer ohne Anstauung fließen konnte – aber was sind schon diese wenigen Kilometer für einen Fluss wie die Donau –, muss sie nun wieder Turbinen antreiben. Ursprünglich sollte auch die Wachau mit einer Staustufe verschandelt werden, ausgerechnet beim Besuchermagneten Dürnstein hatte man den Staudamm geplant. Für Kraftwerksbauer zählt ein Fluss nur unter dem Aspekt des Profits, den man aus ihm schlagen kann. Im Jahr 1970 sollte mit dem Bau der Staumauer begonnen werden. Mehr als zehn Jahre kämpften Bürgerinitiativen dagegen und siegten – vorerst. Unter dem Deckmantel des Klimaschutzes plant die Kraftwerkslobby neue Vorstöße.

Nur wenige Kilometer weiter komme ich an einem riesigen Betonkubus vorbei, dem Atomkraftwerk Zwentendorf. Es ist das weltweit einzige Kernkraftwerk, das fix und fertig gebaut, aber nie in Betrieb genommen worden ist. Österreichs Bürger haben sich bei einem Volksentscheid im Jahr 1978 dagegen ausgesprochen. Ich staune. Zu einer Zeit, als in Deutschland ein Atomkraftwerk nach dem anderen installiert wurde, handelten die Österreicher schon umweltbewusst. Erst 1986, nach der Katastrophe von Tschernobyl, begann in Deutschland ein

Umdenken. Bis heute ist Österreich frei von Atomkraft. Statt Atome zu spalten, wurde das Gebäude für Schulungen, Katastrophenübungen, Ausstellungen, Filmaufnahmen, kulturelle Veranstaltungen und als Ersatzteillager genutzt. Ging in deutschen Kernkraftwerken etwas kaputt, holte man die Teile aus Zwentendorf. Inzwischen wird umweltfreundlicher Strom produziert, nachdem auf dem Gelände eine Fotovoltaikanlage installiert worden ist. Der Tierschutzverein erhielt zudem die Erlaubnis, verwaiste Igel dort auszusetzen. Ich finde es kurios, dass ein ungenutztes Atomkraftwerk ausgerechnet eine Heimstätte für Igel wurde.

Die den Fluss bedrängenden Berge sind verschwunden. Die Donau strömt in eine fruchtbare Ebene, das Tullner Becken. Es ist 48 Kilometer lang und 14 Kilometer breit, mit der Stadt Tulln als Mittelpunkt. Am Ortseingang begegnen mir wieder einmal die Nibelungen – langsam reicht es mir mit diesen Sagengestalten. Aber gerade hier in Tulln soll sie stattgefunden haben, die Begegnung von Kriemhild und Attila, der seiner Braut entgegengeeilt war. Die Szene ist in Bronze gegossen. Kriemhild ist gar lieblich anzusehen, nichts deutet auf ihren furchtbaren Racheplan hin, mit dem das ganze Burgundergeschlecht ausgelöscht werden sollte.

Ebenfalls an der Donaulände, der Uferstraße am Fluss, befindet sich das ehemalige Stadtgefängnis, in dem das Egon-Schiele-Museum eingerichtet wurde. Der Maler, 1890 in Tulln geboren, ist trotz seines kurzen Lebens – er starb im Alter von nur 28 Jahren – berühmt geworden. Seine eruptiven, wie hastig hingeworfenen Gemälde sind unverwechselbar. Mit Vorliebe hat er junge Mädchen leicht bekleidet oder nackt gemalt. Schön sind sie nicht, die spitzen, eckigen Körper mit der blassen, grünlich bläulichen Haut und den verrenkten Gliedern, gezeichnet vom Tod, der hinter allem Lebendigen lauert. Egon Schiele malte bis zuletzt seine sterbende Frau Edith und sich selbst, bis er drei Tage nach ihr an der Spanischen Grippe verschied, die um 1918 in Europa Millionen Todesopfer forderte, mehr als der Erste Weltkrieg.

Nur noch 30 Kilometer sind es bis Wien. Das weite Tullner Becken verengt sich, im Süden steigen die Höhen des Wienerwaldes am Horizont auf. Am rechten Ufer liegen die Vororte mit Wasserskischule und Jachtclub nahe am Fluss, also wähle ich den ehemaligen Triftweg am Nordufer. Bald wird auch hier die Besiedlung immer dichter, bis ich endlich die ehemalige Kaiserstadt erreiche.

Wien bietet mit seinen Kunstschätzen und seinen großartigen Baudenkmälern Stoff für ein eigenes Buch, aber schließlich geht es hier um die Donau. Seit 1875 allerdings, als die umfassende Hochwasserregulierung abgeschlossen war, sucht man vergeblich in der Stadt nach der frei fließenden Donau. Da gibt es einen Kanal, aber keine historischen Uferzeilen, keine beschaulichen Flusspromenaden. Enttäuscht muss der Wienbesucher feststellen: Von der »schönen blauen Donau«, nach der Johann Strauß seinen Walzer benannte, ist hier nicht mehr viel zu sehen.

Ich beende in der österreichischen Hauptstadt den ersten Teil meiner Reise, kehre nach Deutschland zurück, bevor die heißen Monate beginnen.

Als ich im Jahr darauf meine Tour in Wien fortsetze, um bis zur Mündung der Donau weiterzuradeln, bin ich von Vorfreude erfüllt und breche umgehend auf. Die Parkanlage des Praters geht über in die Lobau, einen urwaldartigen Auwald mit Teichen und Tümpeln, durchzogen von Altwasser und Abzweigungen der Donau. Die Bäume, die hier wachsen, haben mächtige Kronen und müssen einige Hundert Jahre alt sein. Noch nie habe ich so prächtige Pappeln gesehen, ihre Stämme schimmern wie altes Silber. Diese Naturidylle wäre im Jahr 1984 beinahe einem Wasserkraftwerk zum Opfer gefallen, doch die österreichischen Bürger konnten mit ihren vehementen Protesten die Zerstörung im letzten Moment verhindern, obwohl die Rodungen bereits begonnen hatten. Nach der Verhinderung des Atomkraftwerks Zwentendorf im Jahr 1978 hat sich zum zweiten Mal ziviler Ungehorsam erfolgreich und öffentlichkeitswirksam durchgesetzt. Die Österreicher handelten nach dem Prinzip des direkten Demokratieverständnisses. Ich kann mich noch gut an die Diskussionen und Berichte in den Medien erinnern, als über 3000 Naturschützer mitten im Winter den Auwald besetzten, mit dabei der Nobelpreisträger Konrad Lorenz. Als die Polizei rabiat die Auwaldschützer vertrieb, gingen in Wien 40 000 Menschen auf die Straße, und weit über 300 000 Österreicher beteiligten sich am Volksbegehren und stimmten gegen die Zerstörung des Naturgebiets.

In Groß-Enzersdorf, etwa 15 Kilometer von Wien entfernt, übernachte ich, um am nächsten Tag bei einer Wanderung den Auwald zu erkunden. Beim ersten Morgenlicht bin ich unterwegs. Der dunkle Wald und das schimmernde Wasser lassen eine geheimnisvolle Atmosphäre entstehen. Flirrendes Sonnenlicht fällt durch das Laub uralter Baumriesen. Es riecht nach feuchtem Holz, nach Pilzen und Erde. Im vielstimmigen Vogelchor erkenne ich die einprägsamen, sich wiederholenden Strophen der Singdrossel, die Flötentöne des Pirols und die perlenden Melodien der Mönchsgrasmücke. Und dann ertönt ein unverwechselbarer Gesang, den ich lange nicht mehr gehört habe, das anschwellende, sich ins Crescendo steigernde Lied der Nachtigall.

Das erste Mal auf meiner Donaureise erlebe ich eine vom Menschen weitgehend unbeeinflusste Natur in ihrer ganzen Vielfalt, eine Welt, die Herz und Seele berührt. Auf verschlungenen Pfaden durchstreife ich diesen Wasserwald und gelange an einen mit gelben Teichrosen geschmückten Tümpel. Hier mischt sich das Quaken der Frösche mit dem Konzert der Vögel. Und da, auf einem halb im Wasser liegenden Baum, sonnen sich gleich drei Wasserschildkröten. Weit haben sie ihre Hälse mit den goldenen Sprengseln aus dem flachen Panzer geschoben und tanken Wärme. Die Europäische Sumpfschildkröte, einzige Vertreterin ihrer Gattung in unserer heimischen Fauna, war früher weit verbreitet. Mit dem Verschwinden der Feuchtgebiete ist auch sie selten geworden. Während meines Biologiestudiums habe ich *Emys orbicularis*, wie sie wissenschaftlich heißt, im Mecklenburger Seengebiet beobachtet und freue mich sehr, dass mir das jetzt wieder vergönnt ist.

Plötzlich stehe ich vor einem schmalen Gewässer, einem schnurgeraden Kanal. Hinter Buschwerk und Sträuchern versteckt, erinnert er an ein absurdes Unterfangen, wollte man doch im »Dritten Reich« die Donau mit der Oder verbinden. Die Donau-Oder-Wasserstraße sollte der Transportweg sein für gigantische Industriekomplexe im Osten, so die nationalsozialistische Reichsplanung. So absurd scheinen andere den Plan aber gar nicht zu finden, denn durch den EU-Vertrag zum Ausbau europäischer Wasserstraßen, der 2010 ratifiziert wurde, ist die Verbindung von Oder und Donau wieder aktuell geworden. Die Slowakei, durch deren Gebiet der Kanal zum Teil führen würde, wäre brennend an einem Transportweg zwischen Schwarzem Meer und Ostsee interessiert. Noch fehlen allerdings die nötigen Geldmittel – eine willkommene Atempause für die Lobau.

Auf einer Lichtung begegnet mir der Höhepunkt meiner heutigen Wanderung. Hohe Gräser bewegen sich. Das kann nicht der Wind sein, denke ich noch, da erhebt er sich von seinem Lager, ein kapitaler Zwölfender. Dem Hirsch muss es in der nun höher stehenden Sonne zu heiß geworden sein. Gravitätisch schreitet er dahin und verschwindet im schattigen Wald. Aufgrund seines Wildreichtums hatte der Adel den Auwald vor den Toren Wiens zu seinem bevorzugten Jagdgebiet erkoren. Ohne diese Maßnahme würde der Wald heute nicht mehr existieren, wäre gerodet, melioriert, mit Häusern bebaut, von Straßen durchzogen oder in Ackerland verwandelt worden, so wie all die anderen Auwälder, die es früher in Österreich und Deutschland entlang der Donau gegeben hat.

Versteckt von hohen Bäumen, blitzt es gelb, das Jagdschloss Eckartsau. Hier traf sich die Wiener Hofaristokratie mit ihren Gästen. Der Ursprung des Bauwerks liegt im 12. Jahrhundert, später erhielt es ein barockes Kleid, das gut in die gepflegte Parklandschaft passt. In diesem Schloss verbrachte der letzte österreichische Kaiser, Karl I., mit seiner Frau Zita und den Kindern die Wochen vor seiner Abdankung. Das Parlament in Wien hatte die Republik ausgerufen und den Herrscher entthront. Die Familie blieb über Weihnachten in Eckartsau, und Karl I. hoffte auf eine politische Wende zu seinen Gunsten. Vergeblich – am 23. März 1919 endete die 700-jährige Habsburger Geschichte. Die kaiserliche Familie reiste mit einem Zug ins Schweizer Exil, bevor sie nach Madeira übersiedeln musste. Im Jahr 1922 starb der ehemalige Kaiser mit 34 Jahren.

Die prunkvollen Räumlichkeiten des Schlosses Eckartsau dienen heutzutage als Rahmen für Hochzeiten, Geburtstagsfeiern, große Bankette, für Film- und Fotoaufnahmen.

Die letzte Stadt in Österreich vor der Grenze zur Slowakei ist Hainburg am rechten Donauufer. Über eine Brücke gelange ich in den von bewaldeten Kuppen umgebenen mittelalterlichen Ort mit drei Stadttoren, mehreren Türmen, einem Kloster, einer Burg und sogar einem Pranger mit wuchtig geschmiedeten originalen Halseisen und Ketten für Arme und Beine. Zum letzten Mal wurde hier im Jahr 1756 ein Mensch hilflos den Misshandlungen durch seine Mitbürger ausgeliefert.

Es ist später Nachmittag. Damit mir Zeit für die Besichtigung des Ortes bleibt, übernachte ich in einer Pension direkt am Donauufer. Am Abend sitze ich beim Essen auf der Terrasse und beobachte, wie die untergehende Sonne einen goldenen Strahl aufs Wasser zeichnet. Am Nebentisch sitzen Ausflügler, die an meinem Unternehmen regen Anteil nehmen. Jemand meint, bis Budapest sei er mit Freunden auch mal geradelt.

»Weiter nicht, ab da wird es gefährlich. Und Sie wollen bis zum Delta – und das allein? Dass Sie sich das trauen!«

Mein Weg am nächsten Morgen führt mich hinauf zur Burg. Sie ist nur noch eine Ruine, doch die wuchtigen Mauern sind eindrucksvoll. Aber vor allem wegen des Blicks auf Hainburg lohnt sich der Aufstieg. Die Stadt schmiegt sich ans Ufer der Donau, und erstmals sehe ich, wie breit der Strom inzwischen geworden ist, der nun vorerst ohne Störung in seinem Bett dahinfließen darf. Im Morgendunst kann ich im Osten Bratislava erkennen und bin geschockt. Grauenhafte Plattensiedlungen ragen dort empor, als hätten sich Architekten verschworen, so hässlich wie nur irgend möglich zu bauen. Dass dieser graue, zerrissene Steinhaufen Bratislava sein muss, erkenne ich an dem Hrad, der Burg, die mir von Fotos bekannt ist. Quadratisch, mit vier hochragenden Ecktürmen erhebt sie sich auf einem Felsen, dem Ausläufer der »Kleinen Karpaten«.

Auf dem von Bäumen beschatteten Pfad gehe ich wieder hinunter nach Hainburg, das erstmals 1042 urkundlich als Vorposten des Heiligen Römischen Reiches Deutscher Nation erwähnt wurde. Herzog Leopold VI., der Babenberger, hat den Ort mit einem Teil von Richard Löwenherz' Lösegeld befestigt. Eigenartigerweise ist das Stadttor Richtung Wien, von wo eigentlich keine große Bedrohung zu erwarten war, am wehrhaftesten. In einer imposanten 30 Meter hohen Mauer, aus mächtigen Steinquadern gefügt, ist als Durchlass nur eine schmale Öffnung vorhanden. Das Ungarntor dagegen ist weniger massiv. Traurige Berühmtheit hat das dritte, das Fischertor, erlangt.

Im Jahr 1683 versuchten die Türken zum zweiten Mal, nach Wien vorzustoßen. Bekanntlich gelang ihnen auch diesmal nicht dessen Eroberung, doch die als uneinnehmbar geltende Stadt Hainburg hielt dem Ansturm nicht stand, wurde sturmreif geschossen und überrannt. Plötzlich waren die Türken in der Stadt. Die Einwohner, die ihrer Feste vertraut hatten, wollten durch das Fischertor in die Donauauen flüchten. Zum Unglück öffneten sich die Flügeltüren nach innen, und bevor sie aufgerissen werden konnten, stauten sich die Menschen in der engen Gasse. Immer mehr brandeten heran und drückten gegen das Tor, das nun nicht mehr zu öffnen war. Sie saßen in der Falle. Schon kamen die Feinde mit ihren Krummsäbeln. Es heißt, mehr als 8000 Menschen seien niedergemetzelt worden. Nur etwa 100 überlebten das Massaker. Einer davon war der 17-jährige Geselle Thomas Haydn. Er hatte sich im Rauchfang einer Gaststätte versteckt. Sein Überleben sicherte der Nachwelt ergreifende Kompositionen und uns Deutschen die Melodie unserer Nationalhymne, denn Thomas Haydn war der Großvater des Komponisten Joseph Haydn. Seltsam, wie das Schicksal spielt und welchen Zufällen wir mitunter großartige Kunstwerke verdanken.

Die Gasse, in der so viele starben, heißt heute noch Blutgasse. Allerdings habe ich mir von einem Hainburger sagen lassen, dass sie schon vor dem tragischen Ereignis so geheißen hatte, weil hier die Metzger schlachteten und das Blut der Tiere bergab zur Donau floss.

Die Donau in der Slowakei
– 172 Kilometer

und in Ungarn
– 417 Kilometer

Trüb, weise und groß sind die Wellen der Donau in ihrem monotonen Fließen … und der fortdauernden Gegenwart der Jahrhunderte, dem Ineinanderfließen von Siegern und Besiegten, dem Zusammenprall der Völker, die sich dann mit der Zeit und dem Wasser verbinden und vermischen …

Claudio Magris

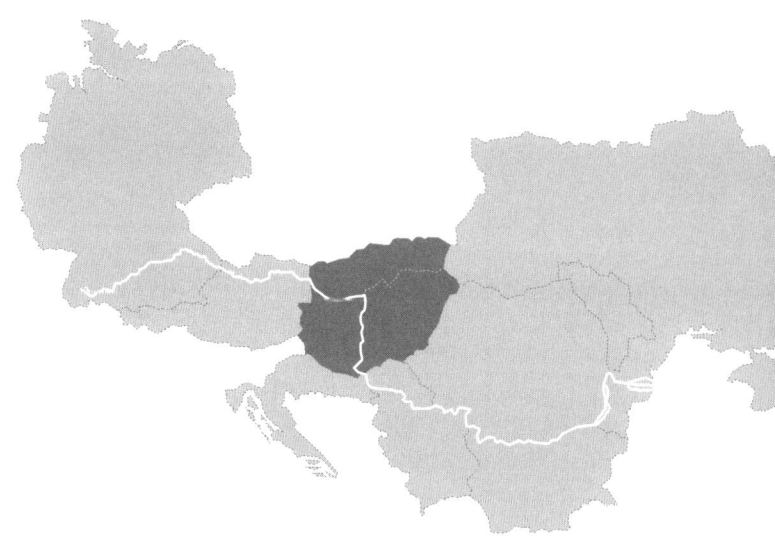

Das Abenteuer beginnt
Von Hainburg nach Mohács

Hinter Hainburg war einst der Weg versperrt. Die damals so gut wie unüberwindbare Grenze gibt es heute jedoch nicht mehr. Keine Mauer, kein Drahtverhau, keine Minenfelder, nicht einmal ein Schlagbaum behindern das Weiterkommen. Ohne zu bemerken, wo früher die Grenze verlief, radle ich an Feldern und Waldinseln vorbei. Der Radweg ist wie zuvor asphaltiert, und zu Beginn gibt es sogar noch Schilder. Nur die Donau trägt einen anderen Namen, sie heißt jetzt »Dunaj«.

Bevor ich recht begreife, dass ich inzwischen schon in der Slowakei bin, kommt Bratislava in Sicht. Von Nahem wirken die Plattenbauten nicht weniger scheußlich. Über die Nový most, die Neue Brücke, könnte ich in die am linken Ufer liegende Altstadt gelangen, die als eine der schönsten an der Donau gilt. Bratislava, im Deutschen auch »Pressburg« genannt, ist heute Hauptstadt der Slowakischen Republik und hat gewiss viel zu bieten, doch ich entscheide mich gegen einen Besuch. Nachdem ich anderthalb Tage in Hainburg zugebracht habe, bin ich hungrig nach Landschaft und Natur. Es ist ein sonnenblauer Tag, den möchte ich beim freien Dahinradeln genießen, möchte nicht durch eine große Stadt irren.

Gleich zu Beginn verfahre ich mich. Gewöhnt an die Radwegschilder in regelmäßigen Abständen, die in Deutschland und Österreich die Wegfindung erleichtern, habe ich die falsche Richtung gewählt. Von nun an muss ich damit leben, dass es an Abzweigungen nicht immer ein Hinweisschild gibt. Meist befinden sie sich da, wo man sie nicht mehr braucht und sie nur noch eine nette Bestätigung sind. Vielleicht habe ich mich aber auch deshalb verirrt, weil ich innerlich angespannt bin, denn ich werde in Ländern unterwegs sein, die früher zum Ostblock gehörten. Wie hat diese Zeit ihre Bürger geprägt? Welche Spuren hat der Krieg beim Zerfall Jugoslawiens hinterlassen? Vor allem, wie werde ich mich verständigen können? Keine der Sprachen beherrsche ich.

Nachdem ich den Weg schließlich gefunden habe, radle ich, begleitet von Nachtigallengesang, am Damm entlang, denn der Donau wird wieder einmal Gewalt angetan. Das 50 Kilometer entfernte Wasserkraftwerk Gabčíkovo staut den Fluss schon hier bei Bratislava zu einem See, so riesig, dass man kaum das gegenüberliegende Ufer erkennen kann. Geplant in den 1970er-Jahren, sollte es ein Gemeinschaftswerk der sogenannten Bruderstaaten Tschechoslowakei und Ungarn werden. Ungarische Umweltschützer protestierten und sammelten Unterschriften, Wissenschaftler warnten vor unbeherrschbaren ökologischen Folgen, wenn die Donau kanalisiert und angestaut würde. Nachdem sich die politischen Verhältnisse geändert hatten, stellte Ungarn die Bauarbeiten ein und kündigte den Vertrag. Die Slowakei, inzwischen von Tschechien unabhängig, klagte vor dem Internationalen Gerichtshof in Den Haag, bekam aber kein Recht. So baute sie das Megaprojekt allein zu Ende und zerstörte eine bis dahin unberührte Naturlandschaft. Ungarische Landwirte haben seitdem Ernteeinbußen, weil die Slowaken den größten Teil des Donauwassers in einem Kanal auf ihr Territorium leiten. Die Beziehung der beiden Länder ist durch diesen Konflikt bis in die Gegenwart belastet.

Starker Gegenwind lässt mich kräftig in die Pedale treten. Der Weg auf der Dammkrone verläuft eintönig, immer geradeaus. Büsche engen die Sicht ein. Ab und zu erhasche ich einen Blick auf den Stausee, der breit in der Landschaft liegt, einem Meer ähnlich, nur ohne Wellen. Plötzlich verhindern ein Schlagbaum und ein Fahrradverbotsschild das Weiterfahren auf dem Damm, dafür weist ein grünes Schild mit dem Hinweis »Euro-Velo-Route 6« vom Damm hinunter zu einer schmalen Landstraße. Ohne langes Nachdenken folge ich diesem Hinweis und merke erst in der nächsten Ortschaft, in Rajka, dass ich in

Ungarn gelandet bin. Die Donau heißt jetzt »Duna« und ist Grenzfluss zwischen Ungarn und der Slowakei. Die Wegführung durch die kleinen Dörfer ist abwechslungsreicher als auf dem monotonen Damm, und so bleibe ich vorerst in Ungarn, will aber später über eine Brücke noch einmal auf die slowakische Seite, nach Komárno, fahren.

Auf einer Parkbank in Rajka hole ich das ungarische Wörterbuch hervor und präge mir schnell ein paar Wörter ein: *köszönöm* für »danke«, *jó napot* für »guten Tag« und wichtig für die Orientierung: *bal* für »links« und *jobb* für »rechts«.

Die Gegend, die früher von einer Deutsch sprechenden Bevölkerung besiedelt war – Rajka hieß damals Ragendorf –, nennt sich »Schüttinsel«. Eine ungarische Bezeichnung dafür lässt sich auf den Karten, den Infotafeln und Wegweisern nicht finden. Als Insel wird sie deshalb bezeichnet, weil das Land ringsum von Wasser umgeben ist, nämlich der Donau und einem Abzweig, der Mosoni Duna, der »Kleinen Donau«. Das Schwemmland, entstanden durch die Ablagerungen des Flusses, ist flach und fruchtbar, wovon Strohballen zeugen, die noch von der letzten Ernte sauber aufgestapelt sind.

Eingerahmt zwischen Donau und Kleiner Donau, die aber jeweils ein paar Kilometer entfernt sind, führt der Radweg mitten durch die Schüttinsel. Es macht Spaß, auf den kleinen Landstraßen fast ohne Autoverkehr entlang der Felder und blühenden Wiesen gemächlich dahinzuradeln. Gewitterwolken lassen mich in Dunakiliti nach einer Unterkunft Ausschau halten. Ein Schild mit dem Wort *szoba*, »Zimmer«, lockt mich zur Villa Hedi. Trotz des deutsch anmutenden Namens sprechen die Vermieter nur Ungarisch. Ich bekomme ein Zimmer mit Balkon, am nächsten Morgen weckt mich Nachtigallengesang.

»*Jó reggelt*«, wünschen mir die Wirtsleute einen guten Morgen. Sie haben mir ein schmackhaftes *reggeli*, »Frühstück«, bereitet. In der Nacht haben sich die Regenwolken entladen, und strahlender Sonnenschein macht mir den Start leicht. Die Luft

Vor dem Aufbruch: Voller Vorfreude sehe ich meinem neuen Abenteuer entgegen.

Die Bregquelle im Schwarzwald gilt als Donauursprung.

Als schmaler Bach beginnt die Breg ihren Weg – die späteren Ausmaße der Donau lassen sich hier noch nicht erahnen.

Die kürzere Brigach ist der zweite Quellbach der Donau.

In Donaueschingen: Die Fürsten von Fürstenberg deklarierten ihre Schlossparkquelle als Ursprung der Donau.

Die junge Donau bahnt sich ihren Weg durch die Schwäbische Alb.
Unzählige Burgen und Schlösser wurden an ihren Ufern erbaut.

Beuron: Die Benediktiner-Erzabtei liegt idyllisch im Donautal.

Sigmaringen: das Schloss des Fürstenhauses Hohenzollern.

Auf den schönen Radwegen, die zwischen Donau und Birken-
wäldern entlangführen, kommt man schnell voran.

Leben an der Donau: Graureiher und brütende Blessralle.

Exotisch wirken die Küken der Blessralle mit ihren roten Köpfchen.

In leuchtendem Blau erstrahlen die Blüten von Korn- und Glockenblumen am Wegesrand.

Tankstelle für Hummeln: Nektar in Hülle und Fülle.

Radfahrer willkommen: meine Unterkunft in Sigmaringen.

Die Donau ist ein ideales Revier für Wassersportler.

Besinnliches Radfahren entlang verwunschener Alleen.

In Neufra lege ich eine Rast in einem idyllischen Garten ein.

Das Ulmer Münster mit dem höchsten Kirchturm der Welt.

Der Blick vom 161 Meter hohen Kirchturm des Münsters ist atemberaubend.

Malerisch schlängelt sich die Blau durch das Ulmer Fischerviertel.

Ein Naturschauspiel: Zwischen Weltenburg und Kelheim durchbricht die Donau die Felsen.

Befreiungshalle über Kelheim: Bayernkönig Ludwig I. ließ sie erbauen.

Die Steinerne Brücke führt in die Regensburger Altstadt.

Passau: Blick von der Veste Oberhaus.

Dreiflüssestadt Passau: Deutlich erkennt man die unterschiedlichen Farben von Inn, Donau und Ilz, die hier zusammenfließen.

Schönheit am Fluss: die Wassernixe Isa.

Im Nebel verborgen: die Schlögener Schlinge.

Spektakulär: Bei klarem Wetter sieht man, wie die Donau in einem engen Bogen die Schlögener Schlinge bildet.

Linz: ein Straßenfest rund um die Dreifaltigkeitssäule.

Mit ihren Weinbergen und Obstgärten ist die Wachau ein landschaftliches Juwel.

Weite Wege: die Puszta in Ungarn.

Paddeln auf der Mosoni Duna, einem Nebenarm der Donau:
Meine Gastgeber ermöglichten mir eine Bootstour.

Das Buscho-Museum in Mohács: traditionelle Masken.

Belgrad: eine Stadt der Kontraste.

Die Fähre in Stara Palanka ist ein Treffpunkt für viele Donauradfahrer.

Bulgarien: In den Dörfern ticken die Uhren etwas langsamer.

Das Tal des Rusenski Lom, eines Nebenflusses der Donau.

Malerisch schmiegen sich die Felsenklöster von Basarbovo im Tal des Rusenski Lom in die Bergflanke.

Prachtexemplar: eine männliche Smaragdeidechse.

An der Donau führte der römische Limes entlang. Somit trifft man immer wieder auf die Ruinen ehemaliger römischer Festungen.

Wasser satt: Blick vom bulgarischen Hügelland zum flachen rumänischen Ufer.

Landschaftspoesie in Bulgarien.

Die Menschen in Rumänien leben größtenteils von Ackerbau und
Viehzucht.

Platz für Natur: In Rumänien nisten noch zahlreiche Störche.

Farbrausch: ein blühendes Mohnfeld.

Transportschiffe sieht man auf der Donau eher selten, obwohl der Fluss extra dafür ausgebaut wurde.

Pferdegespann: das Hauptverkehrsmittel in Bulgarien und Rumänien.

Architektur im Donaudelta: liebevoll geschnitzte Holzverzierungen.

Donaustrand am Delta.

Tierparadies: Rosapelikane im Delta.

Geschafft! Erschöpft, aber glücklich nehme ich Abschied von meiner langen Reise.

Sonnenuntergang an der Mündung zum Schwarzen Meer. Versprechen auf einen neuen Morgen.

ist angenehm prickelnd, als hätte sie sich mit Champagner gemischt. Wieder geht es leicht dahin, durch die Ebene fernab der Donau. Schneller, als mir lieb ist, erreiche ich eine größere Stadt, Mosonmagyaróvár, die früher »Wieselburg« hieß. Nach dem Ende der osmanischen Herrschaft war die Gegend hier entvölkert, und so wanderten im 18. Jahrhundert Neusiedler, vor allem aus Deutschland, ein.

Das Fahrrad stelle ich in einem Gasthof unter und erkunde die Stadt mit ihren vielen Brücken, Bächen, Cafés, Parkanlagen, der Burg Óvár und den kleinen Läden, die ihre Waren an Ständen auf dem Bürgersteig anbieten. Der Ort wirkt gemütlich und lädt ein zum Ausruhen und Entspannen.

Danach fahre ich weiter durch das Schwemmland. Unterwegs erfreuen mich die Lieder von Stieglitz, Zeisig und Pirol und immer wieder von Nachtigallen. Sie scheinen hier sehr häufig zu sein. Und endlich höre ich den Jubelgesang der Lerchen, der in Deutschland schon so gut wie verstummt ist.

Jeder Ort hat eine Infotafel, auf der historische Ereignisse, wichtige Persönlichkeiten und besondere Bauwerke in deutscher, englischer und ungarischer Sprache vermerkt sind. So erfahre ich, dass im Jahr 1954 ein gesamtes Dorf von einer gewaltigen Flut weggespült wurde.

Inmitten eines Parks beim Ort Hédervár steht das gleichnamige Schloss, das aus einer mittelalterlichen Festung entstanden ist und einst dem Ritter Hédervváry gehörte. Das Eingangstor wird von zwei Löwen aus Stein bewacht, uralte Bäume werfen ihre Schatten auf die ockergelbe Barockfassade. Inzwischen zu einem Hotel umgebaut, erwähle ich es zu meinem Nachtquartier. Mir erscheint es verlockend, einmal in einem echten Schloss zu schlafen. Allein, die Urlaubssaison hat noch nicht begonnen, deshalb ist es geschlossen, ebenso eine moderne, weiträumige Hotelanlage zehn Kilometer weiter, am Ortsrand von Dunaszeg.

»Im Sommer kommen die Gäste zahlreich zum Angeln, Wassersport und Reiten, aber jetzt lohnt es nicht«, erklärt mir der Verwalter auf Englisch. Im Ort entdecke ich dann zwei unscheinbare, handgeschriebene Schilder, auf denen *szoba* steht. Bei der ersten Pension begrüßt mich ein großer Hund mit Gebell. Da er sich immer wütender gebärdet, versuche ich es bei der zweiten Familienpension und habe Glück. Irén und Mirko haben nur ein einziges Gastzimmer. Sie hatten es länger an einen Ingenieur vom Dammbau vermietet, doch gerade an diesem Tag ist es frei geworden. Das winzige Zimmer steht voller Möbel.

Das Haus, von Weinlaub umrankt, sieht nett aus und ist umgeben von einem prächtigen, bunten Garten. Mit den Wirtsleuten werde ich schnell vertraut, obwohl nur Ungarisch als Sprache zur Verfügung steht. Da uns die Wörter fehlen, unterhalten wir uns mit Papier und Bleistift. So erfahre ich, dass Mirko ein Boot hat und anbietet, auf der in der Nähe fließenden Mosoni Duna mit mir zu paddeln. Zehn Kilometer, schreibt er auf den Block, das würde etwa zwei Stunden dauern. Mithilfe seines Sohnes befestigen wir das Boot auf dem Autodach, und Irén fährt uns zur Ablegestelle. Im Boot sitzt Mirko hinten und gleicht meine anfangs heftigen und unregelmäßigen Paddelschläge gekonnt aus.

Das Wasser der Kleinen Donau ist dunkelgrün, ein herber, leicht modriger Geruch steigt auf. Der kaum 20 Meter breite Fluss hat so gut wie keine Strömung, die Ufer sind dicht mit Schilf und Weiden bewachsen. Aus den Kronen der hohen Bäume schallen die Rufe der Singdrosseln, werden aber vom lautstarken Gesang der Drosselrohrsänger übertönt. Stockenten, Grau- und Silberreiher lassen sich von unserem sacht dahingleitenden Boot nicht stören.

Der Abschied am nächsten Morgen ist überaus herzlich. Irén hat mir ein opulentes Frühstück bereitet. Beide umarmen mich und kommen mit hinaus zur Straße, wo sie mir lange nachwinken. Irén konnte plötzlich ein wenig Deutsch und sagte: »Nächstes Jahr – kommen wieder.« Ich nicke und lächele erfreut und weiß doch, dass dies nicht der Fall sein wird. Ungezählte ähnliche Situationen habe ich bei meinen Reisen erlebt. Ich treffe fremde Menschen, denen ich für eine kurze Zeit nahekomme, mit denen ein warmes Gefühl freundschaftlicher Verbundenheit entsteht. Damit die Trennung nicht zu schwer wird, verspricht man, sich wiederzusehen.

Wie auf einer Kette sind vier kleine Dörfer aneinandergereiht, die alle mit der Vorsilbe »Győr-« beginnen. Einer der größeren Orte auf der sonst von kleinen Dörfern besiedelten Schüttinsel ist Győr, ohne Vor- oder Nachsilbe. Es dauert fast eine Stunde, bis ich wieder aus der Stadt herausfinde. Jeder, den ich frage, zeigt mir die Richtung zur Schnellstraße nach Bábolna. Dort will ich hin, aber auf einer Nebenstraße. Immer wieder gerate ich in einen Kreisverkehr, vier oder fünf müssen es sein, bis ich endlich meine kleine Straße finde. Erst hier steht ein Radwegschild. Für meine Ausdauer werde ich belohnt, ein Feld mit rotem Mohn begrüßt mich, ein Bach fließt neben der Straße, Frösche quaken, und Vögel singen. Kein Auto stört, nur einmal tuckert ein Traktor vorüber.

Bábolna ist berühmt für seine Pferdezucht. In einem herrschaftlichen Gutshof befindet sich das Gestüt mit einem Hotel. Wenn ich hier übernachten würde, hätte ich Gelegenheit, in die Ställe hineinzuschauen, Pfleger, Reiter und Pferde zu beobachten, doch wieder bekomme ich kein Zimmer. Es ist alles ausgebucht. Nun gut, dann radle ich weiter, es ist noch früher Nachmittag.

Beim Ort Komárom erreiche ich das Ende der Schüttinsel und sehe nach längerer Zeit die Donau wieder. Einst war Komárom eine Stadt, die sich beidseits des Flusses erstreckte. Erst nach dem Ersten Weltkrieg wurde die Grenze zwischen den beiden Ländern mitten im Strom gezogen, und so kam es zur Teilung dieser Stadt in das ungarische Komárom und das slowakische Komárno.

Über die »Brücke der Freundschaft« fahre ich auf die linke Seite der Donau und befinde mich wieder in der Slowakei, damit ich nach meinem ungeplanten frühen Kontakt mit Ungarn noch einen Eindruck von dem Land bekomme. Erst bei Esztergom werde ich wieder nach Ungarn wechseln, ab dort sind beide Donauufer ungarisch.

Böiger Wind bläst mir entgegen, als ich das slowakische Komárno verlasse. Der Weg führt nahe der Donau auf einem Damm entlang, vorbei an der römischen Festung Kelemantia aus dem 2. bis 4. Jahrhundert. Das Geviert war 175 Meter lang und ebenso breit, hatte 20 Türme und vier Tore, deren Grundmauern gut erhalten sind. Diese und weitere Informationen stehen auf Alutafeln, in die Texte und Abbildungen eingeätzt sind. Die Donau war der Limes, die Trennlinie zu fremden Völkern. Entsprechend viele Kastelle wurden von den Römern zur Verteidigung ihres Territoriums gebaut.

Ich genieße die Ruhe auf dem autofreien Dammweg und die Natur ringsum. Da aber die Dammkrone mit groben Kieseln bedeckt ist, strengt das Fahren sehr an. Deshalb bin ich froh, als ich in Moča das Hotel »Hélen« entdecke. Die Wirtin heißt Helena und scheint außer einem Koch kein weiteres Personal zu haben. Ich bin an diesem Tag ihr einziger Gast. Helena ist Ungarin; so wie sie leben viele Ungarn in der Slowakei. Erst 1918 wurde Ungarn unabhängig, verlor dabei aber einen Großteil seines Territoriums, das der Slowakei zugesprochen wurde. Die Ungarn in diesem Gebiet wurden quasi über Nacht zur ausländischen Minderheit. Helena unterhält sich mit mir auf Deutsch, das sie gut beherrscht.

Bisher hatte ich Glück mit dem Wetter. Wenn es regnete, dann meistens in der Nacht. Am nächsten Morgen aber gießt es in Strömen. Kein Problem, ich habe funktionstüchtige Schutzkleidung und radle trotz Regens weiter. Die Nässe lockt Tiere hervor. Ringelnattern schlängeln sich über den Weg. Ein Fasanenhahn stolziert vorüber, zwei Hennen trippeln hinterher. Auch Hasen finden das Hoppeln auf dem Dammweg angenehmer als im feuchten Gras. Pirole jagen gleich goldenen Pfeilen durch die Luft und verschwinden in den Baumkronen.

Die Donau fließt breit und behäbig dahin. Ich wundere mich, wie selten ein Schiff zu sehen ist. Als mir die Fortbewegung auf dem Kiesdamm zu mühsam wird, weiche ich auf verkehrsarme Landstraßen aus.

Štúrovo ist die letzte Stadt auf slowakischer Seite. Am gegenüberliegenden Ufer ragt die gewaltige Kuppel der Basilika von Esztergom in den Himmel. Keines der Straßenschilder zeigt den Namen der ungarischen Stadt, kein Hinweis auf die Brücke, die hinüber nach Ungarn führt. Es ist bezeichnend, dass in der Slowakei jede Information auf den Nachbarstaat vermieden wird. Die Donau verbindet nicht, sondern trennt zwei Länder mit problembelasteter Beziehung.

Über die Donaubrücke, die ich schließlich auch ohne Hinweisschilder finde, fahre ich aufs rechte Ufer und befinde mich wieder in Ungarn, ohne dass sichtbar gewesen wäre, dass man von einem Land ins andere wechselt.

In Esztergom übernachte ich in einer Pension in der Altstadt, direkt am Burgberg gelegen. Helena, die slowakische Ungarin und Hotelbesitzerin in Moča, hatte gestern für mich angerufen und ein Zimmer gebucht. Wie ich nun erfahre, hätte ich es auch selbst tun können, denn der Pensionswirt war lange Jahre in Deutschland, hat sogar in einer Bäckerei in Olching gearbeitet, als ich auch dort lebte.

Bei strömendem Regen steige ich hinauf zum Burgberg, wo sich die alte Königsfestung und die Basilika befinden. Seit dem 11. Jahrhundert ist Esztergom der Sitz des Erzbischofs. Die monumentale Basilika mit ihrer imposanten Kuppel gilt als die größte Kirche des Landes. Für ihre Einweihung hat Franz Liszt eigens die »Graner Festmesse« komponiert und selbst dirigiert. »Gran« ist die frühere Bezeichnung für Esztergom.

Zufällig entdeckte man bei Erdarbeiten die Ruine der alten Königsburg. Während der osmanischen Eroberung war sie zerstört, verschüttet und allmählich vergessen worden. Inzwischen ist sie weitgehend restauriert. In dieser Burg wurde Stephan I. im Jahr 1001 zum ersten ungarischen König gekrönt, derselbe, der mit der bayerischen Herzogstochter Gisela vermählt war, die auf der Donau von Passau ins Ungarnreich reiste und als historisches Vorbild für Kriemhild aus dem Nibelungenlied gilt.

Als der Pensionswirt mein Interesse an der Vergangenheit Esztergoms bemerkt, zeigt er mir die Biografie des Erzbischofs József Mindszenty, des ehemaligen Primas von Esztergom. Er gilt als Symbolfigur des Widerstandes gegen den Kommunismus und hat auch sonst seine Position stets genutzt, um jede Form von Ungerechtigkeit und Unterdrückung anzuprangern. Schon 1919, als nach dem Ende der österreichisch-ungarischen Doppelmonarchie eine linksgerichtete Regierung die Macht ergriff, wurde József Mindszenty, damals noch Religionslehrer, wegen seiner regierungskritischen Zeitungsartikel inhaftiert. Wieder in Freiheit, erhielt er Schreibverbot. Später, als Ungarn auf deutscher Seite in den Zweiten Weltkrieg eintrat, schützte er verfolgte Juden. Als er offen gegen die sinnlose Fortführung des Krieges auftrat, wurde er erneut verhaftet und kam erst frei, als die Rote Armee in Ungarn einmarschierte.

Nicht lange konnte er sich seiner Freiheit erfreuen. Er empörte sich, als deutschstämmige Mitbürger aus Ungarn vertrieben wurden, und vertrat konsequent die Belange der Kirche gegen die neuen Machthaber. Der Primas wurde verhaftet, gefoltert und 1949 in einem Schauprozess zuerst zum Tod, dann zu lebenslanger Haft verurteilt. Sieben Jahre später, beim Ungarnaufstand, kam er frei, flüchtete jedoch in die Botschaft der USA, als die sowjetischen Panzer in Budapest einrollten. 15 lange Jahre musste er dort ausharren, bis er schließlich ausreisen durfte.

Die Kirche dankte ihm seinen lebenslangen Kampf schlecht. Für den Vatikan, der die Beziehungen zu den kommunistischen Regimes im Osten verbessern wollte, war er ein Störenfried und wurde von Papst Paul VI. seines Amtes als Erzbischof enthoben. Diese Demütigung muss den aufrechten Mann, der fast sein gesamtes Leben Verfolgung und Einkerkerung für seine Kirche auf sich genommen hatte, schwer getroffen haben. Nur noch vier Jahre in Freiheit waren dem aufrechten und mutigen Mann vergönnt. Im Jahr 1975 starb er in Wien.

Am nächsten Morgen, die Regenwolken sind weitergezogen, steige ich noch einmal zum Burgberg hinauf. Von Dunstschleiern umspielt, liegt die Donau wie ein silbernes Band im hügeligen Land, eingerahmt von dunkelgrünen Laubbäumen.

Auf einem schmalen Weg direkt am Ufer verlasse ich wenig später die Stadt Esztergom. Durch den gestrigen Regen ist die Natur wie frisch gewaschen, wirkt verjüngt und glänzt in vielfältigen Grüntönen. Die Ebene geht über in ein Hügelland, lichtblaue Bergrücken bauen sich auf. Vor mir liegt ein Gebiet, das für seine landschaftliche Schönheit berühmt ist – das Donauknie. Über eine 30 Kilometer lange Strecke zwängt sich der Fluss durch Vulkan- und Kalkgestein. Schon vor Urzeiten hat sich die Donau auf ihrem Weg zum Schwarzen Meer eine tiefe Schlucht gegraben und wieder einmal ihre Richtung geändert. In einem riesigen Bogen, dem Knie, fließt sie durch das ungarische Bergland nach Süden, bevor sie sich wieder nach Osten wendet. Durch das Gestein wird der zuvor breite Strom eng zusammengepresst. Auf der rechten Seite führt der Radweg oberhalb der Felskrone entlang, weswegen ich nur die steil zum Wasser herabfallenden Flanke der Gegenseite sehen kann. Bei einer Fahrradtour bekommt man also nicht den besten Eindruck vom Donauknie, besser wäre es, diesen Abschnitt auf dem Wasser zurückzulegen. Mit einem Boot mitten im Strom muss der Eindruck überwältigend sein.

Nachdem sie die Felsen durchbrochen hat, teilt sich die Donau in zwei Arme und umspült die Insel Szentendre. Eine Fähre bringt mich hinüber. Auf einer verkehrsarmen Landstraße radle ich angenehm dahin, Alleebäume verwandeln sie in einen grünen Tunnel. Nach etwa 20 Kilometern habe ich die Spitze der Insel erreicht, und eine Fähre trägt mich zurück zum rechten Ufer, wo immer mehr Siedlungen auftauchen. Ungarns Hauptstadt Budapest kündigt sich an. Die Verkehrsdichte nimmt enorm zu.

Als die Stadt endlich in Sicht ist, öffnen sich erneut die Wolken, und Regen prasselt herab. Wie durch einen Weichzeichner sehe ich beeindruckende Bauwerke, als wären sie eine Filmkulisse. Gemächlich zieht die Donau durch das Häusermeer. Trotz des Regens stehen Männer am Ufer und angeln. Budapest, anders als Wien, wendet sich dem Fluss zu, der die Stadt geprägt hat. Acht Brücken verbinden die Stadtteile Buda und Pest und lassen sie zu einer Einheit verschmelzen. Die Stadt wird als Phänomen betrachtet, ist sie doch zugleich die westlichste Metropole des Ostens und die östlichste des Westens. In Budapest vermischen sich östliche und westliche Lebensweise und Kultur. Für eine Besichtigungstour mit dem Fahrrad ist die Donaumetropole jedoch ungeeignet. Es gibt keine Radwege, stattdessen werde ich von Autos, Lkws und Bussen mit Fontänen von Spritzwasser überschüttet. Die nasse Fahrbahn und die verregnete Sicht machen das Radeln höchst gefährlich. Um Budapest kennenzulernen, müsste ich mir ein paar Tage Zeit nehmen. Diese berühmte Stadt, die als eine der schönsten der Welt angesehen wird und die jeden Besucher ins Schwärmen geraten lässt, ist ein Thema für sich und würde, so wie ich es schon für Wien entschieden habe, den Rahmen meines Berichts sprengen.

Es dauert lange, bis ich aus Budapest herausgefunden habe. Der nie endende Verkehrsstrom zehrt an meinen Nerven. Verkrampft umklammere ich den Lenker und befürchte, im wahrsten Wortsinn, unter die Räder zu kommen. Erleichtert atme ich auf, als ich endlich die Vororte erreiche und in die landwirtschaftlich geprägte Puszta eintauchen kann.

In Ráckeve auf der Csepel-Insel, die von zwei Armen der Donau umflossen wird, gelingt mir, was ich bisher vergeblich versucht habe: Ich übernachte in einem Schloss. Mein Zimmer liegt in einem Seitenflügel, es ist einfach eingerichtet, doch das Bad überrascht mit einer Dusche, die in unterschiedlichen Farben erstrahlt.

Prinz Eugen von Savoyen hat das Schloss zu Beginn des 18. Jahrhunderts bauen lassen, nachdem er als Heerführer im Dienst der Habsburger Monarchie die Türken auf ihrem Eroberungszug gestoppt hatte. Seitdem gilt er als der »Retter des Abendlandes«. Schon der zweite Held, der so betitelt wird. In Regensburg war mir Don Juan de Austria begegnet, der in der Seeschlacht bei Lepanto im Golf von Korinth ebenfalls gegen die Türken kämpfte. Prinz Eugen, der großzügig entlohnt wurde, konnte sich länger als Juan de Austria seines Lebens erfreuen. Er kaufte die Csepel-Insel, die etwa 50 Kilometer lang und drei bis zehn Kilometer breit ist, und sorgte dafür, dass das durch die Kriegswirren entvölkerte Land besiedelt wurde. Vor allem Schwaben wanderten ein, die sogenannten Donauschwaben. Um zu demonstrieren, dass die türkische Gefahr gebannt sei, ließ er das Schloss ohne Befestigungsanlagen bauen. Fortan betätigte sich der »edle Ritter«, wie er auch bezeichnet wurde, als Mäzen, sammelte Kunst und baute noch mehr Schlösser.

Ein Hotelangestellter, mit dem ich ins Gespräch komme, ist ein Nachfahre der Schwaben, die Prinz Eugen ins Land gerufen hat. Bis zum Ausbruch des Zweiten Weltkrieges sollen fast zwei Millionen Menschen dieser Volksgruppe in Ungarn und Rumänien gelebt haben. Flucht, Vertreibung und Enteignung haben sie seither ihrer Heimat beraubt und sie über die ganze Erde verstreut, andere sind wieder zurückgekehrt. In perfektem Deutsch erzählt mir der Mann, dass seine Großeltern Ungarn 1947 verlassen mussten. Später, als es wieder möglich war, kehrte er mit seinen Eltern ins Land der Vorväter zurück.

Der Ort Ráckeve mit seinen etwa 10 000 Einwohnern bietet außer dem Schloss noch eine weitere Sehenswürdigkeit: eine orthodoxe Kirche aus dem Jahr 1487. Sie wurde von Serben erbaut, die von den Türken aus ihrer Heimat vertrieben worden waren, bis sie auch aus diesem Ort flüchten mussten, als das osmanische Heer heranrückte. Immerhin lebten sie lange genug hier, um eine Kirche bauen zu können, und auch der Ort ist nach ihnen benannt, denn *Rác* ist eine altungarische Bezeichnung für »Serbe«. Der Glockenturm steht einige Meter vom Kirchenschiff entfernt. Die Kirchenwände sind mit Fresken spätbyzantinischen Stils bemalt und mit Ikonen behängt. Sie reihen sich neben-, über- und untereinander, keine Stelle bleibt frei. Die ganze Kirche erstrahlt in Gold und Silber, es ist ein Glitzern, Flimmern und Flirren. Bei dieser Fülle von Bildern und Farben würde es mir schwerfallen, mich zu sammeln und auf die Andacht zu konzentrieren.

Am nächsten Morgen folge ich dem Dammweg entlang der Ráckevei-Duna, einem der Donauarme, die die Csepel-Insel umschließen. Der Erdweg mit Buckeln und Löchern ist schwer zu fahren, aber die einsame Strecke fernab der Straßen entschädigt mich für die Anstrengung. Nur Vogelgesang und das Rauschen der Donau begleiten mich.

Als die Ráckevei-Duna wieder in den Hauptstrom mündet, sehe ich am gegenüberliegenden Ufer die Industriestadt Dunaújváros. Im Jahr 1949 folgten zahlreiche junge Menschen enthusiastisch dem Aufruf der kommunistischen Machthaber und stampften Ungarns größtes Eisen- und Stahlkombinat aus dem Boden. Sie schufteten im Namen Stalins und tauften die Arbeitersiedlung »Sztálinváros«, später besann man sich und wählte die Donau als Namensgeberin. Was ich vom linken Ufer aus erblicke, verlockt nicht zu einem Besuch: Wohnblocks, errichtet in strammer Marschordnung. Das ist keine gewachsene Stadt, sie wurde steril auf dem Reißbrett entworfen. In allen Ländern des Ostblocks, selbst in der fernen Mongolei, hat man Plattenbauten nach dem Vorbild der sowjetischen Architektur errichtet. Das Stahlwerk scheint immer noch in Betrieb zu sein. Aus den Fabrikanlagen quillt gelber

Dampf. Er wird vom Wind über die Donau getrieben, legt sich als beißender Rauch über die Landschaft. Ich atme ganz flach und versuche, der giftigen Dunstwolke schnell zu entkommen, doch sie weht mir noch lange hinterher.

Riesige Felder, abwechselnd mit Mais und Sonnenblumen bestellt, dehnen sich bis zum Horizont aus. Die legendäre Puszta ist weitgehend verschwunden. Längst wird die ehedem einsame Grassteppe, die früher von Hirten mit ihren Viehherden durchzogen wurde, mittels Bewässerung und Dünger intensiv landwirtschaftlich genutzt.

In bevorzugter Lage entlang der Donau reihen sich Wochenendhäuser, einige davon prächtige Villen mit raffinierter Architektur. Ich lerne ein neues ungarisches Wort: *eladó* – »zu verkaufen«. Schilder mit diesem Angebot stehen auf zahlreichen Grundstücken, zum Teil mit halb fertigen Häusern.

Abgebrochene Äste und umgestürzte Bäume säumen die Straße. Der heftige Wind vom Vortag hat sich zu einem gewaltigen Sturm entwickelt. In Böen kommt er angerast, wirft sich mir entgegen, will mich wegfegen. Ich mag Wind eigentlich, am Meer stemme ich mich ihm mit Vergnügen entgegen. Doch dieser Sturm, der über die Puszta-Ebene rast, ist aggressiv wie ein Feind, der einen vernichten will. Wieder kommt eine Sturmwelle angerollt, erfasst mich und wirft mich in den Straßengraben. Als ich mich aufrapple, erschallt der Ruf eines Kuckucks, als wolle er mich trösten: »Nur Mut, die Welt geht nicht unter! Solange ich singe, kann es nicht so schlimm sein.«

Abseits vom Dammradweg suche ich in Kalocsa Zuflucht vor den Naturgewalten. Die Stadt führt den Beinamen »Heimat des Paprikas«, denn auf den Feldern ringsum wird fast nichts anderes angebaut. In Kalocsa besichtige ich ein Museum, das sich einzig dem Thema »Paprika« widmet. Farbenprächtige Fotos zeigen die Ernte. Im Herbst, wenn die feurigen Früchte reifen, ist die Landschaft in glühende Farben getaucht, an den Häusern in Kalocsa hängen zu Girlanden geflochtene Paprikaschoten zum Trocknen an Fenstern, Simsen, Mauern.

Dort trocknen sie, bis sie reif für die Paprikamühle sind. Das feurige Gewürz ist aus der ungarischen Küche nicht mehr wegzudenken, dabei wird es erst seit dem 18. Jahrhundert angebaut. Wie selbstverständlich bringt man Paprika mit Ungarn in Verbindung, kaum jemand macht sich bewusst, dass dieses südamerikanische Gewächs einen langen Weg hinter sich hat und den Ozean überqueren musste, um auf ungarischen, mit Donauwasser getränkten Feldern ein neues Zuhause zu finden.

Kalocsa mit seinen 18 000 Einwohnern zählt zu den ältesten Städten Ungarns, ist sogar fast so alt wie der ungarische Staat. Im Jahr 1002 wurde von König Stephan I. hier das zweite Erzbistum Ungarns eingerichtet. Die Kathedrale am Dreifaltigkeitsplatz und das Erzbischöfliche Palais sind prunkvolle Barockbauten aus dem 18. Jahrhundert. Aus der frühen Zeit gibt es keine Häuser mehr, nachdem im Jahr 1529 die Stadt von den Türken vollständig zerstört worden war. Nach der Vertreibung der Türken war Kalocsa noch lange Jahre ein Trümmerfeld, bis die Stadt durch Initiative eines neuen Erzbischofs langsam wiederbelebt wurde.

Am nächsten Morgen stehen die Felder unter Wasser, und noch immer regnet es. In den Wäldern sieht es schlimm aus. Umgestürzte Bäume liegen kreuz und quer. Windhosen haben meterdicke Stämme verdreht, geknickt und zerbrochen. Ich bin unterwegs im Gemencer Auwald. Tiere, die sonst kaum noch einen Lebensraum finden, wie Schwarzstorch, Seeadler, Fischotter und Baummarder, der wieder angesiedelte Biber und nicht zuletzt zahlreiche Vogelarten leben im wasserreichen Wald am rechten Donauufer. Aber ich bekomme sie nicht zu Gesicht, nur eine Rotte Wildschweine und ein Hirschrudel kann ich erspähen.

Die Wege sind wegen des Unwetters überschwemmt, Bäume stehen kniehoch im Wasser, die Donau hat die Alt- und Nebenarme überflutet, sich in sumpfige Wiesen ergossen und sie in Seen verwandelt. Mein Plan, durch den Auwald zu wandern, hat sich zerschlagen, doch im Infobüro in Baja erhalte ich einen Tipp, wie ich den Gemencer Auwald dennoch kennenlernen kann, und so sitze ich mit einer Gruppe ungarischer Ausflügler im Waggon der Waldbahn, einer Schmalspurbahn, die sich 40 Kilometer durch den Wasserwald schlängelt. Es ist reizvoll, im gemäßigten Tempo von kaum 30 Stundenkilometern durch das grüne Dickicht zu fahren und einen Einblick in den derzeit zu Fuß unzugänglichen Wald zu erhaschen.

Mir gegenüber sitzt Roland, ein junger Ungar, mit dem ich mich auf Deutsch unterhalten kann. Das habe er bei einem Schüleraustausch in Köln gelernt, erzählt er mir. Roland macht gerade sein Abitur und plant, sein Studium an der Medizinischen Universität in Wien fortzusetzen. Die Welt steht Jugendlichen heute offen. Wie erfreulich für die junge Generation, dass ihnen vergönnt ist, wovon ihre Eltern und Großeltern nur träumen konnten. Als ich so alt war wie Roland, lebte ich in der DDR, und die Welt außerhalb des Ostblocks war unerreichbar wie der Mond.

Der Gemencer Wald sei kein ursprünglicher Urwald, berichtet Roland. Von Baja bis Paks, also auf einer Strecke von etwa 100 Kilometern, habe sich die Donau früher in zahlreichen Bögen und Schlingen gewunden. Sehr schwierig sei es gewesen, den Fluss als Transportweg zu nutzen, vor allem, da man damals mit Pferden die Lastkähne flussaufwärts ziehen musste. Daher erlaubte die österreichische Regentin Maria Theresia, das Geld, das durch den Transport verdient wurde, für den Ausbau des Wasserweges zu verwenden.

»Haben denn die Schiffer so viel an dem Handel verdient?«, frage ich.

»Nicht wirklich. Den größten Anteil bei der Regulierung der ungarischen Donau hat Graf István Széchenyi geleistet. Er hat sein privates Vermögen dazu verwendet.«

»Warum hat der Graf das gemacht, war er ein so großer Patriot?«

»Ja, das war er. Noch heute trägt er den Titel ›Größter Ungar‹. Seine ganze Kraft hat er dafür eingesetzt, Ungarn wirtschaftlich und kulturell zu entwickeln.«

Wie kommt es nur, dass wir so wenig über Ungarn wissen, überlege ich. Nicht einmal den Namen des Grafen hatte ich zuvor gehört.

»Die Begradigung der Donau war eine großartige Leistung«, fährt Roland fort, »aber schlimm für den Auwald. Er wurde von der Donau und ihren Überschwemmungen abgeschnitten und vertrocknete. Alles, was du siehst, haben Forstarbeiter neu angepflanzt. Zudem haben sie einen Teil der Dämme entfernt, damit sich die Donau bei Hochwasser so wie jetzt in den Auwald ergießen kann.«

Tatsächlich, mir war schon aufgefallen, dass die Bäume in gleichmäßigen Abständen neben- und hintereinanderstehen, und sie scheinen fast alle gleich alt zu sein. Der Gemencer Wald ist Menschenwerk, aber immerhin ein Lebensraum für zahlreiche Tiere und Pflanzen.

Nach der Rundfahrt durch den Auwald übernachte ich in Baja direkt im Stadtzentrum. Dort komme ich mit dem 60-jährigen Istvan ins Gespräch. Ich wundere mich schon gar nicht mehr, dass auch er fehlerfrei Deutsch spricht. Es sei seine Muttersprache, erklärt er. Auch Istvan ist einer der Nachkommen der Donauschwaben.

»In Ungarn leben mehr Deutschstämmige als offiziell bekannt«, meint Istvan. Er jedenfalls sei schlau genug, seine deutsche Abstammung zu verbergen, vertraut er mir an. »Im Moment toleriert man uns, aber wenn wieder einmal ein politischer Umschwung kommt, dann will ich nicht auf der Liste unerwünschter Personen stehen.«

Meine letzte Station in Ungarn ist Mohács am rechten Donauufer. Als ich mit der Fähre über den Fluss setze, kann ich mich mit einem Passagier unterhalten, auch er spricht Deutsch, ist aber seiner Herkunft nach kein Donauschwabe. Er habe beruflich oft in Deutschland zu tun, deshalb könne er die Sprache, erklärt er mir. Der Ungar berichtet voller Begeisterung vom Buscho-Karneval, der jedes Jahr Anfang Februar in Mohács gefeiert wird. Seine Beschreibung der furchterregenden Masken, Mäntel und Umhänge aus Schaffell, des Lärms von Kuhglocken und Rasseln, des Tanzes dämonischer Gestalten um einen Scheiterhaufen erinnert mich an den alpenländischen Brauch des Perchtenlaufes, mit dem die bösen Wintergeister vertrieben werden sollen. Dies wird bestätigt, als ich das Buscho-Museum in Mohács besuche. Masken, Tierfelle und Kostüme sind denen der Perchten zum Verwechseln ähnlich. In einem Saal sind eindrucksvoll Szenen des Karnevalsumzugs aufgebaut, mit einem riesigen Holzstoß in der Mitte, aus dem es nicht nur feuerrot leuchtet, sondern auch mächtig Dampf aufsteigt. Dazu ertönt aus Lautsprechern der ohrenbetäubende Lärm von Rasseln, Hörnern und Tuben. Obwohl ich die einzige Besucherin bin, macht sich die junge Museumsangestellte Barbála die Mühe, mich zu begleiten und mir die Einrichtung zu erklären.

»In Ungarn gibt es nur in Mohács dieses Maskenfest«, sagt sie auf Englisch. »Es geht zurück auf eine Legende: Als die Türken einst das Land besetzt hatten, kleideten sich die Männer eines kroatisch-slawischen Volksstammes, die sich in die Donauauen geflüchtet hatten und sich dort versteckt hielten, in Schaffelle, setzten Holzmasken auf und entzündeten Fackeln. In der Nacht überquerten sie mit Booten die Donau und vertrieben die zu Tode erschrockenen Türken.« Das sei freilich nur eine Legende, fügt Barbála hinzu, denn dieser Volksstamm Sokárok siedelte hier erst, zehn Jahre nachdem die Türken 1687 in diesem Gebiet besiegt worden waren. Wahrscheinlich haben sie diese Tradition aus ihrer früheren Heimat mitgebracht. Stolz erwähnt Barbála noch, dass das Buscho-Fest, ungarisch *busójárás,* von der UNESCO auf die Liste des Weltkulturerbes gesetzt worden sei.

Nach der Besichtigung des Buscho-Museums spaziere ich durch die schönen Straßen und ruhigen Gassen der Stadt, die trotz ihrer 30 000 Einwohner auf mich anheimelnd und gemütlich wirkt. Am Hauptplatz fällt mir ein ungewöhnliches Denkmal auf. Auf einem Sockel stehen drei Frauen und reichen sich die Hände, eine Ungarin, eine Kroatin und eine Donauschwäbin, jede in der Tracht ihrer Volksgruppe. Darunter auf Kroatisch, Ungarisch und Deutsch die Worte von Gotthold Ephraim Lessing:

Reicht einander die Hände her, kommt!
Möge ein jeder seinen Brauch bewahren,
die eigene Mutter für die Schönste halten.
Möge eure Sprache tausendfach erklingen.

Es ist mein letzter Tag in Ungarn. Morgen werde ich am rechten Ufer die Grenze nach Kroatien überschreiten, während am linken Ufer Serbien beginnt. Wieder wird die Donau als Grenze benutzt. Hier bei Mohács berühren sich die Grenzen von Ungarn, Kroatien und Serbien, gleich drei Länder, die eine schwierige Vergangenheit haben. Dieses Dreiländereck befindet sich bei Stromkilometer 1433, also hat die Donau erst die Hälfte ihres Weges zurückgelegt. Was für ein langer Fluss, an dem ich schon so viel erlebt, erfahren und gesehen habe. Und nun liegen noch einmal so viele Flusskilometer vor mir.

Inzwischen fühle ich mich fast heimisch in Ungarn und bin stolz, zahlreiche ungarische Wörter gelernt zu haben. Wie schade, dass ich es schon verlassen muss. Gerne würde ich weiter in diesem Land mit seinen hilfsbereiten und fröhlichen Menschen unterwegs sein. Es gefiel mir, durch die schmucken Dörfer zu fahren, in denen die Straßen beidseits mit Blumenrabatten geschmückt sind, ich die Einwohner auf Ungarisch mit *jó napot* grüßen konnte und oft genug auf Deutsch ein »Grüß Gott« als Antwort erhielt.

Bevor ich die Grenze überquere, besuche ich sechs Kilometer südlich von Mohács eine historische Gedenkstätte. Hier an den Ufern der Donau ging das alte Ungarn zugrunde, das im 10. Jahrhundert von sieben aus dem südlichen Ural eingewanderten Stämmen der Magyaren gegründet worden war.

Es war der 29. August 1526. Der Kampf dauerte nicht länger als drei Stunden, dann waren 20 000 Ungarn tot, das gesamte Heer, und mit ihnen ihr junger König Ludwig II. aus dem Geschlecht der Jagiellonen. Gesiegt hatte der osmanische Herrscher Sultan Süleyman, der mit 100 000 Kämpfern die Donau entlang nach Westen zog und erst vor den Mauern Wiens gestoppt werden konnte. Der Sultan hatte einen günstigen Zeitpunkt für seinen Überfall auf das ungarische Königreich gewählt. Der magyarische Adel war gespalten und das Land geschwächt. Nur wenige Jahre zuvor hatte ein blutiger Bauernaufstand getobt, der grausam geahndet worden war und ungezählte Opfer gefordert hatte. Zudem war der erst 20-jährige König bei den magyarischen Feudalherren unbeliebt, nicht zuletzt weil er mit einer Ausländerin, Maria von Kastilien aus dem Haus Habsburg, verheiratet war. Des Königs ärgster Feind war der Woiwode aus Siebenbürgen, Fürst Johann Zápolya, der seinerseits Anspruch auf den Thron erhob.

Die Adligen unter Führung von Fürst Zápolya weigerten sich, mit ihren Truppen am Kampf teilzunehmen. Ludwig sah sich mit seinem Heer von nur 20 000 Mann dem fünfmal stärkeren Heer des Sultans gegenüber. Dem König muss schlagartig bewusst geworden sein, dass dies der letzte Tag seines Lebens sein würde. Dennoch stürzte er sich heldenmutig mit dem Schwert in der Hand in den Kampf und mit ihm seine ungarischen Kämpfer. Die Türken aber hatten Kanonen und mähten die ungarischen Reiter erbarmungslos nieder. Die überlegenen Waffen, die bessere Taktik und nicht zuletzt die Übermacht siegten über Rittertugend.

Zápolyas Plan war aufgegangen, der verhasste Rivale war endlich aus dem Weg geräumt. Der Preis aber war ungeheuer groß. Ungarn wurde in drei Teile zerrissen und musste 150 Jahre Türkenherrschaft ertragen. Auch danach kam das Land nicht frei, es geriet unter die Herrschaft der Habsburger. Der Woiwode Zápolya erhielt für seinen Verrat nicht, wie erhofft, die Königswürde. Zwar durfte er weiter über Siebenbürgen herrschen, aber unter türkischer Führung.

Fast 500 Jahre später sind die Spuren des Kampfes längst verweht und die Toten vermodert. Die Ungarn von heute haben das blutige Ereignis jedoch nicht vergessen. Mit einer Gedenkstätte auf dem ehemaligen Schlachtfeld, wo Archäologen Überreste der Gefallenen gefunden und wieder begraben haben, ehrt man die Kämpfer. 120 drei Meter hohe Holzstelen, traditionelle Friedhofsgrabzeichen, wurden in einem von Eiben umstandenen sogenannten Grabgarten aufgestellt. Sie wurden von Holzschnitzern mit symbolischen Zeichen versehen und stellen die ungarischen Reiter, ihre Pferde und Waffen dar. Die Stelen sind nicht auf Gräber gesetzt, sondern über die Anlage verteilt, um zu zeigen, dass in weitem Umfeld viele Tausende Tote liegen.

Die Donau in Kroatien
– 138 Kilometer

*Der Fluss ändert sich nicht, wie brutal man ihn auch
begradigt, einzwängt, kanalisiert und zugerichtet hat.
Die Donau wird alles, was man ihr angetan hat, wieder
wegspülen, so wie sie vor langer Zeit die Felsen an ihrem
Oberlauf beseitigt hat.*

Eva Demski

Die Macht des Wassers
Von Mohács nach Ilok

Bei Udvar an der ungarisch-kroatischen Grenze muss ich zum ersten Mal auf meiner Donaureise meinen Pass vorzeigen. Auf der ungarischen Seite werde ich freundlich durchgewunken, auf der kroatischen versperren mir gleich drei Uniformierte die Weiterfahrt. Meinen Gruß *»Dobar dan«* erwidern sie mürrisch. Wahrscheinlich sind sie es nicht gewohnt, begrüßt zu werden. Nachdem das Dokument kritisch gemustert und durchblättert wurde, werde ich mit einem knappen Nicken verabschiedet. *»Dovidenja!«,* rufe ich zum Abschied und bin froh, dass mein Gepäck nicht durchsucht wurde, denn ich habe Pfefferspray als Schutz vor verwilderten Hunden dabei. Grenzübertritte sind für mich, die in einem hermetisch geschlossenen Land aufwuchs, noch immer bedeutsam und werden es wohl bleiben.

Wie in Ungarn sind auch in Kroatien sogar die kleinen Landstraßen in gutem Zustand. Die Bewohner der Dörfer grüße ich jetzt auf Kroatisch, sonst hat sich scheinbar nichts verändert. Auch hier erfreut mich die Blumenpracht entlang der Dorfstraßen. Ich sehe vor allem Frauen beim Gießen, Jäten und Mähen, manche haben statt Blumen Kartoffeln, Zwiebeln und Tomaten gepflanzt.

Ab dem Ort Batina gibt es einen asphaltierten Dammweg entlang der Donau und durch den Naturpark Kopački rit. Das 17 000 Hektar große Feuchtgebiet ist beim Zusammenfluss der Donau und der 749 Kilometer langen Drau, die in den Ostalpen entspringt und reichlich Wasser einbringt, entstanden. Das Mündungsdelta der Drau ist eine Wasserwildnis, ein Netzwerk aus sich verzweigenden Gewässern, Rinnsalen, Altarmen und Wasseradern, die Seen und Sümpfe miteinander verbinden. Im Auwald, wo ungezählte Tiere leben und seltene Pflanzen vorkommen, wachsen Weiden, Pappeln und Eichen.

Ich überhole auf dem Dammweg eine Männergruppe auf Fahrrädern mit Sensen auf dem Rücken. Es sieht gefährlich aus, weil sie die scharfen Werkzeuge ungeschützt am Körper tragen. Vorsichtig fahre ich an ihnen vorbei. Ich sehe beim Zurückblicken, wie sie absteigen und das Gras an der Böschung mähen. Störche und Reiher fliegen über mich hinweg, und Frösche quaken. Schilf versperrt mir die Sicht auf das Sumpfgebiet, einst im Besitz des Prinzen Eugen von Savoyen und später ein bevorzugtes Jagdgebiet von Jugoslawiens Regenten Tito, in das er gern Staatsgäste einlud. Im Besucherzentrum buche ich für den nächsten Tag eine Bootsfahrt durch den Nationalpark. Erst ab acht Uhr stehen die Ranger normalerweise zur Verfügung, als ich aber von meinem Buchprojekt berichte, machen sie eine Ausnahme, und ich kann meine Tour um fünf Uhr bei Sonnenaufgang beginnen.

Mir wird eine Unterkunft in der Nähe empfohlen, im Ort Bilje. Der ungewöhnliche Name der Pension gefällt mir, sie heißt »Crvendać«, Rotkehlchen. Ich bin gespannt auf die Wirtsleute, ob sie vielleicht Naturliebhaber und Vogelfreunde sind. Nicht ahnen kann ich, dass ich eine Gruppe engagierter Frauen kennenlernen werde.

Die Frauenkooperative »Bilje Plus« zu gründen war die Idee von Ankica, die Jura studiert hatte. Als Mitstreiterin konnte sie die Mathematikerin Marija gewinnen. Ihnen angeschlossen haben sich zehn Frauen aus Bilje, die sich gegenseitig helfen und unterstützen. Die Einwohner von Bilje haben im Krieg beim Zerfall Jugoslawiens schwer gelitten, beklagen tote Familienangehörige, zerstörte Häuser und Existenzen. So erging es auch Ankica, deren Lebensweg eine völlig andere Richtung als geplant nehmen musste. Die junge Frau hatte gerade ihr Juradiplom in der Hand und eine Stelle als Richterin in Aussicht, als von Übergriffen immer näher kommender serbischer Einheiten berichtet wurde. Ankica flüchtete wie viele andere nach Deutschland und rettete so ihr Leben. Eine Serbin, die in Bilje zurückblieb, um das Haus zu bewachen, und glaubte, von ihren Landsleuten drohe ihr keine Gefahr, wurde ermordet.

Ankica lernte Deutsch und arbeitete als Kurierfahrerin für Apotheken. Als sie 1996 nach sieben Jahren in ihre Heimat zurückkehrte, fand sie die Ortschaft zerstört, ihr eigenes Haus lag in Trümmern, und eine Rückkehr in ihren Beruf als Richterin war unmöglich. Sie fand schließlich eine Arbeit als Sekretärin in der Schule, wo sie heute noch tätig ist. Die zierliche, lebhafte Frau mit Brille und Kurzhaarschnitt ließ sich nicht unterkriegen und machte auch anderen Frauen Mut für den Neuanfang. Sie setzten auf Tourismus als Einnahmequelle, und zwar auf ökologisch sanfte Reiseangebote. Ihr Motto: »Mit der Natur in Harmonie«. Die Kooperative, zu der sich die zwölf Frauen zusammengeschlossen haben, verleiht Fahrräder, berät Besucher, organisiert Touren und lässt die Gäste in ihren Privathäusern übernachten, was wegen der Nähe zum Nationalpark Kopački rit besonders praktisch ist.

»Mit dem Rad können die Gäste unsere Gegend am besten kennenlernen«, sagt Marija, eine 60-jährige, kräftige Frau mit warmherziger Ausstrahlung. Sie bewirtschaftet das Stammhaus der Kooperative, die Pension »Rotkehlchen«, wo ich ein gemütlich rot-weiß eingerichtetes Zimmer beziehe. Rot und Weiß sind die vorherrschenden Farben im ganzen Haus.

Bei meiner Ankunft begrüßt mich Marija im Garten mit einem Arm voller Kräuter, die sie gerade gepflückt hat und zum Trocknen aufhängt. Später sitzen wir zusammen mit Ankica in der mit Wein bewachsenen Laube, umhüllt vom Duft der trocknenden Kräuter. Auf dem Tisch steht eine Vase mit Wiesenblumen, in unseren Gläsern leuchtet gekühlter, von Marija hergestellter Holundersaft. Die beiden Frauen erzählen mir von ihren eigenen und den Schicksalen anderer Familien in Bilje und wie sie auf die Idee mit dem Fahrradzentrum kamen. Ich bin beeindruckt von ihrer Entschlossenheit, mit der sie ihr Leben in die Hand genommen haben.

»Vor dem Krieg war die Bevölkerung rechts und links der Donau vollständig durchmischt. Kaum jemand hat sich dafür interessiert, wer Serbe oder Kroate ist«, sagt Ankica. »Jetzt sind beide Uferseiten nach Nationen getrennt. Die Donau ist die Grenze zwischen Serbien und Kroatien. Erst ab der Grenzstadt Ilok sind beide Ufer serbisch.«

»Früher waren wir serbokroatisch, und heute sind wir entweder serbisch oder kroatisch«, ergänzt Marija. »Dabei sind wir einander so ähnlich, haben die gleiche Vergangenheit und sprechen fast die gleiche Sprache.«

»Du wirst bei deiner Fahrt durch kroatische Dörfer und Städte immer noch zerstörte Häuser sehen und mit Einschusslöchern übersäte Fassaden. Auch hier in Bilje gibt es Kriegsspuren, die meisten Einwohner aber haben Schulden aufgenommen und ihre Häuser renoviert oder neu gebaut«, berichtet Ankica. Die Frauen wünschen mir für den nächsten Tag erlebnisreiche Beobachtungen im Naturreservat Kopački rit.

Der Wecker, den mir Marija geliehen hat, klingelt ungewohnt früh. Verschlafen richte ich mich auf und blicke aus dem Fenster. Um vier Uhr ist der Himmel noch dunkel. Schnell bin ich fertig und schwinge mich aufs Rad, um zum Treffpunkt ins wenige Kilometer entfernte Reservat zu fahren. Allmählich durchflutet das Morgenlicht die Dunkelheit. Die Luft strömt mir beim Radeln kühl entgegen, sie duftet nach Gräsern und frischem Laub. Vögel stimmen ihre Morgenlieder an. Ich liebe es, so früh draußen in der Natur zu sein und das Erwachen des neuen Tages zu erleben.

Der Ranger Luka wartet am Ufer mit einem Ruderboot. Ich setze mich nach vorne, Luka stößt das Boot vom Land ab, springt hinein und taucht sacht die Ruder ins Wasser. Milchweiße Schleier schweben über dem Fluss. Es ist ein Altarm der Donau, der einen der Seen, den etwa drei Kilometer langen Kopačko, speist. Gemächlich gleiten wir dahin. Unbeweglich stehen weiße Gestalten am Ufer, es sind Silberreiher. Sie spähen scharfäugig nach Fischen, ihrer Beute. Auf einmal wird es laut. Luka rudert an den Nistbäumen einer Kormorankolonie vorbei. Die schwarzen Vögel beginnen den Tag mit Geschrei und Gezänk, streiten sich um den besten Sitzplatz im Geäst. Diejenigen, die schon nach Fischen getaucht sind, hocken mit weit ausgebreiteten Flügeln da und lassen sich von der inzwischen am Horizont aufgetauchten Sonne das Gefieder trocknen. Die Bäume, die sich die Kormorane zum Nisten ausgesucht haben, sind kalkweiß vom Kot. Die ätzende Guanomischung ist eigentlich ein guter Dünger, wenn er verdünnt wird, doch in dieser Konzentration und Menge ist er für die Bäume tödlich. Wenn sie abgestorben sind und die Äste und Zweige brechen, zieht die Kolonie weiter und sucht sich neue Nistplätze.

Enten fliegen schnatternd auf und landen anschließend wieder geräuschvoll. Der schmale Flussarm, eingerahmt von Weiden, Pappeln, Eschen und Schilf, führt reichlich Wasser.

»Es hat ungewöhnlich viel geregnet in den letzten Tagen«, erklärt mir der Ranger in fast druckreifem Englisch. »Die Donau hat mehr Wasser als sonst in den Auwald geleitet. Alle Wasseradern sind gut gefüllt, die Sümpfe durchnässt und die Wiesen überflutet. Die Vögel haben jetzt überall ein riesiges Nahrungsangebot und verteilen sich über den ganzen Park. Bei niedrigem Wasserstand würden sie sich an wenigen Stellen sammeln, und man könnte sie besser beobachten.«

Als wir in den flachen Kopačko-See hineinrudern, bestätigt sich die Vorhersage des Rangers. Die weite Seefläche ist fast ohne Wasservögel, nur ein paar Enten dümpeln umher, dann kann ich auch noch Haubentaucher und Blessrallen entdecken. Am Ufer waten Störche und Reiher durchs Ried. Seeschwalben spähen aus der Höhe herab. Im Sturzflug tauchen sie senkrecht ins Wasser ein. Beim Auftauchen glitzert im Schnabel silbern ein kleiner Fisch. Wir halten mit Rudern inne und lauschen den vielfältigen Stimmen, die aus dem Schilf heraus-dringen.

»Es leben elf Amphibienarten in unserem Reservat, zum Beispiel Frösche, Kröten und Unken, aber auch Wasserschildkröten«, berichtet Luka. »Es gibt zwölf Fledermausarten und 290 verschiedene Vogelarten, 141 davon brüten in unserem Park, die anderen verbringen den Winter hier.«

Beeindruckende Zahlen, nur schade, dass so wenige Tiere zu sehen sind, denke ich gerade, als ein dunkler Schatten über uns hinwegfliegt. Sofort geraten die Blessrallen in wilden Aufruhr. Sie schließen sich dicht zusammen, schlagen heftig mit den Flügeln, fliegen aber nicht weg, sondern rennen mit kräftigen Füßen übers Wasser. Ein riesiger Vogel verfolgt sie.

»*White-tailed eagle*«, flüstert Luka. Gebannt beobachten wir, wie der Seeadler die Blessrallen jagt. Die bleiben beieinander und lassen mit ihrem Gerenne das Wasser hoch aufspritzen. Vergeblich versucht der Adler, durch dieses Spritzwasser eine einzelne Beute in dem schwarzen Pulk auszumachen. Alle Rallen erreichen den Schilfgürtel und verschwinden hinter diesem Vorhang. Der Adler mit einer Flügelspannweite von über zwei Metern kreist über dem Schilf, dann schraubt er sich hoch in die Luft und verschwindet. Beim Wegflug leuchten die Schwanzfedern blendend weiß. Dieser keilförmige, weiße Stoß ist das Erkennungszeichen eines erwachsenen Seeadlers.

»Die Hauptnahrung der Seeadler sind eigentlich Fische, aber hin und wieder erbeutet er auch eine Blessralle, wenn es ein schwaches, junges oder krankes Tier ist«, meint der Ranger. »Ansonsten hat der Adler wenig Chancen, diese Wasservögel zu erwischen. Die wissen sich einfach gut zu verteidigen.«

Beeindruckt von dem Erlebten, verharren wir noch eine Weile auf dem See. Die Blessrallen wagen sich eine nach der anderen wieder hervor, doch der Seeadler bleibt verschwunden.

Als ich von meinem morgendlichen Ausflug zur Pension zurückkehre, sitzen Ankica und Marija mit den Mitgliedern der Kooperative zusammen und reden aufgeregt miteinander. Besorgt frage ich, was denn geschehen sei, und sie wechseln von der kroatischen zur deutschen Sprache, damit ich dem Gespräch folgen kann.

»Eine Katastrophe! Wir müssen helfen«, ruft Ankica aus.

»Aber wie? Was können wir tun?«, fragt eine der Frauen unschlüssig.

»Lasst uns Kleidung und Geld sammeln«, schlägt Marija vor. »Und wir benötigen rasch Unterkünfte für diejenigen, die alles verloren haben.«

»Was ist denn passiert?«, erkundige ich mich erschrocken.

»Ganze Dörfer sind überflutet. So ein schlimmes Hochwasser hat es noch nie gegeben. Tausende Menschen sind obdachlos«, erklären mir die Frauen.

Auf dem Bildschirm von Marijas Fernseher sehe ich erschreckende Bilder. Ein apokalyptischer Anblick. Nur noch Dachfirste ragen aus den braunen Fluten. Ankica übersetzt mir den kroatischen Kommentar. Es ist nicht die Donau, die ans Land gestiegen ist, sondern ihr Nebenfluss Save, der bei Belgrad in die Donau mündet. Die Save, ein fast 1000 Kilometer langer Fluss, entspringt in den Alpen. Wegen des Sturmtiefs Yvette hatte es tagelang geregnet, worauf eine zehn Meter hohe Flutwelle gleich drei Länder überrollt hat: Kroatien, Serbien und Bosnien. Erdrutsche verschütteten Dörfer, Dämme brachen und setzten ein Gebiet, größer als der Plattensee, unter Wasser. Rettungskräfte sind mit Hubschraubern und Booten im Dauereinsatz, dennoch verloren 47 Menschen in den Schlammfluten ihr Leben. Für Kühe, Schweine, Pferde kam die Rettung meist zu spät, sie konnten nicht mehr aus den Ställen befreit werden und ertranken. Die Katastrophengebiete sind weit von Bilje entfernt, doch die Frauen der Kooperative reagieren so entsetzt und verzweifelt, als wären sie selbst betroffen.

»Wir wissen, was es heißt, alles zu verlieren«, erklärt mir Ankica. »Die meisten haben das Kriegstrauma kaum überwunden, und nun bricht wieder ein Unheil über die Menschen herein und vernichtet ihre Existenz.«

»Mitgefühl allein hilft nicht«, meint Marija, »wir wollen aktiv helfen. Die Menschen an der Save brauchen unsere tatkräftige Solidarität.«

Die Frauen von Bilje starten einen Aufruf im Internet, sammeln Kleidung, Decken, Nahrung und organisieren Fahrzeuge, um Hilfsgüter in die betroffenen Gebiete zu bringen. Sie richten Quartiere ein, in denen Frauen, Kinder und Alte einen Unterschlupf finden, bis das Schlimmste überstanden ist.

Das Thermometer steigt in den nächsten Tagen auf 38 Grad. Beim Radfahren kühlt der Gegenwind, aber ich muss auch kräftig in die Pedale treten. Die Donau füllt ihr Bett bis zum Ufer, Zweige und Äste schwimmen vorbei, doch vom gefährlichen Hochwasser, das an der Save wütet, ist nichts zu spüren.

Der Donauradweg führt jetzt meist auf Autostraßen entlang. Es sind dafür zwar Nebenstraßen ausgesucht worden, aber für einen Radler ist eigentlich kein Platz. Die Straßen sind so schmal, dass Fahrzeuge, die mich überholen wollen, die Gegenfahrbahn benutzen müssen. Selbst wenn ein Auto entgegenkommt, wagen sie das riskante Manöver. Die beiden Fahrzeuge entgehen oft nur um Zentimeter einem Frontalzusammenstoß. Selten verringert ein Fahrer seine Geschwindigkeit und wartet, bis die Gegenseite frei ist. Wahrscheinlich gilt es als unsportlich, auf die Bremse zu treten. Lieber gibt man Gas, reißt das Lenkrad wie bei einem Parcours im Zickzack herum und biegt haarscharf vor mir wieder ein. Ob Personenwagen oder Lkw, alle Fahrer setzen ihr Leben aufs Spiel und meines mit. Viele drücken kräftig auf die Hupe, um zu signalisieren, dass ich ein Störfaktor bin. Aber was soll ich tun? Ich weiß selbst – diese Straßen sind nicht für Radfahrer gedacht, aber es gibt keine anderen.

Überall liegen tote und platt gewalzte Tiere. Ich bin überrascht über die vielen Opfer des Autoverkehrs. An nur einem einzigen Tag sehe ich folgende tote Tiere: Dachse, Füchse, Rehe,

Katzen, Hunde, Vögel, Kröten, Frösche und vor allem Schlangen, die sich am Morgen auf dem Asphalt sonnen.

Die Straße führt die Donau entlang, die sich in weit ausholenden Bögen durch das Land schlängelt. Die flachen Uferböschungen sind überflutet, und die Donau hat sich in die Auwälder ergossen. So wird zum Glück die Hochwasserflut für die Ortschaften gebannt, und die Wälder erhalten die Feuchtigkeit, die sie zum Überleben brauchen.

Ich erfreue mich an der abwechslungsreichen Landschaft. Auf den Feldern, kleinen Parzellen, wachsen Weizen, Gerste, Paprika, Raps, Sonnenblumen; selten sehe ich ein Maisfeld. Weiträumige Schläge wie in Ungarn, die bis zum Horizont reichen, gibt es in Kroatien nicht. Es weiden keine Rinder auf den Wiesen, sie werden im Stall gehalten. Ich komme an einer großen Tierzuchtanlage vorbei, grauen, flachen Gebäuden. Da sie so nah an der Straße steht, kann ich durch schmale Fensterluken angekettete Kühe sehen.

Mittags erreiche ich Vukovar, mein Tagesziel, 58 Kilometer von Bilje entfernt, wo ich in der Pension »Vila Rosa«, einer Empfehlung von Marija, übernachte.

Vukovar, einst eine sehenswerte Barockstadt aus der Zeit der österreichisch-ungarischen Monarchie, wurde 1991 von serbischen Einheiten blindwütig zerstört. Monatelang, vom 23. August bis zum 18. November, wurde erbittert um die Stadt gekämpft. Wie kaum eine andere Stadt in Kroatien hat Vukovar gelitten. Völlig zerstört fiel es in die Hände der Serben. Kämpfe und Massaker haben 2000 Einwohner das Leben gekostet. Die Toten liegen auf einem Gedenkfriedhof östlich der Stadt begraben, beklemmend wirkt die weiträumige Gräberanlage mit den schier endlosen Reihen weißer Kreuze.

Bomben haben fast die gesamte Innenstadt in Schutt und Asche gelegt. Mit EU-Mitteln wurde beim Wiederaufbau geholfen, die UNESCO übernahm die Patenschaft für Vukovar. Im Zentrum dominieren jetzt moderne Gebäude mit Glasfassaden anstelle der früheren historischen Barockbauten. Nur

der von Geschossen durchlöcherte Wasserturm auf der Anhöhe über der Donau soll als Mahnmal erhalten bleiben. Je
näher man ihm kommt, desto deutlicher werden die Einschuss-
löcher, kleine und große, als hätte jemand seine Zähne in den
Turm geschlagen.

Auch das 1749 erbaute Schloss der deutschen Adelsfamilie
von Eltz, die ihren Stammsitz an der Mosel hat, wurde durch
Bomben und Granaten zerstört. Inzwischen ist das prächtige
Schloss wiederaufgebaut. Es liegt mitten in Vukovar an der
Durchfahrtsstraße und beherbergt das städtische Museum.
Auf drei Etagen können Funde aus der Stein-, Bronze- und
Eisenzeit von frühen Besiedlungen bis zur Gegenwart besich-
tigt werden. In einigen Räumen hängen Porträts der Fürsten-
familie.

Ein Raum ist Tomáš Bat'a gewidmet, einem Tschechen,
der in Vukovar um 1930 eine Schuhfabrik gegründet hat. Bata-
Schuhe waren weltweit berühmt, selbst nach Arabien und Asien
bestanden Handelsbeziehungen. 25 000 Menschen in Vukovar
erhielten Arbeit und Lohn von der Firma. Unter Tito, der eigentlich Josip Broz hieß und von 1945 bis zu seinem Tod 1980
diktatorisches Staatsoberhaupt Jugoslawiens war, wurde die
Schuhfabrik in ein sogenanntes Volkseigenes Werk umgewan-
delt. Die Produktion sank rapide und wurde schließlich eingestellt. Nach dem Ende der kommunistischen Herrschaft wagte
man einen Neubeginn. Doch wegen der Verwendung moderner Maschinen finden nur noch wenige Menschen Beschäfti-
gung im Werk.

Im Schloss bewundere ich den Stuck an Wänden und Decken, die Ölgemälde, das wertvolle Parkett, die edlen Möbel
und die Marmortreppen. Ausstattung und Inneneinrichtung
wirken, als würden sie aus der Zeit stammen, als das Schloss
gebaut worden war. Fotos aber zeigen, wie das Gebäude nach
dem Bombenangriff aussah: völlig zertrümmert, fast dem Erdboden gleichgemacht. Wie war es möglich, das Schloss aus Ruinen wiederauferstehen zu lassen? Es gleicht einem Wunder.

»Alle Vukovarer haben gespendet, damit es wieder aufgebaut werden konnte«, berichtet die Museumsführerin. »So konnten wir teure Spezialisten beauftragen, Fachleute aus Österreich, die Erfahrung mit der Renovierung von Schlössern haben. Aber ohne Unterstützung der EU hätten wir es nicht geschafft.«

Nediljka, die Pensionswirtin der »Vila Rosa«, hat mir ein opulentes Frühstück bereitet. Sie spricht gut Deutsch, und ich taste mich an das brisante Kriegsthema heran. Es scheint, als rede sie nicht gern darüber, antwortet dann aber trotzdem: »Unsere Familie konnte Vukovar rechtzeitig verlassen. Wir sind geflüchtet, andere hatten nicht diese Möglichkeit.« Nediljka zögert, dann fügt sie hinzu: »Vor dem Krieg hatten wir in Vukovar eine fast zu gleichen Teilen gemischte Bevölkerung von jeweils 30 Prozent Serben und Kroaten, der Rest waren andere Nationalitäten. In vielen kroatischen Orten war der serbische Anteil ähnlich hoch, doch die Serben wollten nicht in einem unabhängigen Kroatien leben.«

»Warum aber dieser Krieg?«

»Unser Land ist reich, wir haben alles: Bodenschätze, Industrie, Landwirtschaft und fleißige Menschen, aber was immer wir erwirtschaftet haben, hat der Norden geschluckt. Tito hat uns Kroaten ausgeplündert, doch davon hatten die Serben auch nicht viel, denn der Diktator hat fast alles ins Militär investiert. Die Armee hat er mit modernsten Waffen ausgerüstet und unterirdische Bunker anlegen lassen. Wovor hatten sie nur solche Angst, diese Kommunisten? Am meisten wohl voreinander. Es ging immer nur um ihre Macht, nie um das Wohlergehen der Bevölkerung. Na ja, als deren Herrschaft vorbei war, wollten wir Kroaten frei sein, endlich unser Land selbst verwalten, die Früchte unserer Mühen ernten. Die Serben aber wollten nicht nur alles so belassen, sondern begannen auch noch, die wenigen Rechte, die wir unter Tito hatten, zu beschneiden. Sie träumten von einem Großserbien, in dem wir Kroaten keine Rolle mehr gespielt hätten. Wir mussten uns trennen, um unsere Identität zu wahren, und das wollten sie mit Gewalt verhindern. Aber nun genug davon.«

Nediljka lächelt mir zu und bittet mich, beim Frühstück kräftig zuzulangen. Während ich es mir schmecken lasse, erzählt sie von ihren Reisen nach München, eine ihrer Lieblingsstädte in Deutschland. Nediljkas Mann Nikolaj macht ein Abschiedsfoto vor der Tür der Pension. Sie umarmt mich, und beide winken mir zum Abschied.

Wieder ein heißer Tag. Nach den orkanartigen Stürmen und dem tagelangen Regen bricht eine Hitzewelle über den Balkan herein. Dicht am Fluss entlang geht es bergauf und bergab durch eine hügelige Landschaft mit Sonnenblumenfeldern und Weingärten. Am Straßenrand stehen Hinweisschilder, die auf Weingüter und Verkostungen aufmerksam machen. Von den Hügelkuppen habe ich gute Sicht auf die breit und gemächlich dahinströmende Donau.

Hin und wieder wundere ich mich, dass mir keine anderen Radtouristen begegnen. Seltsam, es kann doch kaum sein, dass ich die Einzige bin, die auf dem Donauradweg unterwegs ist. Sollten alle andere nur bis Budapest gefahren sein? Bis zum Meer ist es noch immer weit, doch das schreckt mich jetzt nicht mehr. Seit gestern glaube ich, es zum Delta zu schaffen. Das Gefühl, dass mir diese Tour tatsächlich gelingen wird, ist plötzlich da. Bisher war ich mir dessen nicht so sicher. Mein Unterwegssein habe ich mit offenem Ende begonnen, als Experiment sozusagen. Am gestrigen Abend, als ich in Vukovar, dieser schwer misshandelten Stadt, auf der Terrasse einer Gaststätte saß und auf die friedlich dahinströmende Donau blickte, wurde ich auf einmal von der Gewissheit durchdrungen: Du schaffst es!

Woher kommt auf einmal diese Sicherheit? Ich denke, dass sich mein Körper an die tägliche Anstrengung gewöhnt hat und immer leistungsfähiger wird. Die Anspannung, mit der ich gestartet bin, ist der Freude am Reisen gewichen. Jeden Tag aufbrechen zu können, die Neugier auf Überraschungen und die Freundlichkeit der Menschen, denen ich begegne, verschaffen mir ein Glücksgefühl, das bisher von keinem einzigen negativen Erlebnis getrübt wird. Entgegen meiner Befürchtung klappt auch die Verständigung bestens. In der Slowakei, in Ungarn und Kroatien konnte ich mich mit den meisten Leuten auf Englisch oder Deutsch unterhalten.

War das Rad für mich, die sonst lieber wandert, anfangs ein sperriges Fortbewegungsmittel, freue ich mich jetzt am flotten Unterwegssein. Ich genieße den Fahrtwind und das sanfte Dahingleiten durch die Landschaft. Am frühen Nachmittag peile ich gezielt eine Unterkunft an, wo ich mein Rad und meine Ausrüstung sicher unterstellen kann, um mich dann den Besichtigungen, Kontakten mit der Bevölkerung und Naturbeobachtungen zu widmen. Würde ich, wie sonst bei meinen Reisen, irgendwo im Zelt übernachten, müsste ich meine Sachen beaufsichtigen und könnte nichts unternehmen. Zudem behindert mich das Fahrrad bei der Suche nach einem sichtgeschützten Platz. Mein Zelt werde ich nur im Notfall nutzen, wenn ich vor Einbruch der Nacht kein Quartier bekomme.

Drei Länder liegen nun noch vor mir: Serbien, Bulgarien und Rumänien. Ab jetzt sind es schätzungsweise 2000 Radkilometer bis Sulina am Schwarzen Meer, doch für die Donau ist die Strecke kürzer. Bei Ilok lese ich auf einer Tafel am Ufer, dass es nur noch 1300 Flusskilometer bis zum Delta sind. Ilok ist eine Grenzstadt. Hier werde ich über eine Brücke zum linken Ufer wechseln. Wie schade, dass ich nicht länger in Kroatien bleiben kann, aber ab jetzt sind beide Ufer serbisch. Was wird mich in Serbien erwarten? Eigentlich bin ich noch gar nicht bereit für ein neues Land. Viel lieber würde ich Kroatien besser kennenlernen, dieses Land mit seinen natürlichen Auenlandschaften und den trotz der schweren Vergangenheit fröhlichen Menschen.

Die Stadt Ilok liegt hoch über der Donau auf einer felsigen Erhebung des Mittelgebirges Fruška Gora, den früheren Fränkischen Bergen. Diese dicht bewaldeten Höhenzüge drängen sich an den träge dahinfließenden Fluss heran und lenken ihn in südöstliche Richtung.

Während des Balkankrieges wurden Iloks kroatische Einwohner von serbischen Milizen vertrieben, ihre Häuser wurden geplündert und zerstört. Inzwischen gehört Ilok wieder zu Kroatien. Der kleine Ort mit heute kaum 8000 Einwohnern besitzt eine imposante, gut erhaltene Festungsmauer aus roten Backsteinen und integrierten Rundtürmen. Von dort blicke ich hinunter zum Fluss und auf die hügelige Landschaft des serbischen Nationalparks Fruška Gora, dessen höchste Erhebung mit 540 Metern der heilige Berg der Serben, der Crveni Čot, ist. Direkt gegenüber sehe ich eine weit um sich greifende Häuseransammlung, die Stadt Bačka Palanka.

Die Donau in Serbien
– 687 Kilometer

Es ist schwierig, die außergewöhnliche Vitalität dieser unglaublichen Stadt zu erfassen, die so häufig zerstört und so häufig wiederaufgebaut worden ist, dass die Spuren ihrer Vergangenheit darin verwischt wurden. Belgrad ist in vielen Epochen eine bedeutende Stadt gewesen, doch jede Blütezeit dieser chamäleonartigen Hauptstadt ist mit erstaunlicher Schnelligkeit wieder verschwunden.

Claudio Magris

Eine besondere Liebesbeziehung
Von Ilok nach Bregovo

Die Brücke überspannt die Donau auf einer Breite von 725 Metern. Auf ihr befinden sich die kroatische und die serbische Grenzstation. Zum ersten Mal auf meiner Reise durch die Balkanländer wird mir am serbischen Kontrollposten ein Stempel in den Pass gedrückt. Allerdings wurde an Stempelfarbe gespart, und so sind die kyrillischen Buchstaben, die den Ort und das Datum meines Grenzübertrittes bezeichnen, kaum sichtbar.

Am Ende der Brücke begrüßt Serbien seine Gäste mit einem imposanten Willkommensschild in verschiedenen Sprachen, neben kyrillischer auch in lateinischer Schrift. Serbien sucht Anschluss an Europa, deshalb findet die lateinische Schrift immer mehr Verwendung. Die Donau trägt hier den gleichen Namen wie in Kroatien: Dunav, in kyrillischer Schrift Дунав. In der nächsten Ortschaft, in Bačka Palanka, versuche ich, die kroatischen Kuna in serbische Dinar zu wechseln. Wie ich es schon zuvor erlebt habe, führen Banken nicht die Währung des Nachbarstaates. Enttäuschte Gesichter bei den Bankangestellten, als ich ihnen statt der erhofften Euro die kroatischen Geldscheine auf den Tresen lege.

»Was ist denn das? Nein, das nehmen wir nicht!« Sie tun so, als hätten sie noch nie zuvor die bunten kroatischen Kuna gesehen.

In der breit angelegten und sehr belebten Fußgängerzone mit Cafés, Restaurants und Geschäften entdecke ich bald die Schilder mit der Aufschrift »Change«, den Hinweis auf die offiziell erlaubten Wechselstuben, in denen man sich nicht ziert, die Fremdwährung anzunehmen.

Zwölf Kilometer muss ich auf einer verkehrsreichen Straße fahren, erst bei Čelarevo kann ich auf den Dammweg entlang der Donau einbiegen. Statt Autolärm begleiten mich nun Froschkonzerte, doch das Radeln ist mühsam. Der Weg auf der Dammkrone ist unbefestigt, hat tiefe Löcher und locker aufliegenden Kies. Ich komme kaum schneller voran, als wenn ich zu Fuß gehen würde. Nach 15 Kilometern anstrengenden Vorwärtskämpfens bin ich erschöpft und weiß, dass ich es vor Einbruch der Dunkelheit nicht bis Novi Sad schaffen werde, wo ich übernachten wollte. Weit und breit sehe ich keinen geeigneten Platz für mein Zelt. Drei Männer sitzen am Fluss und angeln. Vielleicht wissen sie, ob jemand privat vermietet. Kurz entschlossen spreche sie an. Damir, Jovan und Bojan beraten sich. Einer meint, im Ort Futog gebe es ein Quartier, und schon packen sie ihr Angelzeug ein.

»Wir wollten sowieso gerade Schluss machen«, meint Bojan. »Wir zeigen dir den Weg.«

Die drei sprechen Deutsch. Bojan erzählt, dass er mit 20 Jahren nach Deutschland gekommen sei. »40 Jahre lang habe ich dort gearbeitet. War eine gute Zeit. Nun bin ich zurück in der Heimat, habe ein Haus gebaut und kann von der Rente hier besser leben als in Deutschland. Ich habe es richtig gemacht. Als ich jung war, hatte ich den Mut, in die Fremde zu gehen. Überall in Serbien findest du ehemalige Gastarbeiter, musst nur nach den größten und schönsten Häusern schauen.«

Ich freue mich auf ein privates Quartier, auf weitere Gespräche und Einblicke ins Leben der Serben. Die drei Angler bringen mich in Futog jedoch zum »Hotel Marina«, handeln für mich den Preis aus und regeln, dass mein Fahrrad sicher untergestellt wird.

Die Übernachtung ist ohne Frühstück, was mir recht ist. So kann ich am nächsten Tag früh starten, bevor die Hitze sich über das Land legt. Schon beim ersten Lichtschimmer bin ich unterwegs und genieße die Frische des Morgens. Im 15 Kilometer entfernten Novi Sad halte ich an einem Kiosk, esse ein Käsesandwich und gönne mir einen Kaffee.

Novi Sad ist mit 200 000 Einwohnern die zweitgrößte Stadt Serbiens und Hauptstadt der Provinz Vojvodina. Während des Balkankriegs war Novi Sad Angriffsziel der NATO, und so wurden im Jahr 1999 alle drei Brücken, ein Großteil der Industrieanlagen und der Fernsehsender zerbombt. Nur ein Jahr später beschloss die EU, die Mittel für die »Wiederherstellung der Schiffbarkeit der Donau« aufzubringen. Welch eine Absurdität der Geschichte. Allerdings dauerte der Brückenneubau sechs Jahre, so lange gab es eine Pontonbrücke, die nur dreimal die Woche hochgezogen wurde, um Schiffe durchzulassen. Der Warentransport auf der Donau war dadurch jahrelang sehr gestört.

Der Donauradweg, *Dunavska ruta*, für die Ausländer freundlicherweise in lateinischen Buchstaben geschrieben, ist in Serbien mit blauen Schildern und einem Radsymbol gekennzeichnet. Er wechselt auf der erst im Jahr 2005 wiederhergestellten »Freiheitsbrücke« zum rechten Ufer mit dem Stadtteil Petrovaradin und der gleichnamigen Festung. Der strategisch günstig gelegene Ort auf einer Anhöhe über dem Fluss wurde von Kelten, Römern, Hunnen, Awaren, Byzantinern, Ungarn und Türken verteidigt, zerstört und wiederaufgebaut. Ende des 18. Jahrhunderts ließ die Habsburgerin Maria Theresia die Burg Petrovaradin zur größten Festungsanlage an der Donau ausbauen und mit einem 40 Meter tiefen Brunnen versehen. Es heißt, 5000 Menschen könnten bei einer Belagerung monatelang in der Zitadelle ausharren. Inzwischen dient sie nicht mehr kriegerischen Zwecken, sondern kulturellen und touristischen Interessen. Galerien, Ateliers, Ausstellungen, Restaurants und Cafés wurden eingerichtet.

Die Ausläufer des Mittelgebirges Fruška Gora lassen mich kräftig in die Pedale treten. Belohnt werde ich nach steilem Anstieg immer wieder mit neuen Ausblicken auf den Fluss. Weingärten, Obstplantagen, Wiesen und Felder bestimmen die Landschaft. Es sind Täler und Berghänge von außergewöhnlicher Schönheit. Kleine romantische Orte, eingebettet zwischen Donau und Hügelland, erzählen mit ihren kopfstein-gepflasterten Gassen, Bogengängen und altehrwürdigen Gebäuden von vergangenen Zeiten.

Am linken Ufer bei Stromkilometer 1216 nimmt die Donau die lehmbraunen Wasser der Theiß in sich auf. Die Theiß oder Tisa, wie sie auf Serbisch heißt, entspringt in den ukrainischen Waldkarpaten, ist mit 966 Kilometern der längste Nebenfluss der Donau und der wasserreichste nach der Save. Bevor man die Theiß begradigte, war sie mit all ihren Windungen und Wendungen beträchtlich länger gewesen. Damals maß sie ganze 1429 Kilometer. Vom höher gelegenen Radweg gelange ich in steilen Serpentinen hinunter zum Ort Stari Slankamen, der direkt gegenüber der Theißmündung liegt. Von dem ehedem riesigen, sumpfigen Mündungsgebiet, einer tierreichen Wasserwildnis, ist wenig übrig geblieben. Ein schmaler Streifen Auwald aus Weiden und Pappeln erstreckt sich beidseitig der Theiß, die vor einigen Jahren tödliches Gift in die Donau spülte. Es war nach Tschernobyl die folgenschwerste Umweltkatastrophe in Europa, nur spricht man heute, zumindest in Deutschland, kaum noch davon. Während ich hinüber zur Theiß schaue, rufe ich mir die Details ins Gedächtnis.

Es war der 30. Januar des Jahres 2000, als der Damm des Absetzbeckens in der rumänischen Golderzaufbereitungsanlage »Baia Mare« brach und Natriumzyanidlauge, versetzt mit Schwermetallen, in die Theiß und von dort in die Donau gelangte. Das Leben in beiden Flüssen erlosch, alle Fische verendeten, ebenso wie alle anderen Wasserlebewesen. Die Giftbrühe ließ sich nicht aufhalten, nach vier Wochen hatte sie das Delta erreicht.

Die Existenzgrundlage vieler Menschen war vernichtet. Kaum ein Fischer geht an der Theiß heute noch seinem Beruf nach. Weil auch das Trinkwasser und die Felder kontaminiert waren, leidet die dortige Bevölkerung unter Krankheiten, die durch den Chemieunfall hervorgerufen wurden. Die rumänisch-australische Firma Aurul, die die Katastrophe verursacht hatte, nahm wenige Wochen später die Goldgewinnung wieder auf. Um Schadensersatzansprüchen zu entgehen, wechselte man mehrmals Namen und Eigentümer. Seit 2010 ist die russische Firma Polyusgold Besitzer der Anlage.

Konnte ich zunächst ruhige Nebenstraßen nutzen, wird der Verkehr nun immer dichter, je mehr ich mich Belgrad nähere. Zuletzt mündet die *Dunavska ruta* in eine verkehrsreiche Zubringerstraße, ein Radstreifen fehlt. Über den Lenker gebeugt, radle ich, so schnell ich vermag, um diese gefährliche Situation hinter mich zu bringen. An diesem Tag lege ich mit rund 110 Kilometern meine bisher längste Etappe zurück und erreiche am späten Nachmittag die Hauptstadt Serbiens. Eigentlich wollte ich nicht in dieser immensen Häuseransammlung bleiben, doch ich bin zu erschöpft, um weiterzufahren, und beschließe, in Belgrad zu übernachten.

Vom ersten Moment an zieht mich diese Stadt in ihren Bann, für mich selbst überraschend, denn in Städten fühle ich mich sonst meist fehl am Platze. Seltsam, dass mich ausgerechnet Belgrad so verzaubert, während ich mich den berühmteren Donaumetropolen Wien, Bratislava und Budapest verweigert habe. Was hat diese Stadt, was die anderen nicht haben? Wie bei jeder Liebesbeziehung sind Erklärungen müßig. Es ist nicht wirklich begründbar und für Nichtbetroffene nicht nachvollziehbar, warum man sich zu jemandem oder etwas hingezogen fühlt. Es geschieht einfach. Manchmal braucht das Gefühl Zeit. Während man sich immer besser kennenlernt, entsteht es langsam und wächst heran. Aber es gibt auch die Liebe auf den ersten Blick. Sie bricht über einen herein, erfasst das Herz und nimmt es in Besitz. In Belgrad verliebe ich mich von einem Moment auf den anderen. Sofort fühle ich mich in dieser Stadt heimisch, als würde ich sie schon lange kennen, und staune doch ständig, was sie mir an Überraschungen bietet.

Schön ist Belgrad nicht, jedenfalls nicht, wenn man Harmonie und Wohlgeordnetes als Maßstab setzt. Belgrad ist Chaos.

Prachtbauten grenzen an Bauruinen, mit Stuck verzierte Bürgerhäuser stehen neben Betonhochhäusern, hier kunstvolle Fassaden und dort solche, von denen der Putz großflächig heruntergebrochen ist. Es gibt belebte Einkaufsmeilen und wenige Schritte entfernt ruhige Innenhöfe mit lauschigen Nischen und versteckten Cafés, hier verschachtelte Gassen und dort breite Boulevards. Belgrad ist eine grandiose Mischung von Altem und Neuem, von Vergangenheit und Gegenwart, von Schönem und Hässlichem, von Lautem und Leisem, von Gewöhnlichem und Ungewöhnlichem. Mit ihrem lebhaften Charme und zugleich dem Hauch des Vergänglichen erinnert sie mich an eine andere Stadt mit ähnlicher Ausstrahlung – an Buenos Aires, die Hauptstadt Argentiniens.

Das Erste, was ich in Belgrad auf dem Weg zu meiner Unterkunft erlebe, ist ein Klassikkonzert unter freiem Himmel auf dem Platz der Republik. Es ist ein Benefizkonzert für die Opfer der Flutkatastrophe an der Save. Die Solidarität ist groß. Kaum einer geht vorbei, ohne für die vom Unglück Betroffenen zu spenden.

Mit meinem Quartier, dem »Hedonist Hostel«, konnte ich es nicht besser treffen. Es liegt mitten in der Innenstadt am Studentenpark in einer schmalen Gasse. Außen eine schmutzig graue Fassade, öffnet sich nach innen ein begrünter Hof mit Tischen und Bänken. Bäume, Sträucher und Kübelpflanzen schaffen eine angenehme Atmosphäre. Es gibt eine Gemeinschaftsküche und Räume, wo man am Abend gemütlich sitzen und mit anderen Gästen in Kontakt kommen kann. Das Hostel wird von engagierten jungen Leuten betrieben, von Studenten und Volontären aus verschiedenen Herkunftsländern, die alle hervorragend Englisch sprechen.

Ich bleibe gleich drei Tage in Belgrad. In der Altstadt, die etwa 100 Meter über der Donau liegt, sind alle Sehenswürdigkeiten zu Fuß erreichbar, und fast die gesamte Innenstadt ist autofrei. Meine ersten Erkundungen führen mich in die Kneza Mihaila, eine berühmte Fußgängerzone, doch diese Beschreibung ist zu kurz gefasst. Sie ist eine Flaniermeile, eine weite Prachtstraße mit Cafés, Geschäften, Boutiquen. Sie ist der Mittelpunkt des städtischen Lebens und von früh bis spät voller Menschen.

Die Kneza Mihaila führt geradlinig zum Kalemegdan, der Festung. *Kale* bedeutet auf Türkisch »Burg«, *megdan* ist ein alter Begriff, wahrscheinlich aus dem Arabischen oder Iranischen, und heißt »Platz«. Der Burgberg fällt 130 Meter senkrecht zum Fluss hinab, eine günstige Position, um sich gegen Angreifer zu verteidigen, was aber stets vergeblich war. Immer siegten die Eroberer. Von oben schaue ich hinunter zum Zusammenfluss von Save und Donau, die hier eine moosgrüne Farbe hat, während das Wasser der Save vom abgeschwemmten Erdreich aus den Überschwemmungsgebieten graubraun gefärbt ist. Die Save bringt von allen Nebenflüssen das meiste Wasser. Wo die beiden Flüsse aufeinandertreffen, zeichnet sich eine scharfe Trennlinie ab. Früher verlief in der Mitte der Donau die Grenze zwischen dem Königreich Serbien und der österreichisch-ungarischen Doppelmonarchie.

Links von mir breitet sich Neu-Belgrad, Novi Beograd, am Ufer der Save aus, wo heute der Großteil der Belgrader Bevölkerung lebt. Auf Befehl Titos mussten die Hochhäuser dort, in einem Feuchtgebiet, errichtet werden. Auf dem instabilen Sumpfboden die Gebäude statisch sicher zu bauen war äußerst schwierig.

Die Hochhausstadt mit ihren Regierungsgebäuden, Bürohäusern und Einkaufszentren betrachte ich nur aus der Ferne und widme mich wieder der Erkundung der Festung Kalemegdan. Sie liegt inmitten des gleichnamigen Parks, den man auf verschlungenen Wegen durchwandern kann. Belgrader gehen hier mit ihren Kindern spazieren, Liebespärchen schmusen auf den Bänken im Schatten imposanter Bäume, auch die Besucher aus dem Ausland genießen den stillen Park und den Ausblick auf Donau und Save. Ob jemand von ihnen je daran denkt, wie viele Opfer die Kämpfe um Belgrad in den Kriegen der vergangenen Jahrhunderte gekostet haben? Ungezählte Menschen sind gefallen, wo sich heute ein idyllischer Park ausbreitet. Nur wenige Orte der Erde sind so oft von Kriegen heimgesucht worden wie diese strategische Schlüsselstelle am Zusammentreffen der beiden Flüsse.

Im Burggraben fliegen Bälle durch die Luft. Tennisspieler in weißer Sportkleidung jagen ihnen hinterher. Es überrascht mich, dass in dem ehemals zur kriegerischen Verteidigung bestimmten Festungsgraben Sportanlagen und Kinderspielplätze errichtet wurden. Der erste friedliche Eindruck trügt, denn im zweiten, dem inneren Burggraben, steht allerlei Kriegsgerät herum, ein Arsenal des Todes. Panzer, Maschinengewehre und Haubitzen, die hier ihren Schrecken verloren haben und wie dekorativ angeordnetes, überdimensionales Spielzeug wirken. Mädchen in bunten Sommerkleidern erklettern die Panzer und posieren auf den Geschützrohren für Fotos ihrer Freunde.

Die Sammlung der Kanonen aus dem 18. und 19. Jahrhundert und der Geschütze aus den beiden Weltkriegen lenkt die Aufmerksamkeit auf das sich in der Festung befindliche Militärmuseum. Jahrtausendealte Stadtgeschichte wird gezeigt, die geprägt war von Leid und Zerstörung. Es heißt, mehr als 40-mal sei Belgrad zerstört und wiederaufgebaut worden. Angefangen bei der jungsteinzeitlichen Vinča-Kultur vor etwa 7000 Jahren, wird man von Raum zu Raum durch die kämpferische Besiedlung der Stadt geleitet. Noch nie zuvor ist mir so deutlich vor Augen geführt worden, wie sehr das Leben von uns Menschen von Anfang an vom Kampf um Territorium und vom gegenseitigen Verdrängen geprägt war. Auch in der Gegenwart wirken noch immer die gleichen Gesetzmäßigkeiten. Ob Menschen in ferner Zukunft einmal friedlich miteinander leben können? Die Geschichte nährt diese Hoffnung nicht.

Im Gebiet des Zusammenflusses von Save und Donau siedelten und bekämpften sich Illyrier, Thraker und Kelten. Dolche aus Griechenland beweisen, dass auch Griechen bis zur Donau vordrangen. Mir fällt der griechische Sagenheld Jason ein, der mit seinen Argonauten auf der Donau unterwegs gewesen sein soll. Mythologische Erzählungen mischen sich mit tatsächlich Erlebtem.

Im 2. Jahrhundert kamen die Römer und gründeten die Grenzbastion Singidunum, und so bildet römisches Mauerwerk die Grundfesten der Kalemegdan. Während der Völkerwanderung zogen Hunnen, Awaren und Goten die Donau entlang, zerstörten das römische Fort und bauten auf den Ruinen jeweils eigene Befestigungen. Im 6. Jahrhundert wanderten serbische Stammesfürsten mit ihren Gefolgsleuten in das Gebiet an der Donau ein. Aber nur kurz, knapp 200 Jahre, dauerte die serbische Herrschaft, dann machten Byzanz und Ungarn sich gegenseitig mehrmals die Region streitig. Bis ins 16. Jahrhundert wechselte die Stadt ständig die Besitzer, was nie friedlich verlief. Schließlich eroberten und zerstörten Türken die Festung und bauten sie wieder auf. 350 Jahre herrschten sie in Serbien. Die Bewohner der Stadt waren in dieser Zeit vorwiegend türkisch-albanischer Herkunft und wurden vertrieben, als Prinz Eugen im Auftrag der Habsburger Monarchie Belgrad befreite.

Im Jahr 1867 erlangte Serbien erstmals in seiner langen und tragischen, von Kämpfen erfüllten Geschichte seine Unabhängigkeit. Reichlich lange hat Serbien warten müssen, bis es von den anderen Staaten als Nation akzeptiert wurde. Vielleicht erklärt diese späte Anerkennung auch, warum die Serben sich so verbissen gewehrt haben, als sich eine Region nach der anderen vom jugoslawischen Staatenbund lossagte. Sie wollten nicht wieder ein kleines und unbedeutendes Land sein und in Abhängigkeit von anderen Völkern geraten.

Nachdem Belgrad Hauptstadt des serbischen Königreiches geworden war, trat aber keine Ruhe ein. Zwei Weltkriege folgten und 1999 die Bombardierung der Stadt durch die NATO, um die serbische Regierung zu zwingen, den Krieg im

Kosovo und die Vertreibung und Ermordung der muslimischen Bevölkerung zu beenden. Das Ausmaß der Bombardierung wird mir aber erst hier im Belgrader Museum bewusst. Fast drei Monate lang fielen Bomben, Tag für Tag ohne Unterbrechung. Gezielt wurde auf Regierungsgebäude, Industrieanlagen, Fernsehsender, Telekommunikationseinrichtungen, Kraftwerke und die Wasserversorgung. Die Bomben trafen aber auch Wohnhäuser. Wie viele Menschen dabei starben, ob wirklich 3500 Opfer zu beklagen waren oder gar mehr, lässt sich aufgrund der widersprüchlichen Angaben nicht sagen.

Bei meinen Spaziergängen durch die Stadt kann ich jedoch weder Spuren des letzten noch der vorherigen Kriege entdecken. Die Erinnerung an die vergangenen Epochen, an die verschiedenen Völker und Kulturen sind im Museum konserviert, in der Stadt sind sie verschwunden, so wie auch Blumen vergehen und zu Humus werden.

Auf der Festungsmauer, die zu meinem Lieblingsplatz geworden ist, nehme ich am dritten Tag Abschied. Die Sonne schiebt sich über den Horizont, und am Zusammenfluss von Save und Donau verschmelzen Wellen und Nebel zu einem lichthellen Widerschein.

Meine Tour geht weiter. Vom westlichen Horizont stürmen schwarze Wolken heran, ich trete heftig in die Pedale. Ab und zu drehe ich mich beim Fahren um und erschrecke jedes Mal, weil sich das Unwetter hinter meinem Rücken immer bedrohlicher aufbaut.

Als ich Belgrad am Morgen verließ, schien die Sonne, und ein heißer Tag kündigte sich an. Ich kam schnell voran. Meine Befürchtung, mich im Straßengewirr von Serbiens Hauptstadt zu verirren, wie es mir zuvor in anderen Orten passiert war, bewahrheitete sich nicht. Die Ausschilderung für Radfahrer könnte nicht besser sein; bei jeder Kreuzung und Abbiegung erfreute mich ein blauer Wegweiser mit Radsymbol. Dankbar für die Hilfe, überquerte ich fröhlich die Donau auf der Brücke Most Pančevo, konnte bald in einen autofreien Dammweg einbiegen und der Donau auf der linken Seite folgen.

Felder und Wiesen reihen sich in der ebenen Landschaft aneinander. Auf dem lockeren Kies des Damms ist das Radeln beschwerlich, und ich komme nur langsam voran. Dagegen nähert sich das Gewitter erschreckend schnell. Der Himmel verdunkelt sich immer mehr. Ausgepumpt erreiche ich nach etwa 80 Kilometern die kleine Ortschaft Kovin und bin erleichtert, dort eine Pension zu finden. Das Zimmer ist heiß und stickig, mir rinnt sofort der Schweiß in Strömen herab. Der Raum lässt sich nur unzureichend lüften, an der schrägen Wand gibt es nur ein winziges Fenster zum Kippen. Es ist die bisher unangenehmste Unterkunft der ganzen Reise, doch die Gefahr, von einem Blitz auf offener Landstraße erschlagen zu werden, lässt mir keine andere Wahl.

Am nächsten Morgen bin ich schon bei Tagesanbruch unterwegs. Die Luft ist angenehm kühl, das Gewitter hat die Landschaft von Hitze und Staub reingewaschen. Statt für den vom Regen aufgeweichten Dammweg entscheide ich mich für Asphalt. An den Rändern der ruhigen Landstraße leuchten Mohnblumen, auf den Feldern gedeihen Sonnenblumen. Die Ebene geht über in eine mit Wacholder bewachsene Hügellandschaft. Gerne würde ich in einem der Dörfer frühstücken, wie ich es unterwegs so oft getan habe, aber diesmal sind die Siedlungen zu klein, haben weder Cafés noch Verkaufsläden. Laut Radführer gibt es erst in Stara Palanka gemütliche Restaurants. Die Donau ist ab dort wieder einmal Grenzfluss und trennt Serbien und Rumänien voneinander. Ich will vorerst in Serbien bleiben und werde deshalb in Stara Palanka mit einer Fähre zum rechten Ufer nach Ram übersetzen.

Auf einem Hinweisschild für Radfahrer steht: fünf Kilometer bis Stara Palanka – bald werde ich meinen Hunger stillen können. Immerhin bin ich schon 40 Kilometer pausenlos geradelt und habe noch nicht einmal gefrühstückt. Das Schild zeigt allerdings von der Landstraße weg nach links in eine mit grobem Kies bedeckte Nebenstraße. Ich wundere mich über die unerwartete Abzweigung, die nicht in der Karte verzeichnet ist, denke aber, es sei eine neue Route extra für Donauradfahrer.

Ich fahre und fahre, längst habe ich fünf Kilometer zurückgelegt und bin durch drei kleine Dörfer gekommen, aber kein Stara Palanka taucht auf. Die Straße fällt steil bergab, sie wird wohl hinab zur Donau führen. Nach zwölf Kilometern endet sie im Niemandsland. Weit und breit nichts, nur Schilf und Sumpf. Da muss ich bei der rasanten Abfahrt einen Hinweis übersehen haben. Beim Zurückfahren konzentriere ich mich auf die Umgebung, schaue nach rechts und nach links, aber kein Seitenweg ist zu entdecken. Als ich das nächste Dorf erreiche, frage ich, wo die Abzweigung nach Stara Palanka ist. »Geradeaus!«, heißt es. Also weiter. Im zweiten und dritten Dorf die gleiche Antwort. Die Dorfbewohner schicken mich dorthin zurück, wo ich zuvor von der Landstraße abgebogen bin. 24 Kilometer umsonst hin und zurück – und das mit leerem Magen. Es ist nicht leicht, dabei fröhlich zu bleiben.

Plötzlich kommen mir zwei Radfahrer entgegen. Die Tourenräder und Gepäcktaschen weisen sie als Donauradler aus. Seltsam, wochenlang, seit Ungarn, sind mir keine Gleichgesinnten begegnet, und gerade hier, auf dem Irrweg, tauchen sie auf. Franz und Wolfgang aus Österreich wollen wie ich nach Stara Palanka. Ich erkläre, dass sie umkehren müssen.

»Nein, nein, wir sind richtig!«, protestieren sie heftig. »Hast du denn das Schild nicht gesehen?« Erst mithilfe der Bewohner des Dorfes Kajtasovo lassen sie sich überzeugen. Zu dritt fahren wir zur Landstraße zurück, und dort – wir trauen unseren Augen nicht – zeigt das Schild jetzt geradeaus! Wie ist das möglich? Sind wir alle drei blind gewesen? Das Rätsel klärt sich schnell auf. Die Leute, die wir im Dorf gefragt hatten, sind im Auto vorausgefahren und haben den Wegweiser wieder richtig gestellt. Wer sich aber den Schabernack ausgedacht und uns arme Radler in die Irre geführt hat, werden wir nie erfahren.

Mit Franz und Wolfgang warte ich in Stara Palanka in einem der Restaurants auf die Fähre, die nur alle drei Stunden übersetzt. Als wäre es ein Treffpunkt für Donauradler, erscheinen nach und nach ein Ehepaar aus der Schweiz auf E-Bikes, Anna und Alex aus Frankfurt und Josh, ein Australier auf Europareise. Da ich bis jetzt immer nur allein unterwegs war, bin ich erfreut, mich mit anderen Reisenden austauschen zu können. Wir verabreden, uns in Golubac wiederzutreffen, um den Abend gemeinsam zu verbringen.

Bei der Überfahrt nach Ram wirkt die Donau wie ein riesiger See. Ruhig, fast ohne Strömung, breitet sich das Wasser aus. Der Staudamm des Kraftwerks »Djerdap« macht sich schon hier bemerkbar, verwandelt den Fluss in ein stehendes Gewässer. Die Fähre tuckert langsam dahin. Interessiert blicken wir zum Ufer gegenüber, wo hinter einer Landzunge bei der Ortschaft Ram die pittoreske Ruine einer osmanischen Festung auftaucht. Am Ufer angekommen, starten wir gemeinsam. Die Route führt am Fluss entlang, der auch in seinem weiteren Lauf ruhig wie ein See anmutet. In der Ferne werden allmählich die Höhenzüge der südlichen Karpaten sichtbar. Dort zwängt sich die Donau zwischen Karpaten und Balkangebirge hindurch.

Die Ersten, die unsere neu gegründete Radlergruppe am Nachmittag verlassen, sind die Schweizer. Sie wollen ein paar Tage am Silbersee pausieren. Der See ist ein 14 Kilometer langer alter Donauarm, dessen Ufer zu einem Erholungsgebiet mit Sandstrand, Hotels und Restaurants ausgebaut wurde. Anna, Alex und Josh schauen sich nach einem Platz zum Campen um, die Gegend ist dafür jedoch ungeeignet, und so übernachtet unsere Gruppe gemeinsam im Hotel in Golubac, direkt am Donauufer. Abends sitzen wir auf der Terrasse, lassen den Tag ausklingen und tauschen uns über unsere Erlebnisse aus. Jeder hat die Tour anders erlebt, obwohl wir auf der gleichen Route unterwegs waren. Meine Strecke an diesem Tag war wieder einmal mehr als 100 Kilometer lang, bedingt durch den verstellten Wegweiser. Für Anna und Alex ist eine solche Strecke nicht der Rede wert. Sie legen größere Entfernungen zurück, weil sie bis zum Abend radeln.

»Was machst du denn, wenn du nachmittags schon ein Quartier nimmst? Ist dir dann nicht langweilig?«, fragt mich Anna, die zusammen mit Alex ein Jahr auf Weltreise war.

Ich erzähle ihr, dass es an jedem Ort immer viel zu sehen und zu erkunden gibt. Anna und Alex wollen nicht zum Delta, sondern ihr Ziel ist Istanbul. Josh, der Australier, wollte eigentlich nach Italien. In München hatte er vom Donauradweg gehört und sich spontan entschlossen, der Donau ans Schwarze Meer zu folgen. Franz und Wolfgang berichten, dass sie jedes Jahr gemeinsam eine dreiwöchige Radtour unternehmen. Sie waren schon am Nordkap und in Santiago de Compostela.

Im Hotel musste ich meinen Pass abgeben und bekomme ihn am nächsten Tag erst gegen Rückgabe des Zimmerschlüssels wieder, eine neue Erfahrung auf meiner Reise. Ich starte an diesem Morgen als Erste. Als ich die Festung Golubac fotografiere, die nur fünf Kilometer von der gleichnamigen Ortschaft entfernt ist, holen mich Franz und Wolfgang ein, und wir setzen die Fahrt zu dritt fort.

Die Burg stammt aus dem 13. Jahrhundert, wurde von ungarischen Eroberern auf den Mauern des römischen Castrum Columbarum gebaut und ist als Ruine noch immer eindrucksvoll. Sie wirkt, als wäre sie aus dem Felsgestein herausgewachsen, und gilt als die schönste Festungsanlage Serbiens. Übersetzt lautet ihr Name »Taubenburg«. Die ungarischen Erbauer konnten sich nicht lange an ihrer Festung erfreuen, denn schon im Jahr 1389 wurde sie von den Türken erobert. In den folgenden Jahrhunderten wechselte sie noch oft die Besitzer, seit dem Jahr 1815 gehört sie zu Serbien. Die erhaltenen neun Türme ragen fast 30 Meter in die Höhe. Gewaltige, drei Meter dicke Mauern bilden zwei Torbögen. Ursprünglich befand sich die Burg hoch in den Felsen. Durch die Anstauung der Donau um

40 Meter liegt sie nun direkt am Wasser, und Donauwellen umspülen das Mauerwerk. Die Straße, die auch wir Radler benutzen müssen, führt mitten durch die zwei gewaltigen Tore der Burg hindurch.

Die sanften Hügel liegen hinter uns. Bei Golubac beginnt der Donaudurchbruch, eine 130 Kilometer lange Schlucht, die seit der Türkenherrschaft die Bezeichnung »Eisernes Tor« trägt. Die Felsen rücken immer näher ans Ufer heran. Wir können nur ahnen, wie dramatisch die Naturgewalt des eingezwängten Flusses früher gewesen sein muss. Wilde Stromschnellen, Strudel, Wirbel, Riffe und felsige Zacken unter Wasser machten das Eiserne Tor zur gefährlichsten Schiffspassage des gesamten Donaulaufs. Lange war diese Felsbarriere ein schier unüberwindbares Hindernis. Schiffer, die dennoch die Durchfahrt wagten, bezahlten ihren Wagemut oft mit dem Leben. Im 19. Jahrhundert wurde Felsgestein weggesprengt, aber erst das 1984 fertiggestellte Kraftwerk Djerdap hat die Felsenge völlig verändert und die Gefahren gebannt. Nur der Name deutet noch auf die einstige Wassergewalt hin, denn *djerdap* bedeutet »Wirbelwasser«.

Die schmale Straße wirkt, als wäre sie in den fast senkrecht abfallenden Felsen hineingefräst. Am rechten Straßenrand ragen die Felsen in die Höhe, und links fallen sie steil zum Fluss hin ab. Eine andere Route durch die Schlucht gibt es nicht, jedenfalls nicht auf serbischer Seite. Wir Radfahrer müssen uns die Wegführung mit dem Autoverkehr teilen, ohne Randstreifen, ohne Raum zum Ausweichen.

Dort, wo die Felsen zu steil für den Straßenbau waren, wurden Tunnel gesprengt, 21 sind es insgesamt. Die meisten sind nur wenige Meter lang, sodass es keiner Innenbeleuchtung bedarf, doch auch 300 Meter lange Tunnel haben keine Lichtanlage. Vor Reiseantritt haben wir uns über solche Gefahrenstellen informiert, und so sind wir mit extra leistungsstarken Radlampen ausgerüstet. Doch das nützt nur bedingt, weil keiner, wirklich kein einziger Autofahrer seine Scheinwerfer einschaltet.

Gemeinsam mit Wolfgang und Franz fühle ich mich sicherer und bin froh, mit ihnen die gefährliche Situation bewältigen zu können. Aber dann passiert es. In einem stockdunklen Tunnel rast ein Bus hinter uns heran, natürlich wie alle anderen ohne Licht. Der Fahrer bemerkt unsere Rücklichter, bremst aber nicht. Er will an uns vorbei und drückt heftig auf die Hupe. Keine Ahnung, was er damit bezweckt, wir sind ja schon am äußersten Rand der Fahrbahn. Ob wir uns in Luft auflösen sollen? Das Geräusch dröhnt in dem engen Gemäuer gewaltig wie ein Donnerschlag. Reflexartig versucht Franz, der als Letzter in unserer Reihe fährt, auszuweichen. Aber da ist kein Raum mehr. Er prallt gegen die Tunnelmauer und stürzt. Zum Glück fällt er nach rechts und nicht unter die Räder des Busses, der davonrast, ohne sich um den von ihm verursachten Unfall zu kümmern. Neben dem Schock trägt Franz blutige Blessuren davon, doch wenigstens kann er die Reise fortsetzen.

Nach jedem Tunnel haben wir wieder freien Blick auf die Donau. Am felsigen Berghang blühen Orchideen, Kamille und gelber Fingerhut. Wir hören das Zwitschern von Pirol, Nachtigall und Mönchsgrasmücke, auch Kuckucksrufe. Ein Schild weist auf die Ausgrabungsstätte »Lepenski vir« hin. Franz und Wolfgang sind nicht so sehr an Altertümern interessiert, meinen aber, es sei eine gute Gelegenheit für eine Rast. Steil und kurvig geht es einen schmalen Abzweig die Schlucht hinunter zur Donau. Während meine beiden Begleiter sich ein Essen am Kiosk bestellen, wandere ich zur zwei Kilometer entfernten Fundstelle. Ich will sie unbedingt besichtigen, denn hier lebten vor 9000 Jahren, im Zeitalter der Jäger und Sammler, Menschen in einer festen Ansiedlung, was für diese Zeit äußerst ungewöhnlich war. In Europa ist es die älteste bekannte Siedlung überhaupt. Sicherlich war es die geschützte Lage an der Donau, die es den Menschen ermöglichte, ungestört von

Eindringlingen mehr als ein Jahrtausend lang ein Leben in einer friedfertigen Gemeinschaft zu führen und ein wirtschaftlich und gesellschaftlich hohes Niveau zu erreichen.

Entdeckt wurde die steinzeitliche Siedlung durch das Ereignis, das sie letztendlich zerstörte, nämlich den Bau des Staudamms. Bevor er gebaut wurde, machten sich Archäologen auf den Weg und inspizierten die Ufer, dabei entdeckten sie die neolithische Siedlung. Neben Lepenski vir gab es noch weitere, doch diese hier war das Zentrum. Den Namen wählten die Forscher nach dem wilden Strudel, der ehemals an dieser Stelle tobte.

Der Pfad führt mich durch dichte Vegetation, hinter der die Donau verborgen bleibt. Werde ich überhaupt etwas zu sehen bekommen? 9000 Jahre sind vergangen, was bleibt so lange erhalten? Der Blick öffnet sich, am Ende des Pfads steht ein Gebäude. Groß und blendend weiß strahlt es aus dem Grün ringsum heraus. Es ist eine Konstruktion aus geweißten Metallstreben und Glas, mit der die steinzeitlichen Überbleibsel vor Witterungseinflüssen geschützt werden. Die gesamte Siedlung wurde ihrem ursprünglichen Fundort entnommen und 40 Meter höher wiederaufgebaut. Wie zuvor liegt sie direkt am Wasser, im Rücken das schützende Gebirgsmassiv.

Alle Häuser, insgesamt 67, hatten ihre Ausrichtung zum Fluss hin. Als Baumaterial dienten Holz, Schilf und Tierhäute. Ich muss mir die Behausungen vorstellen, denn erhalten geblieben sind nur die Grundrisse auf dem mit rötlichem Sandstein ausgelegten Boden. Die Gebäude hatten eine außergewöhnliche, streng geometrisch bestimmte Trapezform. Mithilfe eines Systems von Dreiecken, Achsen und Querschnittlinien wurde die Bauweise genau festgelegt. Ich bin erstaunt, dass Menschen der Steinzeit derart komplizierte Berechnungen anstellen konnten. Sie mussten in der Lage sein, ein gleichseitiges Dreieck zu bestimmen, den Zirkel zu schlagen und den Mittelpunkt des Dreiecks zu ermitteln. In allen Räumen befanden sich Eingang, Feuerstelle und Altar an exakt der gleichen Stelle, und zwar im Schnittpunkt der Symmetrieachsen des gleichseitigen Dreiecks.

In jedem Haus stand die Skulptur einer Gottheit, eingebaut in eine kreisförmige Vertiefung. Aus Sandstein hatten die Bewohner 20 bis 60 Zentimeter große Figuren gefertigt, die ältesten in Europa gefundenen Großskulpturen aus der Steinzeit. Nichts Vergleichbares aus dieser Zeit ist sonst bekannt. Die sorgfältig ausgearbeiteten Figuren haben einen rundlichen Kopf mit Glupschaugen und ein breites, fischartiges, nach unten gebogenes Maul. Es sind aber keine Fische, denn die Figuren haben Nase und Ohren. Vielleicht handelt es sich um den Flussgott, den Herrscher der Donau, der am Grund des Wassers lebt und die Menschen mit seinen Flutwellen erschreckt. Mit Gewissheit lässt sich das nicht sagen.

Während ich die Siedlung umrunde, ertönen aus Lautsprechern Vogelgezwitscher und Windgeräusche. Ein Einfall der Museumsgestalter, der beim Besucher den Eindruck erwecken soll, er befinde sich unter freiem Himmel. Durch die von filigranem Gitter eingefassten Glasscheiben blicke ich auf den Fluss und die Felswand gegenüber, versuche mir die Bewohner vorzustellen. Sie waren groß für die damalige Zeit, im Durchschnitt 1,70 Meter, und wurden für steinzeitliche Lebensverhältnisse ziemlich alt, ungefähr 55 Jahre. Ein Grund dafür war sicherlich die eiweißreiche Ernährung mit Fisch.

Aber wie haben die Menschen hier gelebt? Wer waren sie? Was haben sie gedacht, gefühlt, wonach haben sie sich gesehnt, und was haben sie gefürchtet? Bestimmt hatten sie Angst vor plötzlich einsetzenden Überschwemmungen, dann flüchteten sie, rannten um ihr Leben, konnten nur wenige Habseligkeiten mitnehmen, mussten ihre sorgsam gebauten Häuser und die steinernen Götterstatuen dem Wüten der Donau überlassen. Andererseits bot ihnen der Fluss mit seinem Fischreichtum Nahrung im Überfluss, sie jagten und sammelten Früchte, Wurzeln und Kräuter. Dennoch muss es ein hartes Leben gewesen sein in einer rauen Natur, mit ständiger Sorge um die

Zukunft. Mit religiösen Riten versuchten sie, die Naturgötter und vor allem den Gott der wilden Donau gütig zu stimmen. Das war wohl der Grund, warum jedes Haus einen Altar hatte und einen steinernen Gott, der es vor den Fluten schützen sollte.

Die Siedlung wurde aufgrund ihrer Ufernähe immer wieder überflutet. Die Menschen kehrten nach jedem Hochwasser zurück und bauten ihre Häuser exakt an den gleichen Stellen auf gleiche Art wieder auf. Warum die Siedlung nach zwei Jahrtausenden schließlich aufgegeben wurde, können wir nur vermuten. Sicher aber ist, dass es eine in sich geschlossene Gemeinschaft war, die abgeschieden im Durchbruchtal lebte und eine eigene soziale und religiöse Entwicklung genommen hatte, die sich außerhalb des engen Tales nicht ausbreitete.

Nach meiner Rückkehr erzählen mir die beiden Österreicher von ihrer Absicht, ein Schiff zu mieten, mit dem sie durch den letzten Teil des Eisernen Tores fahren wollen. Fantastisch! Ich bin begeistert – da mache ich mit, sage ich spontan, denn es ist die beste Art, diese Talenge mit den beidseits aufragenden Felsen hautnah zu erleben.

Steil geht es wieder zur Straße hinauf, dann noch stärker ansteigend über einen Pass, um dann in rasanter Talfahrt in den Ort Donji Milanovac zu gelangen. Im dortigen, perfekt geführten Touristenbüro tragen wir unseren Wunsch nach einer Flussfahrt vor und erhalten kompetente Auskunft. Kapitän Boban Popovic wird herbeitelefoniert. Morgen früh soll es losgehen. Für einen günstigen Preis können wir drei im Gästehaus seines Freundes Aleksandar übernachten. Es ist ein Haus für uns allein mit Küche, mehreren Zimmern, Wohnstube und Terrasse. Wir fühlen uns königlich. All das verdanke ich dem verstellten Wegweiser, sonst hätte ich die Österreicher nicht getroffen, hätte eine Fähre früher nach Ram übergesetzt, und die Weiterreise hätte sich anders gestaltet. So kann sogar ein Missgeschick positive Folgen haben.

Am nächsten Morgen sind wir pünktlich am Steg der Marina. Unsere Räder werden auf dem Deck vertäut, eine 40 Kilometer lange Flussfahrt erwartet uns. Auf dem kleinen Motorboot könnten sechs, vielleicht auch acht Gäste untergebracht werden, diesmal fährt es nur für uns. Wenn ich mich hinauslehne, kann ich mit der Hand die Donau berühren, ihr dunkelgrünes Wasser durch meine Finger fließen lassen. Ein beglückendes Gefühl von Nähe.

Das Schiff tuckert los. Boban ist am Steuer, später übernimmt es Aleksandar. Das Echolot misst die Wassertiefe, die auf einem Monitor grafisch dargestellt wird. Die vom Wasser glatt geschliffenen Kalkfelsen kommen immer näher. Die Felsenge, die bei Golubac begann, reicht bis Tekija, wo wir wieder an Land gehen werden. Sie besteht aus vier jeweils durch eine Klamm getrennte Schluchten. Aleksandar erzählt uns auf Englisch, dass wir jetzt durch die Gospodin-Vir-Schlucht fahren.

»*Vir* bedeutet Strudel«, erklärt er. »Aber keine Angst, die sind durch den Staudamm alle besiegt.« Von den Felsen hart bedrängt, wird die zuvor sieben Kilometer breite Donau auf nur 150 Meter zusammengepresst. Dadurch hatte der Fluss früher eine extrem reißende Strömung und konnte sich tief in den Untergrund eingraben, doch seit dem Bau des Staudamms fließt er ruhig dahin.

»Die Donau liegt hier unter dem Meeresspiegel«, sagt Boban mit Stolz in der Stimme.

Den besten Blick auf die dramatische Landschaft habe ich vorn am Bug, der Fahrtwind bläst mir ins Gesicht und lässt mein Haar wehen. Die Wellen rauschen, und das Wasser glitzert im Sonnenlicht. Ich bin berauscht von einem Gefühl grenzenloser Freiheit.

Am bewaldeten Hang über dem nackten Felsgestein erblicke ich ab und zu ein Stück Straße, meist aber führt diese auch hier durch Tunnel. Ich kann Franz und Wolfgang gar nicht genug danken, dass sie diese Idee mit der Bootsfahrt hatten.

Nur so bekommen wir einen wahrhaft grandiosen Eindruck und werden mit einem tiefen Erlebnis beschenkt.

Langsam bewegt sich das Boot durch die Felsenge. Überraschend kommt am rumänischen Ufer ein fotogenes Gebäude ins Blickfeld, das Kloster Mraconia. Die orthodoxe Klosterkirche gleicht einer schimmernden Perle inmitten der grünen Umgebung. Gegründet 1523, wurde das Kloster in der wechselvollen Geschichte mehrmals zerstört und wiederaufgebaut, bis es im Stausee versank. So ursprünglich das heutige schmückend auf dem Felsen liegende Bauwerk auch wirken mag, ist es doch erst nach der Anstauung auf dem Fundament eines ehemaligen Wachturms erbaut worden.

Auf serbischer Seite dominiert ursprüngliche Natur, die durch den Djerdap-Nationalpark vor Zersiedelung geschützt ist. Auf rumänischer Seite wurde der Berg angeschnitten und mit Beton gesichert, sodass Villen gebaut werden konnten. Die Eigentümer ließen Strände aufschütten und eine breite Straße anlegen.

Boban steuert plötzlich von der Flussmitte zur rechten senkrechten Felswand und weist auf eine in Stein gemeißelte Inschrift. Der römische Kaiser Trajan hat sie vor 2000 Jahren anbringen lassen, in Erinnerung an den Bau einer Straße durch die Felsenge. Sie diente als Truppen- und Nachschubverbindung beim Krieg gegen die Daker. Nachdem eine Brücke gebaut war, die den Strom beim heutigen Novi Sip, dem früheren Castrum Diana, überspannte, war der Weg frei für die römischen Legionen. Trajan besiegte 106 n. Chr. den Dakerkönig Decebal, eroberte das dakische Siedlungsgebiet, das heutige Rumänien, und gliederte es als Provinz Dacia ins Römische Reich ein.

Die Brücke, die den Sieg ermöglichte, hatte Apollodorus aus Damaskus, der berühmteste Architekt jener Zeit, konzipiert. Er entschied sich für eine Konstruktion mit insgesamt 20 steinernen Pfeilern im Abstand von je 60 Metern und einem hölzernen Boden. Der erste Pfeiler wurde am linken Ufer auf einer vorspringenden Landzunge aufgestellt. Landwärts neben diesem Pfeiler ließ Apollodorus einen Kanal graben, durch den das Donauwasser abfloss. Im so gezähmten, fast trockenen Fluss wurden die restlichen Pfeiler errichtet. Über die insgesamt 1135 Meter lange Brücke marschierte Kaiser Trajan mit seinen Truppen im Jahr 105 in Dakien ein. Ganze 165 Jahre dauerte die römische Herrschaft in ihrer neuen Provinz, dann mussten die Römer wieder auf die Südseite der Donau zurückweichen.

»Von der Brücke ist nur noch ein unscheinbarer Pfeilerrest zu sehen. Die antike Straße, die die Schlucht entlangführte, liegt unter Wasser«, antwortet Boban auf Wolfgangs Frage. »Sie war ursprünglich drei Kilometer lang. 210 Meter davon waren noch sichtbar, bevor der Djerdap-Damm gebaut wurde. Weil es zwischen Fels und Wasser keinen Fußbreit Boden gab, hatten die römischen Baumeister vierkantige Vertiefungen in die Felswände bohren lassen, dort Bohlen verankert und darauf Holzplanken gelegt, ein frei schwebender Weg also. Drei Meter ragte der über das Wasser hinaus. Es muss gewöhnungsbedürftig gewesen sein, auf dem schwankenden Ding zu gehen, unter sich die reißende Donau.«

»Schade, dass diese so besondere Straßenbaukunst für immer verschwunden ist«, werfe ich ein.

»Immerhin hat man diese Tafel gerettet«, sagt Aleksandar. »Trajans Inschrift wurde aus dem Fels herausgefräst und 40 Meter höher wieder einzementiert.«

»Trajan hatte es vor allem auf die Goldschätze der Daker abgesehen«, weiß Boban.

»Hatten die Daker denn so viel Gold?«, will Franz wissen.

»Na ja, sie schmückten sich mit Gold, gaben ihren Toten wertvolle Gegenstände aus Gold mit ins Grab, und der Schatz von König Decebal soll beträchtlich gewesen sein. Als die Römer davon erfuhren, stachelte es ihre Gier an. Aber so riesig, wie sie es sich wünschten, war die Goldmenge sicherlich nicht«, antwortet Aleksandar.

Im Felsen gegenüber, am rumänischen Ufer, wurde Trajans Gegner, der dakische Herrscher Decebal, verewigt. Ein riesiger Kopf mit robusten Gesichtszügen wurde in den Fels gemeißelt. Er blickt ernst und streng, man könnte auch meinen, drohend über den Strom. Die Steinmetzarbeit erinnert an die monumentalen Porträts amerikanischer Präsidenten am Mount Rushmore in den Black Hills in South Dakota. Es heißt, zwölf Bildhauer hätten acht Jahre gebraucht, bis sie den Kopf des Dakerkönigs aus dem Felsen herausgehauen hatten.

Decebal – sein Name bedeutet »Stark wie zehn Männer« – war es gelungen, die verschiedenen Stämme zu einem Königreich zu vereinen. Er scheint ein fähiger Herrscher gewesen zu sein, der ein gut organisiertes Staatswesen und ein schlagkräftiges Heer geschaffen hatte. 21 Jahre lang konnte er sich seiner Herrschaft erfreuen, bis die Römer gegen ihn ins Feld zogen. Als Vorwand dienten Raubzüge kleiner dakischer Trupps, die immer mal wieder die römischen Grenzgarnisonen überfielen. Der dakische König und sein Volk kämpften mutig und mit Todesverachtung gegen die römischen Eindringlinge. Sie machten ihnen den Sieg so schwer wie nur möglich, unterlagen aber der Übermacht von 14 Legionen mit insgesamt 150 000 Mann und deren vergleichsweise modernen Waffen. Decebal gönnte den Römern nicht den Triumph, ihn als Gefangenen nach Rom zu bringen. Um sich die Demütigung zu ersparen, tötete er sich selbst.

Noch nie zuvor bin ich bei meinen Reisen, die mich um die halbe Welt und in entlegene Gebiete geführt haben, mit derartig vielen Grausamkeiten, Kriegen, Kämpfen, Vertreibungen konfrontiert worden wie hier in den europäischen Ländern entlang der Donau. Der Fluss war für die an seinem Ufer lebenden Völker Segen und Fluch zugleich.

Während wir noch dem ungleichen Kampf nachsinnen, geht Aleksandar schon zum nächsten Thema über: »Wisst ihr, dass eine ganze Insel im Stausee versunken ist? Sie lag in der Nähe von Tekija, wo wir nachher anlegen werden. Sie hieß

Ada Kaleh und war eine türkische Exklave. Es gab einen Basar, eine Moschee mit Minarett, Kaffeehäuser, eine osmanische Festung und überall Rosen. Der Duft war umwerfend. Aus den Rosen wurden türkische Süßigkeiten und Rosenparfüm hergestellt.«

»Warst du denn selbst dort?«, will Wolfgang wissen.

»Leider nein, ich war noch ein Kind, als sie unterging. Aber ich kenne die schwärmerischen Berichte von Besuchern. Das Klima auf Ada Kaleh war milder als in der gebirgigen Umgebung. Exotische Früchte wuchsen dort, Feigen-, Mandel- und Maulbeerbäume. Wenigstens die historisch wertvollsten Gebäude wollte man an einem anderen Ort wiederaufbauen, aber dann, als das Wasser stieg, wurde nichts zur Rettung unternommen.«

»Was geschah mit der Bevölkerung?«, frage ich.

»Ach, die ist weg!«, antwortet Boban. »Von denen ist keiner mehr hier. Wahrscheinlich sind sie in die Türkei umgesiedelt.«

»Aber auch wir Serben haben Siedlungen durch den Staudamm verloren«, mischt sich Aleksandar wieder ein. »Habt ihr bemerkt, dass in Donji Milanovac, wo ihr übernachtet habt, kein Haus älter als 40 Jahre alt ist?«

»Wieso blieb eigentlich Ada Kaleh, diese türkische Exklave, mitten in Serbien erhalten?«, hakt Franz nach.

»Gute Frage«, meint Aleksandar. »Genau weiß ich es auch nicht. Sie wurde irgendwie in dem ganzen Chaos vergessen und blieb einfach türkisch. Dieses orientalische Einsprengsel mitten in der Donau hat viele Besucher angelockt. Aber als die Regierenden von Rumänien und Jugoslawien den Untergang der Insel beschlossen hatten, waren die Bewohner machtlos, und ihre Heimat versank im Wasser.«

»Wisst ihr, woher die Insel ihren Namen hatte?«, fragt Boban. Wir schütteln die Köpfe, obwohl wir die Geschichte im Reiseführer gelesen haben. Wir wollen Boban nicht enttäuschen und lassen ihn erzählen. »Also, da gab es vor langer Zeit einen Sultan, der hieß Kaleh«, beginnt Boban. »Er liebte Ada, eine seiner Frauen, über alle Maßen, so sehr, dass er seinen Harem auflöste. Mit ihr allein wollte er auf dieser Insel glücklich sein. Doch die schöne Ada litt unter der Einsamkeit. Sie ertrug dieses Leben nicht und stürzte sich in die Donau.«

»Die Schöne versank im Wasser, so wie später die Insel, die ihren Namen und den des Sultans trug«, fügt Aleksandar hinzu.

Nach einer Bootsfahrt von zwei Stunden haben wir die 40 Kilometer zurückgelegt und erreichen Tekija. Zum Abschied spendieren die Bootsleute uns ein Gläschen Wodka, bevor wir auf unsere Räder steigen. Am Djerdap-Damm, über den eine Straße führt, endet dann leider unsere gemeinsame Tour. Hier wechseln die Österreicher auf die rumänische Seite, während ich am rechten Ufer bleibe. Ich habe vor, beim Ort Bregovo die Grenze nach Bulgarien zu überqueren.

Die Donau in Bulgarien
– 471 Kilometer

*Zeitweilig kam ich mir vor, als sei ich in eine Märchenwelt
geraten, in einen Traum, in dem sich das tiefblaue Wasser mit
dem Himmel zu Dimensionen verband, die alles übertrafen,
was ich bisher gesehen und erlebt hatte.*

Thomas Bauer

Über Berge und durch Täler
Von Bregovo nach Ruse

Blühende Felder überall. In Bulgarien gibt es noch Feldraine, wie ich sie aus meiner Kindheit kenne: bunt wuchernde Wicken, Mohn, Kornblumen, Margeriten, Winden und Gräser, die im Wind wehen. Der ist allerdings sehr stark und erschwert mir das Vorankommen.

Beim Grenzübertritt von Serbien nach Bulgarien musste ich beiden Grenzposten den Pass zeigen, habe aber keinen weiteren Stempel bekommen. Wie zuvor an den anderen Grenzen waren meine Gefühle ambivalent. Ich bedauerte, nicht länger in Serbien bleiben zu können, und gleichzeitig war ich neugierig auf Bulgarien. Ich werde mich wohl nie daran gewöhnen, ein Land, das ich gerade anfange kennenzulernen, schon wieder verlassen zu müssen. Das Unterwegssein mit dem Rad ist zu schnell für mich. Von meinen früheren Reisen bin ich an eine langsame Fortbewegung zu Fuß gewöhnt.

Im ersten bulgarischen Dorf nach der Grenze halte ich an einer Kneipe am Straßenrand, bestelle Kaffee und Gebäck. Wie stets in den letzten Tagen bin ich ohne Frühstück aufgebrochen, um die Stimmung am frühen Morgen zu genießen. Wenn der Tag erwacht, ist die Luft frisch und kühl. Ein geheimnisvoller Hauch liegt über der Landschaft wie ein rätselhaftes Versprechen auf zukünftige Überraschungen.

An einem der kleinen Tische vor der Kneipe hocken Leute aus dem Dorf. Sofort fordern sie mich auf, mich dazuzusetzen. Sie wollen wissen, woher ich komme, wohin und warum ich zum Delta will. Die Fragen verstehe ich einigermaßen und kann halbwegs antworten, denn Bulgarisch ist dem Russischen sehr ähnlich, doch für eine wirkliche Unterhaltung reicht es nicht. Die Bulgaren sind überrascht: »Bist du Russin?«, fragen sie skeptisch. Sie beruhigen sich, als sie hören, dass ich Russisch in der Schule gelernt habe.

Die Stärkung in der Dorfkneipe konnte ich gebrauchen, denn nach jeder Abfahrt geht es wieder bergauf, und das verlangt meinen Kräften einiges ab. Wegen dieser gebirgigen Strecken wählen die meisten Donauradler das linke flache Ufer in Rumänien. Ich habe mich bewusst für Bulgarien entschieden, gerade wegen der bergigen Landschaft, denn die Anstrengung wird oben mit weiten Ausblicken auf die Donau belohnt.

Ich hatte geglaubt, die Straßen in Bulgarien, das zu den ärmeren Donauländern zählt, seien von Löchern übersät, stattdessen verwöhnt mich glatter Asphalt. Schilder zeigen an, wer die Bauherren waren und wer gezahlt hat. Die Fördermittel der EU müssen reichlich geflossen sein. Im Gegensatz zu den anderen Donauländern gibt es in Bulgarien wenig Fahrzeuge. Kaum zu glauben, aber an manchen Tagen begegnen mir nur zwei, drei Autos pro Stunde. Ich habe also die perfekten Straßen so gut wie für mich allein. Inmitten von Eschen- und Eichenalleen, die ein filigranes Schattenmuster auf die Straße werfen, gleite ich dahin. Die Sonnenflecken sind mitunter grün gemustert, wenn Smaragdeidechsen sich auf dem Asphalt sonnen. Ein gefährlicher Ort für sie, wenn doch einmal ein Auto kommt und sie nicht schnell genug weghuschen. Ich bedaure die vielen Echsen, die es nicht geschafft haben, und erinnere mich an die Smaragdeidechse, die ich in der Wachau in Österreich beobachten konnte. Dort eine Seltenheit, liegen die schönen Tiere in Bulgarien tot und platt gewalzt auf der Straße.

Bergauf und bergab geht es durch die gewellte Landschaft. Von oben genieße ich immer wieder den Blick auf das grüne Band der Donau, die wie kostbare Jade schimmert. Dort, wo die Straße nicht von Bäumen beschattet wird, ist die bunte Fülle der Blumen am Straßenrand berauschend. Auf den Feldern wachsen Sonnenblumen. Mein Herz öffnet sich weit diesem lieblichen Land. Wie wunderbar doch das Leben sein kann! Allerdings betrübt mich die Erkenntnis: Nur weil Bulgarien arm ist, konnte so viel Schönheit überleben. Die Landwirtschaft in Bulgarien wird noch nicht so intensiv betrieben, und da weniger Spritzmittel zum Einsatz kommen, können Blumen wachsen, die bei uns als Unkraut bezeichnet werden. An denen laben sich Insekten, die wiederum anderen Tieren als Nahrung dienen. In großer Anzahl kann ich Vogelarten beobachten, die es in Deutschland mit seiner industriellen Landwirtschaft kaum noch gibt.

Im Dorf Vrav halte ich bei einem Dorfladen, der in Bulgarien *Magazin* heißt. Beim Einkaufen von Brot, Käse und sonnengereiften Tomaten muss ich meinem bulgarisch-russischen Kauderwelsch, ohne es zu bemerken, spanische Wörter hinzugefügt haben, denn Petar, der Ladenbesitzer, fragt mich plötzlich: *»Usted habla español?«*

»Sí, sí!«, antworte ich erfreut mit der Aussicht auf ein Gespräch in Spanisch. Und tatsächlich, Petar spricht es perfekt. Er habe einige Jahre in Madrid gelebt, dort in einem Restaurant gearbeitet und sich mit dem Ersparten in seiner Heimat eine Existenz geschaffen. Noch immer sei er begeisterter Anhänger des Fußballklubs Real Madrid und versäume nach Möglichkeit kein Spiel.

Bulgarien mag vielerorts noch rückständig sein, doch durch die Zugehörigkeit zur EU können die Menschen in anderen EU-Ländern arbeiten, Kenntnisse erwerben, studieren und ihren Horizont erweitern. Unter kommunistischer Herrschaft war Bulgarien vom Weltgeschehen noch abgeschiedener als die anderen Ostblockstaaten.

Der erste größere Ort, den ich in Bulgarien ansteuere, ist Vidin. Ich übernachte dort in der besten Unterkunft, im Dreisternehotel »EOC«, und zahle umgerechnet nur 35 Euro für eine komfortable Suite. Überhaupt waren bisher die Übernachtungen in allen Ländern sehr günstig. Mag sein, dass die Preise zur Hauptsaison anziehen, wenn die Unterkünfte besser ausgelastet sind. Obwohl es möglich wäre, in Euro zu zahlen, verwende ich stets die Landeswährung. Ich mag es einfach, mit denselben Geldscheinen zu bezahlen wie die Einheimischen. Mich interessiert es auch, wie das Geld in den einzelnen Ländern gestaltet ist und welche Motive verwendet werden. Nach dem Verlassen eines Landes ist es kein Problem, das Geld im nächsten Land in den Wechselstuben umzutauschen.

Gegenüber dem Hotel liegt ein großes Einkaufszentrum, und ich entdecke unter anderem »Lidl« und »Kaufhof«. Seltsam, diese vertrauten Namen im fernen, für uns eigentlich noch immer exotischen Bulgarien zu lesen. Bevor ich ins Stadtzentrum mit seiner alten Bausubstanz gelange, muss ich bei meinem Erkundungsgang durch Vidin an Reihen von Plattenbauten vorbei, wie ich sie in den anderen Ländern in dieser Menge nicht gesehen habe. Der sozialistische Städtebau hat die historische Stadt verschandelt. Die schmutzig grauen Hochhäuser sind zwar bewohnt, wirken aber abbruchreif. Sie sind übersät mit Rissen, kaputte Balkons und rostige Brüstungen verunzieren die Frontseiten. Dabei war Vidin einst die Hauptstadt des Bulgarenreiches und ein wichtiger Donauhafen. Von den zahlreichen Moscheen aus osmanischer Zeit steht nur noch ein einziges Minarett. Direkt am Fluss liegt Baba Vida, die letzte erhalten gebliebene mittelalterliche Festung Bulgariens. Wo sich früher der Burggraben befand, zieht sich entlang der Donau ein weitläufiger Park, in dem drei Stadttore stehen. Von der Stadtmauer selbst kann ich keine Reste erkennen.

Bei meiner Wanderung durch den Park und die Stadt komme ich an einer großen Brücke vorbei. Nur zwei gibt es zwischen Rumänien und Bulgarien auf der 471 Kilometer langen Strecke. Eine davon ist die 3598 Meter lange Brücke »Neues Europa«, die Vidin am rechten Ufer mit Calafat am linken verbindet, wobei fast zwei Kilometer unmittelbar über dem Fluss liegen, so breit ist die Donau inzwischen. Eingeweiht wurde die Brücke im Juni 2013, doch schon im Oktober traten schwere

Baumängel auf. Weil es versäumt wurde, mit der spanischen Baufirma Garantievereinbarungen zu treffen, gestaltet sich die Sanierung schwierig.

Ich überquere einen riesigen leeren Platz im Stadtzentrum und wandere durch breite, beschattete Straßen zur orthodoxen Kathedrale Sweti Dimitar mitten in der Innenstadt. Sie überragt die mehrstöckigen Bürgerhäuser, sodass ich sie schon von Weitem sehe. Mit ihrer imposanten 33 Meter hohen Zentralkuppel ist sie nach der Alexander-Newski-Kathedrale in Sofia die zweitgrößte Kathedrale Bulgariens. Vergeblich drücke ich die Türklinke der Eingangspforte, sie ist abgeschlossen. Ein Mann hat mich beobachtet und spricht mich auf Englisch an. Sein Name ist Boris, er war Geschichtslehrer. Sofort fragt er mich: »Haben Sie schon unsere Festung Baba Vida besichtigt?«, und erzählt gleich weiter, ohne meine Antwort abzuwarten. »Sie wurde von den Römern angelegt und mehrmals im Laufe der Geschichte von Ungarn, Byzantinern und Osmanen erobert und umgebaut. Die 500 Jahre, die wir zum Osmanischen Reich gehörten, waren eine harte Zeit. Wir Bulgaren mussten am längsten von allen Donauländern unter dieser Fremdherrschaft leiden. Deshalb gelten wir noch heute als rückständig.«

Als ich ihm daraufhin von den perfekt instand gesetzten Straßen berichte, meint Boris: »Na ja, seit wir im Jahr 2007 EU-Mitgliedsstaat geworden sind, hat man bei uns sogar mit dem Bau von Autobahnen begonnen. Die Kosten übernimmt die EU zwar zum größten Teil, aber den Rest sollen wir selbst aufbringen. Wovon, frage ich mich. Stellen Sie sich vor, bis 1944 gab es in Bulgarien nur eine einzige Straße. Sie hat die Hauptstadt Sofia mit Plovdiv verbunden, der zweitgrößten Stadt. Aber die Straße hatte nicht etwa eine Asphaltdecke, wo denken Sie hin, sie war gepflastert. Alle anderen Verbindungen waren Erd- und Kiespisten, auf denen sowieso nur Eselfuhrwerke unterwegs waren.«

Erst am nächsten Morgen wird mir bewusst, dass in Bulgarien die Uhren anders gehen – eine Stunde Zeitverschiebung! Als ich mich um sechs aufs Rad schwinge, zeigt die Uhr im Hotel fünf Uhr an. Na gut, dann habe ich eine Stunde gewonnen und werde das nächste Tagesziel, die 58 Kilometer entfernte Stadt Lom, schon mittags erreichen und habe dann viel Zeit, mich dort umzusehen.

Der Radweg führt mich zuerst durch die Stadt, dann an der Donau entlang durch den Park. Dort finde ich vor lauter Bäumen den Abzweig zur Nebenstraße nicht und lande auf der Fernstraße nach Sofia. Also fahre ich nach Vidin zurück und spreche Passanten an. Sie schütteln die Köpfe, wenn ich sie frage, ob sie die Straße nach Simeonovo kennen. Es dauert eine Weile, bis ich mich erinnere, dass in Bulgarien Kopfschütteln »Ja« bedeutet. Auch wenn man es weiß, ist es irritierend. Die Bulgaren bewegen den Kopf dabei nicht heftig hin und her wie wir bei unserem »Nein«, sondern neigen ihn in einer eher sanften Bewegung zur Schulter.

Wen ich auch frage, alle weisen mir die Richtung zur Fernstraße. Nach einigen Versuchen muss ich einsehen, dass es keine Nebenstraße gibt und ich eine Zeit lang auf dieser Schnellstraße mit ihrem rasanten Autoverkehr fahren muss. Da boomt das neue Bulgarien. Sofia scheint das Ziel all dieser Leute auf der mehrspurigen Schnellstraße zu sein. Als ich endlich in eine Landstraße abbiegen kann, ist sie leider nicht so verkehrsarm wie die Straßen an den Tagen zuvor. Statt geruhsamer Eselfuhrwerke donnern Laster an mir vorbei. Sie nehmen fast die gesamte Breite der schmalen Straße ein, Randstreifen zum Ausweichen gibt es nicht. Die dünn besiedelte Landschaft mit ihrem Naturreichtum entschädigt mich für alle Ängste. An den Berghängen gedeiht Wein, auf den Hochflächen grasen Schafe, und auf den Feldern leuchten Sonnenblumen.

In Simeonovo mache ich eine erste Rast. Es ist nur ein winziger Ort mit einer Handvoll Häuser, doch es gibt einen Dorfladen. Dort bestelle ich einen Kaffee. Das Pulver wird in die

Tasse geschüttet, heißes Wasser drauf – fertig. Außer einem alten Mann sehe ich keine Einwohner. Im Ort fallen mir einige unbewohnte Häuser auf. Auf den Schornsteinen dieser verlassenen Gebäude, aus denen nun kein Rauch mehr quillt, haben Störche ihre Nester gebaut. In den Feuchtgebieten, die sich vor allem auf rumänischer Seite weit ausdehnen, finden sie genügend Nahrung für sich und die ewig hungrigen Schnäbel ihrer Jungen.

Es ist wieder ein heißer Tag, die Sonne brennt herunter. Der Fahrtwind kühlt etwas, aber bei den Steigungen rinnt mir der Schweiß über den Körper. Die Orte auf meiner Route liegen unten am Donauufer, und nach jeder Siedlung geht es wieder steil hinauf zu einem neuen Plateau. Nach den Aufstiegen genieße ich es, hoch über dem Fluss eine Weile auf ebener Strecke dahinzuradeln mit freiem Blick auf sanft geschwungene Hügel und Bergkuppen ringsum, bis es dann wieder steil hinab zum nächsten Dorf geht. Mir gefällt dieser stete Wechsel von einsamen Hochflächen und kleinen Ortschaften. Bulgarien mit seiner abwechslungsreichen Landschaft, dem Weinanbau, der reichen Pflanzen- und Tierwelt und seinem milden Klima wirkt südländisch auf mich, heller und wärmer als die Länder, die ich auf meiner Tour bislang durchquert habe.

Die Stimmung, die mich umgibt, ist mir vertraut, als hätte ich das alles schon einmal erlebt und würde in eine längst vergessene, alte Heimat zurückkehren. Und da höre ich einen Vogelruf, unverkennbar, metallisch scharf, durchdringend hell wie ein Jauchzen. Die Rufe elektrisieren mich, schlagartig setzt meine Erinnerung ein. Exotisch bunte Vögel schwirren in rasantem Flug durch die Luft, türkis, blau, grün, gelb und rostrot. Das sind sie, die Bienenfresser. Kann es möglich sein, dass 45 Jahre vergangen sind, seit ich schon einmal in Bulgarien war und zum ersten Mal diese Vögel gehört und gesehen habe und seitdem nie wieder? Und doch habe ich sie sofort erkannt. Das Erlebnis war damals so stark, dass es sich für immer in mein Gedächtnis eingeprägt hat.

Bienenfresser sind knapp drosselgroß, aber schlanker, mit schmalen Flügeln. Aus der Mitte des Schwanzes ragen Steuerfedern heraus, der Schnabel ist lang und leicht gebogen. Diese Vögel lieben die Geselligkeit. Sie brüten in lehmigen Steilwänden, in die sie horizontale Röhren graben, an deren Ende das Weibchen porzellanweiße Eier legt. Wie ihr Name nahelegt, fressen sie Bienen, jagen aber auch sonst alle Arten von Insekten, die sie im Flug erbeuten.

Im Ort Dobri Dol verlockt mich ein Hinweisschild, vom Weg abzuweichen. Vier Kilometer sind es zum gleichnamigen Kloster. So kann ich wenigstens für eine Weile dem nervtötenden Lkw-Verkehr entgehen. Nur vier Kilometer – allerdings hatte ich nicht damit gerechnet, dass es so hoch hinauf in die Berge gehen würde. Der Fahrweg ist eine Erdpiste mit ausgewaschenen Rinnen und Löchern, so wie ich mir eigentlich alle bulgarischen Straßen vorgestellt hatte.

Eine Stunde ist vergangen, wahrscheinlich sind es doch mehr Kilometer als angegeben, als ich endlich zwischen Baumkronen die Dächer des Klosters mitten im Bergwald erblicke. Harmonisch ist es in die Natur eingebettet. Am Eingang sprudelt eine Quelle aus dem Fels und wird in einem Becken gefasst. Links neben dem Tor steht eine Kapelle, die innen mit Fresken geschmückt ist. Altehrwürdige Eichen und Buchen mit mächtigen Stämmen spenden Schatten. Einen gestuften Hang geht es hinauf zum Hauptgebäude, wo ein mit himmelblauem Geländer versehener Gang an den Zellen der Mönche vorbeiführt. Es ist still, niemand scheint anwesend zu sein. Da lässt mich ein markerschütternder Schrei zusammenzucken. Sofort muss ich lächeln. Entwarnung, es droht keine Gefahr. Es war nur der Pfau, der mit zwei Hennen ein kleines Gehege bewohnt. Mein Erscheinen animiert ihn, sein Rad zu schlagen. Prächtig schillern die grünblautürkisfarbenen Federn. Die Natur hat nicht an Schönheit gespart, dafür hat sie den Pfau mit einer hässlichen Stimme bestraft.

Geschirrklappern ermutigt mich weiterzugehen, eine Tür steht offen. Innen hantiert eine Frau mit Kochtöpfen und bereitet Essen auf einem Spirituskocher. Meine Fragen versteht sie nicht und ruft Bruder Kiprian zu Hilfe, den einzigen Mönch in dieser abgelegenen Klause. Er spricht Englisch, und von ihm erfahre ich, dass das orthodoxe Kloster der heiligen Dreifaltigkeit geweiht ist und dass schon im 12. Jahrhundert an dieser Stelle ein erstes Kloster stand. Ob ich nicht hier übernachten wolle, fragt Bruder Kiprian und erklärt: »Wir brauchen Einnahmen für die notwendigen Reparaturen.« Aber er versteht, dass es für mich am Vormittag zu früh ist, um die Tagestour zu beenden.

»Bulgarien hat nur etwa sieben Millionen Einwohner«, zählt der Mönch auf, »besitzt aber mehr als 200 Klöster. Die müssen alle instand gehalten werden. Wir sind stolz darauf, dass wir so viele haben. Wissen Sie übrigens, dass Bulgarien das erste Land war, in dem das Christentum in der Muttersprache, also in Bulgarisch, gepredigt wurde? Nicht in Latein oder Griechisch wie sonst überall. Im 9. Jahrhundert war das. Vielleicht haben Sie von Kyrill und Method gehört? Ihnen verdanken wir die ersten in unserer Sprache geschriebenen Texte. Dafür haben sie extra eine neue Schrift erfunden, das kyrillische Alphabet, denn die lateinischen Buchstaben eigneten sich nicht für die Laute unserer Sprache.«

Bruder Kiprians ernsthafter Eifer, sein grauer Bart, die bis auf die Schultern fallenden Haare, seine abgewetzte Kutte erinnern mich an den Mönch, dem ich vor vielen Jahren im Rila-Kloster begegnet bin. Inzwischen sei es restauriert, wie mir Bruder Kiprian versichert, er selbst sei kürzlich dort gewesen. Das Kloster sei ein Nationalheiligtum. In meiner Erinnerung ist es ein einfaches, fast verfallenes Gebäude, eher eine Einsiedelei. Als ich vor vier Jahrzehnten mit meinem Freund Rainer durch das Rila-Gebirge wanderte, hatte ich nicht nur keine Ahnung vom orthodoxen Christentum, sondern war in meinem Elternhaus überhaupt nicht mit Religion in Berührung gekommen. Rainer war christlich aufgewachsen, hatte aber mit mir nie über Glaubensdinge gesprochen. So wunderte ich mich, als er unbedingt dieses alte Kloster besuchen wollte.

»Wozu denn das?«, fragte ich. »Lass uns doch lieber die Zeit nutzen, auf Berge steigen und Tiere beobachten.« Als Rainer mir erzählte, das Kloster sei das älteste in Bulgarien, wurde ich neugierig und ging mit. Der alte Mönch lebte ganz allein in dem maroden Gebäude, dessen Dach undicht war. Traurig zeigte er uns die von der Witterung beschädigten Fresken. Er freute sich über unseren Besuch, aber wir hatten keine gemeinsame Sprache, in der wir uns hätten unterhalten können. Möglich, dass wir gar nicht im echten Rila-Kloster waren, denn Fotos, die ich später von diesem Kloster sah, stimmen nicht mit meiner Erinnerung überein. Der Mönch jedoch, sein tiefer Glaube, seine ernsthafte Ruhe, die er ausstrahlte, haben einen unvergesslichen Eindruck auf mich gemacht.

Es war Rainers und meine erste gemeinsame Reise, aber auch unsere letzte. In Bulgarien zeigte sich, für mich völlig unerwartet, dass unsere Lebensentwürfe nicht zu vereinbaren waren. Ich wollte Forschungsreisende werden, an Expeditionen teilnehmen. Bulgarien sollte eine erste Erfahrung in dieser Richtung sein. Ich hatte mich gut vorbereitet, Leinensäckchen genäht, um darin Schlangen und Eidechsen zu transportieren, hatte Bestimmungsbücher und Wanderkarten gekauft, mich mit Fotoapparat und Filmen ausgerüstet. Doch Rainer hatte es bald satt, durchs Gebirge zu stapfen, er wollte lieber Urlaub am Schwarzen Meer machen. Das war nun überhaupt nichts für mich. Nach drei Tagen am Strand war ich abgrundtief verzweifelt und sprach kein Wort mehr. Mein Freund mühte sich vergeblich, mich zur »Vernunft« zu bringen. Wir brachen die Reise ab. Rainer habe ich nie wiedergesehen. Dabei war er wie ich Biologiestudent, bei Exkursionen hatten wir uns kennengelernt. Er konnte Vögel an ihrem Gesang erkennen und traute sich sogar, Kreuzottern zu fangen, und so hatte ich angenommen, er wäre der richtige Gefährte für mich.

Bulgarien war das erste Land, das mir einen Ausblick aus der Enge der DDR geboten hatte, einen Blick in ein freieres Leben und in eine selbstbestimmte Zukunft. Bezahlt habe ich mit dem Verlust meiner ersten Liebe. Der Besuch des Dreifaltigkeitsklosters Dobri Dol hat die vergessenen Erinnerungen in mir wieder lebendig werden lassen. Nun verstehe ich auch, warum Bulgarien mir vertraut ist und mir gefühlsmäßig so nahegeht.

Beim Abwärtsfahren zur Landstraße bemerke ich erst, wie steil der Anstieg gewesen ist. Wieder auf glatter Straße, komme ich zügig voran. Wie schon in den Dörfern zuvor sehe ich viele Storchennester auf den Schornsteinen. In Bulgarien werden Häuser weniger sorgfältig instand gehalten, umso mehr fallen dann hin und wieder Gebäude auf mit frisch gestrichener Fassade und einem gepflegten Garten.

In der Stadt Lom beziehe ich im Hotel für wenige Lewa ein großzügiges Doppelzimmer mit Balkon und Donaublick. Durch Lom zieht sich eine verkehrsfreie Zone, in der sich die Geschäfte aneinanderreihen, eigentlich besteht die Stadt nur aus dieser Fußgängerzone. Die Nebenstraßen beachte ich nicht, denn sie führen entlang hässlicher grauer Plattenbauten. Lom macht auf mich einen lebhaften, geschäftstüchtigen Eindruck, bietet aber kein harmonisches Bild. Zurück an der Uferpromenade, schaue ich dem ruhigen Fließen der breiten Donau zu und lasse meine Gedanken in vergangene Zeiten schweifen. Dann ziehen Mehlschwalben meine Aufmerksamkeit auf sich. In rasanten Kurven jagen sie über der Wasserfläche hin und her. Dabei stoßen sie durchdringende Rufe aus, ein schrilles *Tschirp, tschirp, tschirp.* Ob sie überhaupt Insekten schnappen können bei diesem aufgeregten Geschrei, frage ich mich.

Die Hitze weicht der Abendkühle. Die Sonne glüht auf und wirft ihren Widerschein auf den Fluss. Langsam versinkt die rote Kugel hinter den Bäumen am jenseitigen Ufer, und ein goldener Schein überhaucht Fluss und Land. Die Schwalben schwirren und rufen unbeirrt weiter, bis alles Licht erloschen ist und die Sterne sichtbar werden.

Der nächste Tag beginnt mit einem prächtigen Sonnenaufgang, den ich vom Balkon aus genießen kann. Das Farbenspiel ist noch intensiver als am Abend zuvor, eine für den frühen Morgen ungewöhnliche Kombination von Blutrot, sattem Gold, tiefem Saphirblau und dazwischen hellem Lila.

Noch bevor ich fertig gepackt habe, ist es schweißtreibend heiß. Deutlich spüre ich die Anstrengungen der letzten Tage. Das bergige Gelände hat meinen Körper strapaziert, die Muskeln schmerzen, die Glieder sind schwer. Am Stadtrand liegt gleich wieder ein Anstieg vor mir, diesmal mit Kopfsteinpflaster, das bremst das Vorankommen. Ich muss absteigen und schieben. Endlich oben, genieße ich den Blick zurück auf Lom mit seinen roten Dächern, eingebettet in dunkelgrüne Auen. Im nächsten Ort, der wieder unten am Fluss liegt, bestelle ich im Kaufladen bei einer attraktiven Verkäuferin mit knallroten Lippen und pechschwarzen Haaren einen Kaffee, dazu ein Hörnchen mit Marmeladenfüllung. Der Kaffee ist belebend, obwohl oder gerade weil die halbe Tasse mit Kaffeesatz gefüllt ist, über dem nur etwa drei Zentimeter schwarze Flüssigkeit steht. So gestärkt, gelange ich, ohne abzusteigen, aufs nächste Plateau. Am Straßenrand blüht der Mohn in üppiger Pracht. Immer wieder bin ich begeistert von Bulgariens wild wuchernden Kräutern.

Auf Telefondrähten ruhen sich Blauracken aus; auch sie sind mir von meiner ersten Bulgarienreise bekannt. Von Gestalt und Größe ähneln sie dem Eichelhäher. Wie der Name nahelegt, ist das Gefieder blau, und zwar intensiv türkisblau, nur der Rücken ist zimtbraun.

Am Ortseingang von Kozloduj macht ein Schild auf den Raddampfer »Radetzky« aufmerksam, der im Donauhafen vor Anker liegt. Was macht ein österreichischer Dampfer in Bulgarien? Das Passagierschiff war 1876 von dem Freiheitskämpfer Cristo Botev und seinen Gefährten gekapert worden, um den Bulgaren ein Zeichen zu geben, sich von türkischer Fremdherrschaft zu befreien. Der Aufstand wurde blutig niedergeschlagen. Cristo Botev traf während des Kampfes eine tödliche Kugel, seine Mitstreiter wurden hingerichtet. Was dann folgte, war ein grauenvolles Massaker an der bulgarischen Bevölkerung. Tausende Frauen und Kinder fielen der türkischen Rache zum Opfer. Banden zogen von Dorf zu Dorf und ermordeten Einwohner, die nicht Muslime waren. Von den Untaten an den Armeniern weiß man inzwischen, doch vom Schicksal der Bulgaren ist wenig bekannt. Russland sah sich zum Einschreiten gezwungen und befreite nach schweren Kämpfen Bulgarien von der osmanischen Herrschaft, die ununterbrochen von 1393 bis 1878 gedauert hatte.

Cristo Botev, der tragische Held, der nur 28 Jahre alt geworden ist, wird von den Bulgaren noch heute verehrt, nicht allein wegen seiner revolutionären Tat, sondern besonders auch als Poet. Er gilt als der berühmteste Dichter Bulgariens. Der historische Raddampfer, den die bulgarischen Freiheitskämpfer gekapert hatten, wurde, als er ausgedient hatte und nicht mehr gebraucht wurde, von der österreichischen Schifffahrtsgesellschaft verschrottet, worauf Bulgarien einen originalgetreuen Nachbau anfertigen ließ. Innen ist ein Museum eingerichtet, dem Nationalhelden Cristo Botev gewidmet, seinem Leben und Werk.

Mir begegnen hoch mit frisch gemähtem Gras beladene Pferdefuhrwerke. Auf dem Kutschbock sitzen der Bauer mit seiner Frau und den Kindern. Die mageren Pferdchen müssen traben, und manchmal werden sie sogar zum Galopp gezwungen. Autos sind kaum unterwegs.

Es ist einer der bisher heißesten Tage, das Thermometer klettert auf über 38 Grad. Nach 80 Kilometern reicht es mir, und ich beschließe, ein Quartier zu suchen. Im Radführer sind Übernachtungen in Oryahovo vermerkt. Der Ort beginnt am Donauufer, wo eine Fähre Bulgarien und Rumänien verbindet, und zieht sich dann steil den Hang hinauf. Die Sonne brennt, heiße Luft wabert über die Straße, und mir rinnt der Schweiß in Strömen herab. Ein Trupp Dohlen fliegt vor mir her und wartet dann wieder, als wollten sie mir den Weg zeigen. Sie erleichtern mir den steilen Anstieg und erfreuen mich mit ihren hellen *Kjack*-Rufen.

An dem einzigen Hochhaus im Ort entziffere ich ein Schild: »XOTEЛ«, also ein Hotel. Doch ein Blick auf die Fassade mit den glaslosen Fenstern macht klar: Dort übernachten keine Gäste mehr. In der Ortsmitte sehe ich eine orthodoxe Kirche mit den typischen Zwiebelkuppeln, nette Einfamilienhäuser mit kleinen Gärten, von Bäumen beschattete Straßen, aber nirgendwo ein Hinweisschild auf eine Pension. Ich frage im Verkaufsladen, und wieder einmal habe ich Glück. Für wenig Geld wird mir eine Wohnung mit zwei Zimmern und Balkon vermietet.

In der Nacht ist es kühl geworden. Die glühende Hitze scheint gebrochen, und die Donau ist unter watteweißem Nebel verschwunden. Die Straße führt weiter durch hügelige Landschaft mit Wiesen und Feldern. Ab und zu komme ich an Fabrikhallen, Lagerhäusern und Kombinaten vorbei, wuchtigen Gebäuden, die den anmaßenden Gigantismus des ehemals kommunistischen Regimes verkörpern. Sie sind schon lange nicht mehr in Betrieb, wie leere Fensterlöcher beweisen. Dem Zerfall preisgegeben, wirken sie wie Mahnmale einer fehlgeleiteten Ideologie.

Im nächsten Dorf beobachte ich Arbeiter beim Reparieren der Straße und Befestigen mit Betonrandsteinen. Auch in anderen Orten sah ich Leute bei Ausbesserungsarbeiten; so bemüht man sich, die Verkehrswege zu erhalten.

Meine Verpflegung kaufe ich in den Dorfläden. Vor diesen »Magazinen« stehen Tische, und meist sitzen dort Leute aus dem Dorf. Wenn einer dabei ist, der ein wenig Deutsch kann, wollen sie wissen: »Warum bist du allein? Wo Mann, wo Freunde?«

Ob es allein denn gefährlich sei, frage ich zurück und ernte ein entschiedenes: »*Ne!* Bulgarien keine Gefahr. Aber allein –

langweilig. Du suchen Freund!«, wird mir geraten. Tatsächlich würde ich gern wieder einmal andere Reisende treffen, mich unterhalten, Erfahrungen austauschen. Etwas wehmütig erinnere ich mich an die kurze Begegnung an der Fähre in Ram, an der Grenze zwischen Serbien und Rumänien, und die zwei Tage des gemeinsamen Unterwegsseins mit den anderen Donauradfahrern. Tagsüber bin ich gern allein und genieße meinen eigenen Rhythmus, aber an den Abenden wünschte ich mir Weggefährten.

Der Baugrund scheint am Donauufer für eine wachsende Bevölkerung nicht zu reichen, oder hat man sich vor Hochwasser in Sicherheit bringen müssen? Jedenfalls dehnen sich die Orte jetzt immer öfter in die Berge aus. Die steilen Dorfstraßen sind beschwerlich, vor allem für alte Leute. Ich beobachte Frauen und Männer mit schweren Einkaufstaschen, die sich mühsam bergauf quälen.

Auf den Landstraßen begegne ich fast nur Eselfuhrwerken. Die Straßen sind so einsam, dass ich am hellen Vormittag einen Fuchs sehe, der die Straße als bequemen Wanderweg benutzt.

Nachdem ich in den Tagen zuvor weite Strecken zurückgelegt habe, begnüge ich mich diesmal mit einer Tagesetappe von 60 Kilometern und wähle zur Übernachtung den Ort Baykal. Zwar ist nur eine Gaststätte eingezeichnet, doch ich spekuliere darauf, dass dort auch Zimmer vermietet werden. Das Restaurant, das wie der Ort »Baykal« heißt, liegt direkt am Ufer der Donau. Fantastisch, freue ich mich, da werde ich wieder einen Sonnenuntergang am Fluss erleben können. Nun muss es nur noch mit dem Zimmer klappen. Die Gaststube ist gut besucht, und der Wirt ist schwer beschäftigt. Endlich gelingt es mir, nach einem *staya,* einem Zimmer, zu fragen. Er versteht mich nicht. Ich versuche es in den anderen Sprachen: *szoba* auf Ungarisch, *soba* auf Serbisch und Kroatisch, *izba* auf Slowakisch und *cameră* auf Rumänisch. Meine phänomenalen Sprachkenntnisse verwirren den armen Mann. Da hat er eine

Idee, bedeutet mir mitzukommen und führt mich zu seiner Frau in die Küche. Sie begrüßt mich auf Spanisch.

»Woher wussten Sie denn, dass ich Spanisch spreche?«, frage ich sie verblüfft.

»Wusste ich nicht, aber außer Bulgarisch kann ich nichts anderes«, antwortet sie. Wie ich später erfahre, hat sie einige Jahre lang in der Gastronomie in Andalusien gearbeitet.

Während das Zimmer gerichtet wird, bestelle ich *airan,* Buttermilch, und einen Salat aus Tomaten, Gurken und Käse. Die Einrichtung des Zimmers überrascht mich: Durch schmale Gänge getrennt, stehen da sechs Betten.

»Wir vermieten üblicherweise an Montagearbeiter«, erklärt die Wirtin. Und tatsächlich, am Abend füllen sich die anderen Zimmer mit Arbeitern, die auf Spirituskochern ihr Essen bereiten.

»Unser Restaurant ist ihnen zu teuer. Das wenige, was sie verdienen, müssen sie für ihre Familien sparen.« Es seien »gute Leute«, versichert mir wortreich die Wirtin, »musst keine Angst haben, die tun dir nichts«.

Wo der Fluss Iskar in die Donau mündet, liegt, nur wenige Kilometer von Baykal entfernt, Ulpia Eskus, eine ehemals römische Siedlung aus dem 3. Jahrhundert. Nachdem ich mich in meinem Zimmer eingerichtet habe und da es erst früher Nachmittag ist, schwinge ich mich wieder aufs Fahrrad und mache eine Besichtigungstour. Das Gatter ist offen, so kann ich das eingezäunte Gelände betreten. Nach den gepflegten Blumenrabatten zu schließen, muss sich ab und zu jemand um die Anlage kümmern. Im Gelände stehen und liegen Statuen, Grabplatten, Säulen, Kapitele. Einige vielleicht wertvollere Fundstücke schützt ein Dach vor der Witterung. Ich bin überrascht und freue mich, die historische Stätte für mich allein zu haben, und lasse mir Zeit, gehe von einem bearbeiteten Stein zum anderen, entdecke Grundmauern von Häusern, setze mich schließlich auf ein Säulenfundament und lasse meine Gedanken fließen, wohin sie wollen. Es ist still, kein Vogelruf. Nur der Wind weht und wird merklich heftiger. Am Himmel bilden sich dunkle Türme, Kumuluswolken, die sich ambossartig zu Gewitterbringern formen.

Zurück in Baykal, bestelle ich im Restaurant zum Abendessen gebratenen Fisch und blicke hinaus zur tintenschwarzen Donau. Der Himmel droht pechschwarz. Schon zucken Blitze durch die Dunkelheit, und bevor ich noch die Sekunden zählen kann, kracht der Donnerschlag. Hagelkörner prasseln herab, Sturm fährt in die Bäume am Ufer. Die wild wirbelnden Kronen rauschen wie Meeresbrandung, und die Stämme werden gebogen, als wären sie dünn wie Schilfrohre. Der Orkan peitscht das Donauwasser zu schäumenden Wellen. Regen strömt herab wie die Flutwelle bei einem Dammbruch.

In diesem Inferno erscheint ein Gast, tropfend, als habe er in der Donau gebadet. An seinen Fahrradtaschen und der Funktionskleidung erkenne ich, dass auch er ein Donauradler ist. Der Ankömmling ist Franzose, doch kann er etwas Englisch. Mit letzter Kraft habe er Baykal erreicht und hoffe auf ein freies Zimmer. Damit er sich mit den Wirtsleuten verständigen kann, die beide weder Englisch noch Französisch können, bittet er mich um Hilfe. Er sagt mir auf Englisch seine Wünsche, und ich übersetze sie für die Wirtin ins Spanische. Sie wiederum gibt sie ihrem Mann auf Bulgarisch weiter. Auf gleiche Weise geht die Info zurück, es sei nur noch ein Bett frei. Das Zimmer müsse er sich mit zwei Arbeitern teilen, dafür koste es nur die Hälfte.

Äste vom gestrigen Sturm liegen auf der Fahrbahn, auch einmal ein umgestürzter Baum, doch mit dem Fahrrad ist es kein Problem vorbeizukommen. Sonnenstrahlen blitzen über den Horizont, als ich eine Pappelallee entlangfahre. Die Strecke kenne ich bereits von meinem Ausflug zum römischen Ulpia Eskus. Am Ufer der Iskar stehen Angler, vielleicht dieselben, die ich gestern schon sah. Eine Holzbrücke überspannt den schmalen Fluss, der wild gurgelnd dunkelbraunes Wasser führt.

Endlich ein Tagesbeginn ohne Steigungen. Erfreulich lange geht es an mit Schilf gesäumten Bächen entlang. Die Berge sind einer wasserreichen Ebene gewichen, die von zahlreichen Gräben durchzogen wird. Mais, Sonnenblumen und Getreide wachsen auf den Feldern. Auf den Wiesen weiden auch in Bulgarien keine Kühe. Im Schilf wetteifern Drosselrohrsänger miteinander, wer am lautesten singen kann. Unglaublich, die Phonstärke dieser kaum sperlingsgroßen Vögel. Mit ihrem Gesang verteidigen sie nicht nur ihr Revier und locken Weibchen an, sondern unabsichtlich auch Kuckucke, die den kleinen Rohrsängern ihre Eier ins Nest legen. So zahlreich habe ich Kuckucke selten gesehen. Aus allen Richtungen erschallen die Rufe der Männchen und das glucksende Kichern der rostroten Weibchen. Wenn ich bisher geglaubt hatte, ihr Ruf sei stets gleich, kann ich durch den Vergleich hören, wie sehr sich ihre Stimmen in Tonhöhe und Intervallen unterscheiden. Manche rufen gleich dreisilbig, einer schafft nur eine Silbe, was lustig klingt, als würde er noch üben: *Kuck kuck kuck …*

Wenn das Weibchen es schafft, eines ihrer Eier ins Nest ihrer Wirtsvögel zu legen, ist deren Brut verloren. Der junge Kuckuck wirft die Nestgeschwister hinaus, denn als anspruchsvolles »Einzelkind« braucht er alles Futter für sich allein. Fast könnte man annehmen, die Rohrsänger wüssten um die Gefahr. Sobald sich ein Kuckuck in ihrer Nähe zeigt, greifen sie den viel größeren Vogel mutig an, attackieren ihn mit Sturzflügen. Es ist aber das übliche, von den Biologen als »Hassen« bezeichnete Verhalten, das Singvögel gegenüber Greifvögeln ausüben. Denn Kuckucke sehen einem Sperber im Flug täuschend ähnlich, haben wie er eine quer gestreifte Brust. Während ich den Angriffen der Rohrsänger zuschaue, beobachte ich, wie ein Kuckucksweibchen die Situation ausnutzt. Damit sie sich ungesehen nähern kann, fliegt sie niedrig über den Boden. Es dauert nur Sekunden, dann hat sie ihr Ei in das unbewachte Nest gelegt. So ist es also gerade das allen Singvögeln angeborene Abwehrverhalten, was es der Kuckucksfrau ermöglicht, ihre Eier erfolgreich zu platzieren.

Die schmale Nebenstraße habe ich heute für mich allein, nur einmal fährt ein Traktor vorbei. Der Fahrer freut sich, einer Radlerin in der einsamen Landschaft zu begegnen. Er lächelt, beugt sich aus seiner Kabine heraus und grüßt höflich. Es klingt, als würde er mir einen guten Weg wünschen. Nach 40 Kilometern durch die dünn besiedelte Gegend beginnt wieder eine Bergstrecke mit zahlreichen kleinen Orten. Auf den Bänken vor ihren Häusern sitzen alte Leute und blicken mir neugierig entgegen. Ihre Augen leuchten auf, wenn ich »Dobr den!« rufe. Fröhlich rechts und links grüßend, radle ich die Dorfstraßen entlang. Es vertreibt das Gefühl von Einsamkeit und Fremdheit. Ich werde wahrgenommen, bin für einen Augenblick Teil des Dorfes, genieße den Moment des Augenkontakts. Kinder fordern mich auf, mit ihnen um die Wette zu fahren. Ich gönne ihnen jedes Mal den Sieg.

Wie es den Bulgaren wirklich geht, wie schwer das Leben für die in den Dörfern zurückgebliebenen Alten ist, ob viele aus der jungen Generation in die Städte abgewandert und dort von Arbeitslosigkeit bedroht sind, kann ich nur erahnen und mir aus den Eindrücken, die ich beim Vorbeifahren erhasche, zusammenreimen. Mir fällt auf, wie fleißig und regsam die Dorfbevölkerung ist, die Blumen werden gegossen, der Rasen wird gemäht und die Rabatten gepflegt, meist sind es herrlich blühende Rosen. Die Leute sind bemüht, ihre Umgebung in Ordnung zu halten, auch wenn das Geld fehlt, dem Häuschen einen Anstrich zu verpassen. Die mit Ziegeln gemauerten Häuser bleiben roh oder sind grau verputzt. Ich vermute, man spart den Kauf von Farbe und streicht die Fassaden mit Zement-Kalk-Gemisch an.

Außerhalb der Orte wächst zwischen Straße und Feldern ein breiter Streifen üppig wuchernden Grases. Auch das wird gemäht und das Heu mit Pferdefuhrwerken heimgebracht. Ein

Bild prägt sich mir tief ein: Eine alte Frau spaziert mit ihrer Kuh zum Dorf hinaus. Dort wartet die Frau geduldig mit der Kordel in der Hand, bis sich die Kuh satt gefressen hat.

Der dunkle Himmel kündigt wieder ein heftiges Unwetter an. Gerade, als sich die Wolken öffnen und Wassermassen herabstürzen, erreiche ich die Stadt Nikopol. Da passt es gut, dass ich ohne langes Suchen ein Hotel entdecke und dort ein Zimmer frei ist. Als ich nach dem Preis frage, bin ich überrascht, wie günstig in Bulgarien sogar Sternehotels sind. Das Hotel trägt den anspruchsvollen Namen »Gold«. Riesige goldene Buchstaben sind am Dachfirst angebracht. Der kastenförmige Bau ist innen erstaunlich geschmackvoll gestaltet. Die Angestellten scheinen sich über meine Ankunft mächtig zu freuen. Zwei Frauen und ein Mann umringen mich freundlich lächelnd, kümmern sich eifrig, wollen meine Gepäcktaschen ins Zimmer tragen, mein Fahrrad wird sicher verwahrt, mir wird ein Stadtplan geschenkt, und ich bekomme Besichtigungstipps. So bevorzugt wurde ich noch nie behandelt. Warum mir so viel Aufmerksamkeit geschenkt wird, erfahre ich erst am nächsten Morgen.

Der Gewitterguss dauert zwei Stunden, danach ist die Luft wunderbar rein und kühl, und ich nutze den Nachmittag, um den Ort zu erkunden. Abseits der Hauptstraße in einem Park steht eine kleine Kirche, die St.-Petar-i-Pavel-Kirche aus dem 14. Jahrhundert. Das baufällige Gotteshaus wird mit Holzstelen gestützt und kann nur von außen besichtigt werden. Das Mauerwerk beeindruckt mich durch die kunstvolle ornamentale Anordnung von Steinen und Ziegeln.

Das heutige Nikopol mit kaum 5000 Einwohnern war ehemals eine weithin berühmte Festungsstadt mit doppeltem Mauerring und 26 Türmen, die hoch in den Himmel ragten. Von der einstigen riesigen Verteidigungsanlage sind nur der Festungsbau, ein Tor und Reste der Mauern übrig geblieben. Im Jahr 1396 führte der ungarische König Sigismund zusammen mit dem Burgunderherzog Jean de Neves, bei uns Johann

Ohnefurcht genannt, ein Kreuzfahrerheer gegen Sultan Baye-
zid I. Die christlichen Krieger belagerten Nikopol vergeblich
und wurden vom Heer des Sultans und seiner geschickten
Strategie vernichtend geschlagen. So entschied sich hier in Nikopol, dass Bulgarien über Jahrhunderte eine osmanische Provinz blieb.

König Sigismund gelang die Flucht, er wurde später sogar
deutscher Kaiser. Johann Ohnefurcht jedoch geriet in Gefangenschaft und kam nur gegen hohe Lösegeldzahlungen frei.
Ein Münchner Junge mit Namen Johannes Schiltberger hatte
nicht so viel Glück, aber auch nicht so großes Pech wie andere
Gefangene, die grausam getötet wurden. Johannes zählte erst
zwölf Jahre, diente als Knappe und musste mit seinem adligen
Herrn Leinhart Richartinger in den Krieg gegen die Osmanen
ziehen. Vielleicht verdankte er es seiner Jugend oder seinem
hübschen Aussehen, dass der Sohn des Sultans ihm das Leben
schenkte und ihn in seine Dienste nahm. 30 Jahre später gelang
Johannes Schiltberger die Flucht, er kehrte nach Bayern zurück
und schrieb seine Erlebnisse auf. So erfuhren die Menschen
in seiner Heimat von den fremden Ländern, die er gesehen
hatte. Er beschreibt auch die Felsenge Eisernes Tor in Serbien, die ich auf dem Schiff zusammen mit den beiden Österreichern durchquert hatte. Johannes Schiltberger erhielt nach
seiner glücklichen Rückkehr eine Anstellung als Kammerherr
und Befehlshaber der Leibwache bei Herzog Albrecht III.
von Österreich.

Wie immer will ich am nächsten Morgen frühzeitig starten,
doch die Außentür des Hotels ist mit einem Vorhängeschloss
gesichert. Ich bin im Hotel gefangen. Kein Mensch an der Rezeption, niemand hört mein Rufen. Seltsam, entweder schlafen alle Gäste noch, oder ich bin ganz allein in dem riesigen
Hotel mit drei Stockwerken und geschätzten 40 Zimmern.
Während ich warte, betrachte ich die Decke im Foyer und
im angrenzenden, geschmackvoll eingerichteten Frühstücks-

raum. Passend zum Namen »Gold« sind an der Decke die Küsten Südamerikas und die Routen der spanischen mit Gold beladenen Segelschiffe dargestellt. Eigentlich bin ich ein ungeduldiger Mensch, doch da ich nun mal zum Warten gezwungen bin, genieße ich die geschenkte Zeit und schicke meine Fantasie auf Reisen ins Land der Inka.

Das Vorhängeschloss an der Tür wird rasselnd aufgeschlossen, eine der freundlichen Damen von gestern erscheint und versichert, sie werde mir ein köstliches Frühstück zubereiten. Ich unterdrücke meinen Impuls aufzubrechen, will sie nicht enttäuschen, denn schließlich ist sie extra für mich früh aufgestanden. Ob ich tatsächlich der einzige Gast sei, frage ich ungläubig. Sie bestätigt meine Vermutung, und ich überlege, wie lange das Hotel so noch überleben kann.

Nachdem ich gleich hinter Nikopol wieder einen Berg bezwungen habe, führt der Straßenverlauf in einem weiten Bogen weg von der Donau, um erst wieder bei der Kleinstadt Belene zum Fluss zurückzukehren. Belene soll nur etwa 10 000 Einwohner haben, wirkt aber größer auf mich. Langsam fahre ich durch die Fußgängerzone, erblicke aber nichts, was mich zu längerem Bleiben verlocken würde. Mir gefällt es besser in den Dörfern, wo ich mit den Menschen in Kontakt kommen kann.

Bald habe ich die Stadt durchquert und finde mich auf einer Straße wieder, die mich zum Atomkraftwerk »Belene« bringt. Die Richtung stimmt, die Radstrecke führt laut Karte und Beschilderung am Werk vorbei. So nah bin ich noch nie einem Kernkraftwerk gekommen, das nicht durch eine Mauer sichtgeschützt ist. Nur ein einfacher Maschendrahtzaun trennt mich von der Anlage, und einzig die Schilder mit einem rot durchgestrichenen Fotoapparat verweisen auf die brisante Situation. Allerdings, obwohl schon 1987 begonnen, befindet sich das Werk noch immer in der Bauphase. Eigentlich wollte man nach mehreren Bauunterbrechungen den ersten Reaktor im Jahr 2013 in Betrieb nehmen, doch da sprang die RWE, der deutsche

Hauptinvestor, ab. Nun soll die Anlage zu einem Gaskraftwerk umgebaut werden. Schwarze Limousinen mit verdunkelten Scheiben überholen mich und biegen in eine bewachte Toreinfahrt ein.

Endlich liegt der Komplex hinter mir, danach folgen marode Industrieanlagen. Auf einer breiten Uferstraße erreiche ich die Hafenstadt Svishtov, wo die Donau ihren südlichsten Punkt erreicht und sich wieder nach Nordosten wendet. Will man auf die rumänische Seite wechseln, muss man bei Svishtov die Fähre benutzen; eine Brücke wird es erst wieder in Ruse geben.

Die Häuser beginnen unten am Hafen, von wo aus es zum Zentrum steil bergauf geht. Kaum bin ich oben angekommen, öffnet sich schon wieder der Himmel, und Regen flutet herab. Es geschieht so plötzlich, dass ich keine Zeit habe, meine Regenkleidung aus den Packtaschen herauszuziehen. Ich flüchte mich ins Hotel »Danube« am Hauptplatz. Eine Stunde muss ich durchnässt warten, denn Gäste dürfen erst ab 14 Uhr in die Zimmer. Da der Regen weiter herabprasselt, kann ich die Wartezeit nicht zu einer Stadtbesichtigung nutzen. Erst am Nachmittag lerne ich eine geschäftige Stadt mit großzügigen Plätzen, breiten Einkaufsstraßen, Parks, attraktiven Bürgerhäusern, netten Cafés und Restaurants kennen. Svishtov hat eine Universität mit etwa 8000 Studenten, die jugendliches Leben in die 30 000 Einwohner zählende Stadt bringen. Dank ihres Hafens war Svishtov früher eine weltoffene Stadt mit weitreichenden Handelsbeziehungen und trug den Beinamen »Klein-Paris«. Die Leute gelangten zu Wohlstand und konnten sich prächtige Wohnungen leisten.

Ich besuche das Haus, in dem Aleko Konstantinov gelebt hatte, ein auch im Ausland anerkannter Schriftsteller. Vor allem sein Roman »Onkel Ganjo« wurde bekannt. Bulgarien scheint zu damaliger Zeit ein gefährliches Land für Dichter gewesen zu sein. Wie Cristo Botev wurde auch Aleko Konstantinov erschossen. Mit nur 34 Jahren starb er im Jahr 1897 bei einem Ausflug mit einem Freund. Die Pferdekutsche wurde von einem Maskierten überfallen, wobei ein Schuss den Schriftsteller mitten ins Herz traf. Der durchlöcherte Anzug und das präparierte Herz sind in dem zum Museum umgebauten Wohnhaus ausgestellt. Die Tat ist nie aufgeklärt worden. Es heißt, es sei ein Auftragsmord und eigentlich der Freund gemeint gewesen.

Der nächste Tag ist einer der heißesten und anstrengendsten der ganzen Reise. Es dauert lange, bis ich aus der Stadt hinausfinde. Gleich dreimal fahre ich in die falsche Richtung, weil ich übersehen habe, dass ich mich zurück nach Westen wenden muss, um dann bergab aus Svishtov herauszukommen. Erst später, auf gerader Strecke, wo es gar nicht mehr nötig wäre, befinden sich Schilder für Donauradfahrer. Nach vier Kilometern halte ich bei der Römerfestung Novae, die zum Schutz des Donaulimes errichtet worden war. Sie ist eine der besterforschten Militäranlagen aus der Römerzeit, mit Mauern, Toren und den Grundmauern der Stadt. Ein reich ausgestattetes Besucherzentrum informiert über Fundstücke sowie über die Funktion und Bedeutung der Anlage. Die Legionärsstadt war so nahe am Ufer erbaut worden, dass ich von den Ruinen auf den Fluss blicken kann.

Wie immer in Bulgarien geht es auf ruhiger Straße weiter bergauf und bergab, mit fantastischen Ausblicken auf die Donau. Wie ein trennendes Band liegt sie zwischen den Nachbarn Rumänien und Bulgarien, die in mehreren Kriegen auf den Seiten verschiedener Bündnispartner standen und das traditionelle Misstrauen bis heute nicht wirklich beseitigen konnten. Aus diesem Grund gibt es auch nur zwei Brücken und selten eine Fährverbindung. Wie ich aus der Karte ersehen kann, sind die beiden Ufer grundverschieden. Auf rumänischer Seite zeigt sich die Donau dem Radfahrer fast nie, dort dehnen sich am Ufer Sümpfe, Tümpel und Teiche aus. Dann geht das Feuchtgebiet über in flaches Ackerland mit Feldern bis zum Horizont.

In Bulgarien dagegen stellen sich der Donau felsige Bastionen entgegen und gewähren ihr kaum einen Uferstreifen.

Bei der Ortschaft Novgrad entfernt sich die Straße wieder vom Fluss und führt hinein in ein malerisches Tal, durch das der Fluss Jantra mit wirbelndem Wasser strömt und wo er sich tief in das schroffe Gestein der Berge hineingefräst hat. Für mich ist es die landschaftlich schönste Strecke Bulgariens. Die Luft ist erfüllt von den Rufen der Bienenfresser, die in den Lehmmauern brüten und nirgendwo so zahlreich sind wie hier. Gleich blauen Blitzen mischen sich Blauracken in das Geschwader der exotisch bunten Vögel. Kein Fahrzeug stört meine Freude an Landschaft und Natur. Doch für Tiere ist die friedliche Gegend verhängnisvoll. Sie sind nicht an Autoverkehr gewöhnt und unterschätzen die Gefahr. Ein einziges Fahrzeug kann vielen Lebewesen den Tod bringen. Gerade auf dieser einsamen Straße sind außerordentlich zahlreiche Opfer zu beklagen. Ich sehe überfahrene Ziesel, Füchse, Dachse, Nebelkrähen, Wiedehopfe, Blauracken, Stieglitze, Neuntöter, Uferschwalben und viele Smaragdeidechsen.

Ich bin dankbar für jeden Schatten spendenden Baum, unter dem ich verschnaufen kann, wenn es bergauf geht. Meine Wasserflaschen sind so gut wie leer, und gegessen habe ich auch noch nichts; dabei ist es schon bald Mittag. Endlich erreiche ich in dem dünn besiedelten Bergland die Ortschaft Dve Mogili, wo ich im *Magazin* meine Tagesverpflegung aus Brot, Käse und Tomaten kaufe. Zum Essen will ich mich irgendwo hinsetzen, doch ich entdecke weder einen Park noch einen günstigen Platz mit Bänken, nur staubige, schattenlose Straßen. Also gehe ich in den Laden zurück und erkundige mich nach einem Restaurant. Zu meiner Überraschung weist man mir eine Tür in einer Bretterwand neben dem Geschäft. Nie im Leben hätte ich erwartet, was sich hinter dieser unscheinbaren Tür verbirgt. Neugierig öffne ich sie, gehe zwischen zwei Mauern entlang, biege um eine Ecke – und da breitet sich eine blau schimmernde Wasserfläche vor mir aus: ein herrlicher Swimmingpool, umgeben von Sitzplätzen mit bunten Sonnenschirmen. Kinder tummeln sich im Wasser, die Erwachsenen löffeln Eiscreme und trinken Cola. Unglaublich, eine versteckte Wellnessoase in einem winzigen bulgarischen Ort.

Gut erholt von der Rast, strample ich weiter durch die Hitze, die sich eher noch steigert. Am Nachmittag spüre ich, dass ich es an diesem Tag nicht mehr bis Ruse schaffen werde. Ein Schild am Straßenrand klingt verlockend: »Guesthouse Koshov«, sechs Kilometer. Perfekt, dort werde ich übernachten, entscheide ich sofort. Doch bald bereue ich es, dem Hinweis gefolgt zu sein. Der Abzweig führt immer weiter hinab in die Tiefe. Falls das angekündigte »Guesthouse« geschlossen hat oder gar nicht mehr existiert, muss ich mich wieder nach oben quälen. Ein Gedanke, der mir gar nicht gefällt, bin ich doch von der Hitze und der mühsamen Tagestour erschöpft und müsste in diesem Zustand dann noch einmal 30 Kilometer bis Ruse zurücklegen. Schon bin ich die Hälfte der Strecke hinabgerast. Noch würde es sich lohnen umzukehren, doch starrköpfig bleibe ich beim einmal gefassten Entschluss. In fliegender Fahrt geht es hinab in die Kluft, immer weiter in einen schroffen Einschnitt zwischen den Felsen.

Endlich blinken rote Dächer auf. Tatsächlich, dort unten ist eine Ortschaft! Nun muss ich nur noch Glück haben und ein Zimmer mieten können. Beim Kaufladen unterhält sich eine Gruppe Anwohner. Ob das »Guesthouse« geöffnet sei, frage ich ängstlich. Wie es in Bulgarien bei einer positiven Bestätigung üblich ist, schütteln sie den Kopf und weisen mir den Weg weiter bergab. Immer noch skeptisch, aber jetzt doch hoffnungsvoll, folge ich dem Hinweis und finde im Talgrund ein geschmackvoll gestaltetes – nein, kein simples Guesthouse, sondern das Dreisternehotel »Rusenski Lom«, benannt nach dem Fluss in unmittelbarer Nähe.

Bulgarien ist immer wieder für Überraschungen gut. Wieso baut jemand ein exquisites Hotel in einem abgelegenen Dorf, wo die Welt scheinbar zu Ende ist? Von hier führt die Straße nur in eine einzige Richtung, nämlich die, aus der ich gekommen bin. Wer verirrt sich schon hierher? Doch das Hotel ist gut besucht, auf der Terrasse sind fast alle Plätze besetzt. Gleich überfällt mich der nächste Schreck. Wenn ich Pech habe, ist kein Zimmer mehr frei. Mir graut davor, mich erschöpft, wie ich jetzt am Abend bin, aus der tiefen Senke wieder nach oben quälen zu müssen. Doch meine Ängste werden von der jungen Frau an der Rezeption lächelnd zerstreut, sie überreicht mir einen Zimmerschlüssel.

Als ich die Tür öffne, bin ich angenehm überrascht. In dem lichtdurchfluteten Zimmer mit seinen hellen Möbeln fühle ich mich sofort wohl. Liebevoll drapierte Aufmerksamkeiten begrüßen mich. In der Vase auf dem Tisch eine Orchidee, daneben eine Schale mit Früchten und eine zweite mit verlockenden Süßigkeiten. Auf dem Bett weiße Handtücher, zu Schwänen gefaltet, die sich mit den Schnäbeln berühren. Dabei ist der Preis äußerst moderat.

Einzigartig ist der Blick aus dem Fenster auf eine atemberaubende Kulisse bizarrer Felsformationen. Die hochragenden Felswände leuchten rostrot im Abendlicht. Die Gipfel sind bewaldet, und am Fuß der Berge plätschert der Fluss, der diesen Canyon ins Kalksteinmassiv geschnitten hat. An der Hotelfachschule ausgebildetes Personal, wie ich erfahre, kümmert sich um die Gäste. Die jungen Frauen und Männer können allerdings meine neugierige Frage nicht beantworten, wer dieses Hotel vor knapp einem Jahr bauen ließ.

Bevor das Abendessen serviert wird, mache ich einen Spaziergang zum nur 100 Meter entfernten Fluss und entdecke einen Schwarzstorch. Der große Vogel wirkt auf mich wie eine unwirkliche Erscheinung. Bewegungslos, als wäre er eine Statue aus schwarzem Marmor, steht er wenige Meter von mir entfernt. Noch nie bin ich diesem scheuen Tier so nah gewesen. Sein schwarzes Gefieder schillert im Sonnenlicht grün-purpurn, nur der Bauch ist schneeweiß. Auf einmal geht ein Ruck durch seinen Körper. Mit seinem roten Schnabel stößt der Schwarzstorch ins Wasser, erwischt einen Frosch und fliegt davon. Ich blicke ihm nach, wie er hinter den Bäumen verschwindet, und sehe weit oben zwei Steinadler über den Bergen kreisen. Seit 1970 ist das vom Rusenski Lom durchflossene Gebiet durch einen Nationalpark geschützt, nicht zuletzt wegen seiner seltenen Tierarten.

Dunkle Wolken ziehen am rot und orange glühenden Abendhimmel auf. Später, als ich auf der überdachten Terrasse sitze, entlädt sich das Gewitter und entfacht ein gigantisches Wetterleuchten. Als würde ein riesiger Scheinwerfer angeschaltet, lodert und glüht der Nachthimmel taghell.

Bevor ich am nächsten Tag aufbreche, steige ich noch einmal zum Fluss hinab, wo mir diesmal ein Wiedehopf begegnet. Der Schwarzstorch zeigt sich nicht mehr. Durch den Gewitterregen hat sich der Rusenski Lom in ein wild und gefährlich gurgelndes Gewässer verwandelt und ist weit über seine Ufer getreten.

Erholt vom komfortablen Aufenthalt, der meinem Körper und meiner Seele gleichermaßen gutgetan hat, fällt mir die Auffahrt nicht so schwer wie gestern befürchtet. Nur an extrem steilen Stellen muss ich absteigen und mein Rad schieben, bis ich wieder zu meiner Hauptroute gelange. Vom höher gelegenen Plateau aus bieten sich immer wieder Blicke hinab in die atemberaubende Schlucht. Da es nur eine kurze Tagesstrecke bis Ruse ist, wo ich übernachten will, habe ich Zeit für Abstecher zu den Felsenklöstern von Ivanovo und Basarbovo, die in der Nähe der gleichnamigen Dörfer liegen.

Im 12. Jahrhundert suchten Menschen, die ihr Leben Gott weihten, nach einem Ort, an den sie sich zurückziehen konnten, und fanden ihn im einsamen Tal des Rusenski Lom. Zunächst lebten sie in den natürlich vorhandenen Höhlen, später, als dieses entbehrungsreiche Leben für mehr und mehr Menschen erstrebenswert wurde, schlugen sie zusätzlich Kammern in das Kalkgestein, die sie miteinander durch Gänge verbanden. So entstand eine Anlage mit 41 Kirchen, Kapellen und Klöstern, die bis ins 17. Jahrhundert von Mönchen bewohnt waren. Sechs Kirchen sind erhalten geblieben. Ihre wertvollen mittelalterlichen Fresken haben Berühmtheit erlangt, vor allem diejenigen in der Klosterkirche von Ivanovo, sie wurden ins UNESCO-Weltkulturerbe aufgenommen.

Der Weg zum Felsenkloster Basarbovo führt wieder hinab ins Flusstal. Es ist das einzige der orthodoxen Felsenklöster, das als religiöses Zentrum wiederbelebt wurde und von einer Mönchsgemeinschaft bewohnt wird. Hoch in den senkrechten Wänden befinden sich die Mönchsklausen und die in den Felsen hineingebaute Kirche, deren Fassade fremdartig bunt leuchtet. Ins Gestein geschlagene Stufen führen etwa 20 Meter zu ihr hinauf. Oben betrete ich den ersten Raum. Kerzen beleuchten Fresken, die mit ihrer archaischen Malweise die elementare Kraft des frühen Christentums widerspiegeln. Aus einem anderen Raum dringt dumpfes Gemurmel. Neugierig nähere ich mich und sehe, dass der Felsenraum voller Menschen ist. Sie stehen so dicht, dass kein Platz mehr für mich frei ist. Vom Eingang aus erblicke ich in der Mitte einen weiß gekleideten Priester, der einen Säugling segnet und mit Öl salbt. Als er ihn behutsam in ein Wasserbecken taucht, wird mir klar, dass ich eine Taufe nach orthodoxem Ritus beobachte. Während der Priester Gebete spricht, gehen die Eltern mit ihrem Kind auf dem Arm und den beiden Taufpaten wie bei einer Prozession einer hinter dem anderen um das Taufbecken.

Der Fluss Rusenski Lom mündet bei Ruse in die Donau. Ich bin neugierig auf diese Stadt, in der Elias Canetti im Jahr 1905 geboren wurde. Der berühmte Schriftsteller erhielt 1981 den Literaturnobelpreis und hat seiner Heimatstadt, die damals noch Rustschuk hieß, ein literarisches Denkmal gesetzt. Die weltoffene Hafenstadt mit ihren reich verzierten Bürgerhäusern war früher ein Zentrum für Kaufleute, Gelehrte und Diplomaten und trug wegen ihrer kulturellen Vielfalt und ihres künstlerischen Reichtums den Beinamen »Klein-Wien«. Heute schmückt sich die Stadt mit ihren 150 000 Einwohnern noch immer mit stattlichen Barockhäusern, schattigen Alleen und großzügigen Plätzen, unter denen der Freiheitsplatz mit dem Denkmal der Freiheit der größte ist. Es gibt ein Opernhaus, Museen, mehrere Kirchen und Kathedralen – Ruse ist eine Stadt voller Kultur und Schönheit.

Woran aber mag es dann liegen, dass ich trotzdem nicht das erwartete Glücksgefühl in Canettis Stadt erlebe? Vielleicht bin ich zu erschöpft von den Anstrengungen der letzten Tage, den steilen Bergen und der glühenden Hitze. Oder habe ich schon zu viel gesehen und erlebt an diesem unaufhörlich dahinströmenden Fluss? Möglich, dass mein innerer Speicher voll ist und ich nichts mehr aufnehmen kann.

Vermutlich bin ich auch enttäuscht, weil in der Stadt nichts an Elias Canetti erinnert. Natürlich war mir klar, dass Ruse längst nicht mehr der Ort ist, den der Schriftsteller so eindringlich beschrieben hat. Dass aber sein Elternhaus dem Verfall preisgegeben ist und weder ein Schild noch eine Tafel an ihn erinnert, deprimiert mich. Selbst das mehrstöckige barocke Wohnhaus, in dem Canettis Vater und Großvater ihr Handelskontor hatten, ist unbewohnt und marode. Nur die zerbröckelnden Stuckverzierungen vermitteln eine Ahnung von einstiger baulicher Schönheit, wodurch ich den Zerfall noch schmerzhafter empfinde. Ich kenne Canettis Bücher, seit ich 14 bin. Von den Werken dieses Autors angerührt, hat sich eine innige Beziehung zu ihm aufgebaut. »Die Blendung« und »Die gerettete Zunge« konnte ich in meinem jugendlichen Alter nicht wirklich verstehen, doch war ich verzaubert von seiner Sprache, von dem Geheimnis, das hinter den Sätzen vibrierte. Ich bin betroffen und traurig, dass dieser bedeutende Autor des 20. Jahrhunderts in seiner Heimatstadt nicht verehrt wird.

In nachdenklicher Stimmung sitze ich in einem Café am Freiheitsplatz. Springbrunnen plätschern, und modisch gekleidete Mädchen und junge Frauen mit extrem kurzen Röcken und bauchfreien Oberteilen spazieren vorüber. Es ist ein Sonntag, vielleicht ist der Platz deshalb mit umherschlendernden Menschen bevölkert. Die hellen Rufe von Seemöwen durchdringen die laute Geschwätzigkeit und erinnern daran, wie nah das Schwarze Meer schon ist. Die Donau aber, die bei Ruse nicht weiter nach Osten fließt, sondern wieder einmal ihre Richtung ändert, diesmal direkt nach Norden, muss noch 500 Kilometer bis zur Mündung zurücklegen. Ein weiter Weg auch für mich. Ich schaue träumerisch hinauf zum Himmel, wo die weißen Möwen kurvenreiche Bahnen in das Blau zeichnen. Ich sitze noch lange im Café am Freiheitsplatz und schaue zu, wie die Sonne golden im Wolkendunst versinkt.

Die Donau in Rumänien
– 1075 Kilometer

So viel ist über sie geschrieben worden und wird noch geschrieben werden, aber letztlich schwappt sie dann doch über den zugeschlagenen Buchdeckel hinaus. Fließt weiter und weiter und weiter. Wir schauen ihr nach, sehen, wie einzelne Wellen davonschaukeln, uns verlassen und wie sie doch dableibt, für immer, die Donau.

Bernhard Setzwein

Das große Finale
Von Ruse nach Sulina

Gegenüber von Ruse liegt die rumänische Stadt Giurgiu, die von genuesischen Kaufleuten im 14. Jahrhundert gegründet wurde. Die zwei Kilometer lange »Freundschaftsbrücke« verbindet die beiden Städte miteinander. Sie ist schon 1954 gebaut worden, als Rumänien und Bulgarien von kommunistischen Machthabern regiert wurden und der Ostblock unter sowjetischem Einfluss war.

Die Landschaft am Donauufer von Ruse hat durch hässliche Industriebauten gelitten. Acht Kilometer muss ich vom Stadtzentrum bis zur Brücke zurücklegen, eine Strecke, die mich schier verzweifeln lässt. Unaufhörlich überholen mich lärmende Lkws, und ich werde eingehüllt in stinkende Staubwolken. Der Grenzübergang nach Rumänien befindet sich in der Mitte der Brücke, wo ich nur den Pass zeige und dann durchgewunken werde.

Der Blick auf Giurgiu verlockt mich nicht zu einem Abstecher in die Stadt. Also fahre ich an ihr vorbei, wobei ich mehrere Kilometer lang eine Schnellstraße benutzen muss, die nach Bukarest führt. Die Hauptstadt Rumäniens ist 50 Kilometer entfernt, wie ich auf einem Schild lese. Mit jedem Kilometer, den ich auf der Fernstraße radle, komme ich Bukarest näher. Noch heute könnte ich dort sein und einen Zug zurück nach Deutschland nehmen, ein verführerischer Gedanke. Mein Tief von gestern hat sich eher noch verstärkt. Die grässliche Industriestrecke gleich am Morgen hat nicht zur Aufheiterung meiner Stimmung beigetragen. Lange hatte ich die Strapazen des anstrengenden Unterwegsseins nicht gespürt, umso heftiger machen sie sich an diesem Tag bemerkbar.

In Bulgarien habe ich mich auf Bergstrecken eingestellt und mich bewusst dafür entschieden. Nicht erwartet hatte ich, dass es in Rumänien so weitergehen würde mit steilen Anstiegen. Die bislang flache Landschaft Rumäniens ist von Hügelland abgelöst worden. Habe ich einen Steilanstieg geschafft, werde ich oben nicht mit einem Plateau belohnt wie in Bulgarien, sondern es geht gleich wieder nach unten und danach aufs Neue bergauf. Ich ächze und stöhne, und meine Muskeln schmerzen.

Bei Daia muss ich eine Entscheidung treffen, hier trennt sich die Radstrecke von der Schnellstraße und mündet in eine Nebenstraße. An der Abzweigung halte ich an und überlege. Ich könnte jetzt einfach geradeaus weiterfahren nach Bukarest. Aber soll ich meine Unternehmung wirklich beenden, ohne am Delta gewesen zu sein? So kurz vor dem Ziel abbrechen? 3000 Kilometer habe ich zurückgelegt, und nun will ich auf die Belohnung verzichten, auf den Anblick, wie sich die Donau ins Schwarze Meer ergießt? Ohne besondere Not meine Idee aufgeben, den Fluss von der Quelle bis zur Mündung zu begleiten, nur weil ich etwas müde geworden bin? Allerdings ist es weniger die körperliche Müdigkeit, die mir zusetzt, vielmehr nagt das einsame Unterwegssein an meinem Gemüt. Wäre ich im Urwald, in der Wüste, im Gebirge, also in Gegenden, die sowieso menschenleer sind, würde ich mich nicht allein fühlen, ich wäre ein Teil der Umwelt. Aber in dieser besiedelten Donaulandschaft bin ich ein Fremdling, auch wenn ich überall freundlich gegrüßt werde.

Soll ich mich für Bukarest entscheiden? Dann bin ich morgen Abend zu Hause in Deutschland. Oder weiter zum Delta fahren? Ich schließe kurz die Augen und fühle in mich hinein. Dann steige ich aufs Rad und biege rechts in die schmale Landstraße ein.

Erneut fordert mich eine Steigung heraus. Dörfer reihen sich aneinander, wie ich sie aus den anderen Donauländern kenne. Gestern hatte ich mir einige rumänische Sätze eingeprägt und grüße »Bună ziua«. Freundlich lächelnd, wird mir geantwortet. Die rumänische Sprache fällt mir leichter, denn sie gehört, anders als das Ungarische und die slawischen Sprachen, wie sie in der Slowakei, in Kroatien, Serbien und Bulgarien gesprochen werden, zur romanischen Sprachfamilie. Als das Gebiet römische Provinz war, setzte sich Latein bei der Bevölkerung durch. Obwohl diese Zeit schon lange zurückliegt, haben sich im Rumänischen lateinische Wörter, Grammatik, Strukturen und gebräuchliche Latinismen bewahrt, natürlich vermischt und vermengt mit griechischen, türkischen, ungarischen und slawischen Einflüssen.

Im Hotel in Ruse war kein Frühstück angeboten worden, was mich nicht weiter gestört hat. In den anderen Ländern war es kein Problem gewesen, unterwegs zu frühstücken, denn in fast jedem Dorf gab es Straßencafés. In Rumänien halte ich vergeblich nach ihnen Ausschau. In einem Dorfladen kaufe ich notgedrungen eine Cola und etwas Gebäck. Die junge, apart aussehende Verkäuferin holt für mich einen Stuhl aus dem hinteren Verkaufsraum, damit ich mich vor dem Geschäft zum Essen hinsetzen kann. Ich würde gern mehr über die junge Frau erfahren. Sie wirkt durch ihre äußere Erscheinung und die modische Kleidung wie ein Stadtmädchen. Wie kommt es, frage ich mich, dass sie Verkäuferin in einem winzigen Dorf ist? Ob sie vielleicht in Sofia oder einer anderen Großstadt studiert und hier einen Ferienjob hat? Mein rumänischer Wortschatz ist mager, an ein so persönliches Thema traue ich mich nicht heran.

Ich verabschiede mich: »*La revedere!*«

Als ich schon im Sattel sitze und in die Pedale trete, kommt die junge Frau vor die Ladentür und wünscht mir Glück auf der Reise – in perfektem Englisch! Oh, wie schade, denke ich, hätte sie mir nur eher ihre Sprachkenntnisse offenbart, wie gern hätte ich mich mit ihr unterhalten. Mir wird bewusst, dass ich sehr lange kein Gespräch mehr geführt und mich mit anderen Menschen ausgetauscht habe. Doch die Verkäuferin ist schon wieder im Laden verschwunden.

Sechs Kilometer vom Dorf Pietrele entfernt liegt die prähistorische Siedlung Măgura Gorgana, ein »Tell«, wie Archäologen die Wohnhügel nennen, wo, übereinandergeschichtet, die einzelnen Bebauungsphasen erhalten geblieben sind. Die Menschen der Frühzeit haben ihre Behausungen über Jahrtausende an immer der gleichen Stelle errichtet, also auf dem Schutt der früheren Generationen. Der Hügel bei Pietrele ist sogar auf steinzeitlichen Überresten herangewachsen, für Altertumsforscher eine glückliche Situation. So können sie an einem Ort Schicht für Schicht die Entwicklung der menschlichen Gesellschaft studieren. Ein weiterer Tell ist zum Beispiel Troja in der Türkei, wo zehn Schichten übereinanderliegen. Măgura Gorgana ist nur knapp zehn Meter hoch und kaum bekannt, dabei wurde hier Weltgeschichte geschrieben.

Die Archäologen sind sich sicher, im Donautal entstand die erste Klassengesellschaft. Nach Millionen Jahren als Jäger und Sammler begannen Menschen schließlich, ihre Nahrungsmittel selbst zu produzieren. Sie zähmten wilde Tiere, machten sie zu Haustieren und kultivierten Pflanzen. Wollten sie die Früchte ernten, mussten sie sesshaft werden. Es war eine völlig neue Lebensweise, die so tief greifend und umwälzend war, dass sie als »neolithische Revolution« bezeichnet wird.

Zeitgleich entdeckten die Menschen, dass sich aus Lehm Gegenstände formen ließen, die haltbar wurden, wenn man sie im Feuer härtete. Beim Brennen der Keramik, so stellen wir es uns heute vor, müssen die steinzeitlichen Ackerbauern und Viehzüchter festgestellt haben, dass bestimmte Mineralien bei Hitze flüssig werden, zum Beispiel gold- und kupferhaltige Gesteine. So wurde in der Siedlung von Măgura Gorgana bereits vor 6500 Jahren Gold zu Schmuck verarbeitet. Wichtiger noch war die Entdeckung des Kupfers, eines Metalls, aus dem Werkzeuge hergestellt werden konnten. Es ersetzte jedoch nicht sogleich die Steinäxte, dazu war es zu selten und kostbar. Zunächst wurden Gegenstände aus Kupfer für Rituale und als Statussymbole verwendet.

Mit Beginn des Kupferzeitalters endete das egalitäre, steinzeitliche Zusammenleben, denn es brauchte Spezialisten, die

Metall schmelzen und Werkzeuge, Waffen und Schmuck aus dem neuen Material herstellen konnten. Diese handwerklich Begabten erhielten besondere Vorrechte, und so bildete sich allmählich eine Elite und damit eine Klassengesellschaft heraus.

Die Ausgrabungen beweisen, dass die Privilegierten oben auf dem Hügel in zweistöckigen Häusern lebten, die ein Satteldach und einen Balkon hatten. Den Reichtum dieser Oberschicht demonstrieren 250 wertvolle kupferne Klingen, Äxte, Nadeln, Haken und Ringe. Die Unterschicht hingegen lebte am Fuß des Tells, so zum Beispiel die Weber, die Flachs zu Leinen verarbeiteten; Webgewichte beweisen ihre Tätigkeit. Auch die Bäcker lebten unten am Hügel; Mahlsteine für Getreide wurden dort gefunden.

Eine Invasion nomadischer Viehzüchter aus den Steppen weit im Osten beendete die Blütezeit der Kupferstadt Măgura Gorgana. Die biblische Geschichte von Kain und Abel illustriert drastisch diesen Konflikt zwischen Ackerbauern und nomadisierenden Viehzüchtern, der weltweit stattfand, als Menschen sesshaft wurden.

Măgura Gorgana hätte ich nicht gefunden, wäre mir nicht in Pietrele ein unscheinbares Schild mit einem Hinweis aufgefallen. Neugierig bin ich ihm gefolgt. Inmitten einer Grassteppe erhebt sich der Hügel, dem man nicht ansieht, welche geschichtlichen Schätze er in sich birgt. Die Archäologen haben ihre Grabung zum Schutz wieder zugeschüttet. In der Nähe zieht ein Schäfer mit Ziegen und Schafen vorbei. Ich will mich vergewissern, ob ich den richtigen Hügel gefunden habe.

»Firește! Aber ja, das ist Măgura Gorgana. Die deutschen Ausgräber haben gutes Geld gezahlt, ich habe Erde gesiebt und gegraben«, erzählt mir der Hirte Bela Părvan auf Rumänisch mit Deutsch vermischt, das er bei den Ausgrabungen aufgeschnappt hat. Besonders stolz ist er, dass er gelernt hat, auf Deutsch zu fluchen. Mich aber interessiert mehr, was er über die Funde weiß.

»Ach, da waren Tonscherben, alles kaputt. Die Ausländer waren glücklich, haben jedes Stück eingesammelt. Von Gold gab es nur winzige Teile. Zehn Jahre lang haben sie gegraben, na ja, für mich hat es sich gelohnt, ich hab gut dabei verdient.«

Der Hirte Bela war Fischer gewesen. »Früher in meiner Jugend«, schwärmt er, »gab es Fische im Überfluss.«

Die Donau bewässerte ein weitverzweigtes, acht Kilometer breites Auengebiet. Unter dem Ceauşescu-Regime wurde das Feuchtgebiet trockengelegt und in eine Agrarsteppe verwandelt. Der Boden versalzte und liefert nur schlechte Ernten. Jedoch auch ohne die gravierenden Eingriffe des Menschen verändert sich die Erde, wie uns die Vergangenheit zeigt. In der Kupferzeit vor 6500 Jahren bildete die Donau hier einen riesigen See, der sich vom heutigen Ruse bis zum Delta erstreckte. Inmitten dieses Sees lagen zahlreiche Siedlungshügel wie der von Măgura Gorgana.

Der Tag ist von Hitze durchglüht. Keine Wolke zeigt sich am tiefblauen Himmel. Die Sonne knallt auf die Asphaltstraße, die auch in Rumänien ohne Löcher ist. Mir begegnen Pferdefuhrwerke, hoch mit Gras beladen. Autos sind selten. Wind kommt auf, doch zu meinem Pech aus der falschen Richtung. Er wird immer heftiger, steigert sich zum Sturm. So fest ich auch in die Pedale trete, ich komme kaum voran. Einmal fährt ein Traktor mit leerem Anhänger an mir vorbei. Ich bin so fertig und mit meinen Kräften am Ende, dass ich den Traktorfahrer am liebsten gebeten hätte, mich mitzunehmen. »*Va rog!*«, bitte halten Sie an, will ich sagen, doch ich zögere zu lange. Schon ist er vorbei. Obwohl der Traktor gemütlich vor sich hintuckert, ist es für mich unmöglich, ihn bei dem Gegenwind einzuholen.

Im Radführer ist beim Dorf Greaca eine Gaststätte eingetragen. Ich benötige unbedingt eine Rast und frage eine Gruppe Männer am Straßenrand, ob es hier irgendwo ein *bufet* gibt, so heißen die Dorfkneipen in Rumänien. Die Leute überlegen, beraten hin und her, dann meint einer: »*Nu există*«, nein, hier nicht, aber ungefähr in zwei Kilometer Entfernung ist ein Restaurant. Auf meiner Karte sehe ich keinen Eintrag, aber was bleibt mir übrig, und so quäle ich mich weiter voran.

Nach einer Weile überholt mich ein Auto, stoppt und versperrt mir den Weg. Erschrocken bremse ich, doch dann erkenne ich die Männer, die ich gefragt hatte. Sie deuten zu einer Einfahrt, an der ich sonst vorbeigefahren wäre. Kein Hinweisschild macht deutlich, was mich dort erwarten wird. »*Mulțumesc frumos!*«, bedanke ich mich und fahre etwa 50 Meter weit einen Kiesweg entlang auf einen Torbogen zu.

Der Eingang wirkt wie der zu einem privaten Domizil. Zögernd fahre ich hindurch, und meine Augen weiten sich. Was ich erblicke, ist so unwirklich, dass mir der Atem stockt. Das gibt es doch nicht! Vor mir liegt eine Anlage wie aus dem Katalog für ein elegantes Urlaubsparadies. Da war ein Architekt mit Schönheitssinn am Werk. Er hat eine Idylle geschaffen, die ich in dem als rückständig geltenden Rumänien nicht erwartet hätte. Solche Ferienanlagen kenne ich nur von Fotos. Bei meinem Unterwegssein suche ich ungestörte Wildnis und dünn besiedelte Gebiete, doch an der Donau hat die Natur weitgehend dem Menschen weichen müssen, und so ist es für mich ein unerwartetes Abenteuer, so einen Luxus zu genießen. Mein Entschluss ist gefasst: Hier übernachte ich, ganz gleich, was es kostet. Das gönne ich mir einfach mal. Und wieder bin ich überrascht, wie preiswert selbst ein Fünfsternehotel sein kann.

Das Restaurant ist gut besucht. Auf zwei in den Hang hineingebauten Terrassen sind fast alle Tische besetzt. Von hier oben hat man einen freien Blick hinaus in die weite Landschaft mit Wiesen und Feldern. Von Bäumen begrenzt, fließt in der Ferne die Donau. Eine geschwungene Treppe, eingerahmt von herrlichen Blumen, führt hinunter zu den Liegewiesen, wo weiße Sonnensegel im Wind flattern und ein Schwimmbecken in Kleeblattform verlockend schimmert. Der Clou ist eine Bar mitten im Wasser. Wer will, kann dorthin schwimmen, sich auf einen Schemel setzen, mit den Beinen im Wasser baumeln und einen Drink bestellen. Was für eine Wohltat nach der anstrengenden Radtour, als ich mich in das kühle Nass gleiten lasse! Am Abend sitze ich erfrischt auf der Terrasse und genieße die Ruhe. Die meisten Gäste reisen ab, es mögen mehr als 100 gewesen sein, die sich auf der weiträumigen Anlage verteilt haben, vor allem Familien mit Kindern, die im Schwimmbad geplanscht haben.

Am nächsten Morgen habe ich Zeit für ein paar Runden im Wasser, denn Frühstück gibt es erst ab acht Uhr, für mich ziemlich spät. Ich erwarte ein reichhaltiges Büfett, das ich mir nicht entgehen lassen möchte. Pünktlich betrete ich den Frühstücksraum, aber nichts ist bereitgestellt, und niemand außer mir scheint frühstücken zu wollen. Schließlich finde ich einen Kellner, der mich erstaunt anblickt und hilflos mit den Schultern zuckt, als ich ihn nach dem *mic dejun* frage. Die Managerin wird gerufen, und es zeigt sich, dass ich der einzige Frühstücksgast bin. Ich kann es kaum fassen, wieder einmal habe ich allein in einem Hotel übernachtet. Die vielen Leute gestern waren nur zum Baden da. Allerdings, da einige von ihnen auch das Restaurant genutzt haben, bin ich diesmal nicht allzu besorgt, dass das Hotel bankrottgehen könnte. Um neun Uhr ist mein Frühstück fertig, ein deftiges Rührei mit Schinken, Speck und Käse. Als ich endlich starte, steht die Sonne hoch und brennend am Himmel. Ich weiß, warum ich meist aufs Frühstück verzichte und in aller Frühe losfahre.

Es bleibt bergig. In den Niederungen breiten sich Seen aus. Es muss eine beliebte Gegend für Angler sein, wie ich an den zahlreichen Hinweisschildern erkenne. Weil ich so spät gestartet bin, gönne ich mir an diesem Tag eine kurze Strecke und übernachte in Olţenita, einer mittelgroßen Stadt mit 25 000 Einwohnern. Ich spaziere breite Straßen mit mehrstöckigen Wohnhäusern entlang, vorbei an Einkaufszentren und durch Fußgängerzonen, kann aber kein Restaurant entdecken. Gern würde ich etwas zu Mittag essen. Aus einem Lokal dröhnt Techno-Musik. Coole Jugendliche sitzen mitten am Tag in dem mit Glas, Metall und Lichteffekten ausstaffierten Raum vor farbenprächtigen Drinks. Es scheint, die gesamte Jugend Olţenitas hat sich in diesem Club versammelt. Meinen Hunger kann ich hier nicht stillen, denn serviert werden nur Getränke. Ich bestelle eine Cola, dann habe ich genug von dem Lärm und gehe zum »Alten Wasserturm«, in dem sich ein Kunstmuseum befinden soll. Es ist aber bis auf Weiteres geschlossen, ebenso das in einem Park gelegene Schwimmbad. Im Becken ist kein Wasser, und auch die dortige Gaststätte hat offensichtlich den Betrieb eingestellt.

Inzwischen ist es schon später Nachmittag, und ich spaziere entlang der Fußgängerzone zum Archäologischen Museum, wo Fundstücke der Gumelniţa-Kultur ausgestellt sind. Sie ist benannt nach dem gleichnamigen Gebirgsmassiv, wo im Jahr 1922 die ersten Relikte dieser Gruppierung entdeckt wurden. Die Gumelniţa-Kultur war vor 7000 Jahren von den Karpaten bis zur Donaumündung weit verbreitet. Charakteristisches Merkmal ist die schwarze Keramik. Die Gefäße wurden vor dem Brennen mit Graphit behandelt, sodass eine mattschwarze Oberfläche entstand.

Die Menschen der Jungsteinzeit lebten in einfachen Hütten. Der Fußboden war aus festgestampftem Lehm, für die Wände wurden biegsame Zweige zwischen Holzpflöcke geflochten und mit Stroh und Lehm ausgefacht. Man ernährte sich von Ackerbau, Viehzucht und Jagd. Ihre Toten beerdigten die Menschen in hockender Stellung. Ungefähr 1000 Jahre überdauerte diese jungsteinzeitliche Kultur, bis von Osten neue Einwanderer eindrangen. Von den Menschen der Gumelniţa-Kultur unterschieden sie sich durch andere Tongefäße und Bestattungsriten, wie sie in der asiatischen Steppe üblich waren.

In Glasvitrinen liegen zahlreiche Fundstücke. Sie sind nur in rumänischer Sprache auf kleinen Zetteln aus vergilbtem

Papier beschriftet. Seltsam wirken die aus Ton geformten Miniaturen: winzige Stühle, Sessel und Tische, wie aus einer Puppenstube. Solche Funde habe ich noch nie gesehen, aber Fragen dazu kann ich niemandem stellen. Die Tür zum Museum war unverschlossen, niemand sitzt an der Kasse, wo ich für die Besichtigung zahlen könnte, überhaupt kein Mensch ist zu sehen, der das Museum beaufsichtigt.

Schließlich finde ich im Park mit schönen, alten Bäumen eine Grillstube, wo ich zu Abend essen kann. Der Besitzer hat in Frankfurt in einem Restaurant gearbeitet und das Gesparte in sein Lokal investiert. Seine Augen leuchten erfreut auf, als er erfährt, dass ich aus Deutschland komme.

Im morgenstillen Olțenita liegen überall einzelne herrenlose schlafende Hunde auf den Straßen, auf Grünflächen, vor Türen und Garagen. Nur einer öffnet die Augen, als ich vorbeigehe, und döst dann weiter. In Rumänien, so habe ich gelesen, gibt es zahllose Straßenhunde, um die sich niemand kümmert. In Olțenita haben mitleidige Menschen den Tieren Näpfe mit Futter und Wasser hingestellt. Außerhalb der Orte soll es verwilderte Hunde geben, die sich in Rudeln zusammenschließen und unvermittelt angreifen. Deshalb habe ich vorsichtshalber ein Pfefferspray in der Fahrradtasche.

Im Gegensatz zu gestern gibt es in den Dörfern, die sich fast ohne Übergang aneinanderreihen, immer wieder Café-Bars und kleine Läden, die *Mix-Magazin* heißen und vor dem Eingang mit Tischen und Stühlen ausgestattet sind. Die Läden werden fast immer von Frauen betrieben.

Der Verkehr auf der Straße nimmt zu. Ein Lastkraftwagen nach dem anderen donnert an mir vorbei. Die Straße führt zur Großstadt Călărași, eine unter der Herrschaft von Ceaușescu ausgebaute Industriemetropole mit Stahlkombinat. Das alte Stadtzentrum wurde abgerissen, habe ich im Fahrradführer gelesen, und mit Plattenbauten verunziert. Ich lasse Călărași links liegen und biege in einen asphaltierten Dammweg ein.

Indem ich an Seen, einem alten Donauarm und Sümpfen vorbeiradle, gelange ich zur Fähre, die mich zum rechten Ufer, nach Silistra, dem Grenzort zwischen Bulgarien und Rumänien, bringt. Um in Silistra zu übernachten, muss ich noch einmal nach Bulgarien wechseln, aber der Grenzübertritt stellt kein Problem dar. Östlich von Silistra gehört dann auch das rechte Donauufer mit dem dahinter befindlichen Gebiet zu Rumänien.

Das Hotel liegt direkt an der Donau, und so kann ich vom Balkon aus auf den Fluss blicken. Der Wind wirft meterhohe Wellen auf, ungewöhnlich hoch für einen Fluss. Die Donau ist hier so breit, dass das gegenüberliegende Ufer kaum zu erkennen ist. Durch die brausenden Wellen wirkt sie wie ein Meer. Ein paar Surfer nutzen die stürmische Wetterlage und kurven auf ihren Brettern mit gespannten Segeln auf dem Wasser. Am Abend lässt der Wind plötzlich nach, und die Sonne malt goldene Bahnen auf die jetzt spiegelglatte Oberfläche. Die Farben wandeln sich von Gold über Kupfer zu Silber, zuletzt, als das Nachglühen am Himmel verblasst ist, glänzt die Donau bleigrau. Beim Betrachten des gewaltigen Stroms, der trotz seines Fließens unergründlich und tief ist, überträgt sich seine Ruhe auf mich. Kein Schiff stört den Lauf der Donau.

Ich verzichte aufs Frühstück und starte früh, als es noch kühl ist. Bergauf und bergab, erreiche ich nach wenigen Kilometern Ion Corvin, hier gabelt sich die Radstrecke. Der Abzweig nach rechts führt von der Donau weg und über Constanța entlang der Schwarzmeerküste zur Mündung. Ich entscheide mich für die linke Route und folge der Donau 250 Kilometer weiter nach Norden in Richtung der Stadt Tulcea, dem »Eingangstor« ins Delta.

In Floriile, dem ersten Dorf nach Ion Corvin, bestelle ich im *Mix-Magazin* einen Kaffee. Die junge Verkäuferin blickt bei meiner Bestellung zunächst etwas unglücklich, dann hellt sich ihr Gesicht auf, und sie fragt, ob es auch Nescafé sein darf. Sie fügt noch eine Frage auf Rumänisch hinzu, die ich nicht verstehe, aber ich nicke mein Einverständnis und setze mich draußen zu einer Frau mit ihren zwei Kindern. Nach einem kurzen Moment schon bringt mir die Verkäuferin das Getränk. Verblüfft halte ich nach dem ersten Schluck inne. Ein völlig neues Geschmackserlebnis! Der Kaffee ist eiskalt, sprudelt und schmeckt nach – Coca-Cola. Mir wird schlagartig klar: Da die Verkäuferin kein heißes Wasser hatte, musste sie das Nescafé-Pulver in irgendeiner Flüssigkeit auflösen. Die Mischung ist scheußlich, aber ich trinke das Gebräu trotzdem. Nach und nach gewöhne ich mich an den eigenartigen Geschmack, habe aber nicht vor, zukünftig meinen Kaffee auf diese Art zuzubereiten.

Auf verkehrsarmen Straßen radle ich an Weinbergen, Sonnenblumen- und Getreidefeldern vorbei. In der Ferne wirken die Hügel sanft geschwungen, aber in Wirklichkeit sind es steile Erhebungen, die an meinen Kräften zehren. Die Schönheit der abwechslungsreichen Landschaft und die Beobachtung von Blauracken, Bienenfressern und Wiedehopfen entschädigen mich für die Anstrengung. Am Donauufer breiten sich Seen und Sümpfe aus, am Himmel kreisen Störche. Kein Auto stört. Sosehr ich es genieße, die Straße für mich allein zu haben, ist mir klar: Wenn ich in dieser einsamen Region überfallen werde, kann mir niemand zu Hilfe kommen. Meine einzigen Verteidigungswaffen sind ein Taschenmesser und das Pfefferspray gegen verwilderte Hunde.

Von aggressiven Hunden, Überfällen und anderen gefährlichen Situationen bleibe ich verschont. Nur einmal schlägt mein Herz vor Angst schneller. Ein Auto mit drei Männern fährt ungewöhnlich langsam an mir vorbei. Wenig später steht es am Straßenrand, und die Männer steigen aus. Haben sie eine Panne? Oder warten sie dort auf mich? Meine Nackenhaare richten sich auf, die Muskeln verspannen sich. Ich taste in der Hosentasche nach Taschenmesser und Spray, willens, mich nach Kräften zu verteidigen. Besser wäre es, wenn es mir gelänge, die Situation mit Worten zu entschärfen. Während ich auf das Fahrzeug zufahre, suche ich krampfhaft nach rumänischen Ausdrücken, die helfen könnten. Als ich die Männer erreicht habe, sind sie gerade dabei, Brotzeit zu machen. Sie fragen, ob ich auch einen Kaffee möchte. Ich lächle erleichtert, verzichte aber vorsichtshalber auf das Angebot. Vielleicht hätte sich ein interessantes Gespräch ergeben, aber drei Männer und eine Frau in dieser Einöde, das ist mir zu riskant.

Bei der Stadt Cernavodă zweigt der Donau-Schwarzmeer-Kanal ab, eine künstliche Wasserstraße, die nach Constanța führt und die Strecke für den Schiffsverkehr um 370 Kilometer verkürzt. Es wird geschätzt, dass hier zweimal so viel Erdreich ausgeschachtet werden musste wie beim Bau des Panamakanals. Für Nicolae Ceaușescu war es ein Prestigeobjekt und zugleich ein Beweis für Rumäniens Souveränität. Das Land bekam einen eigenen Zugang zum Meer und entzog sich dem Einfluss der Sowjetunion, die als Anrainerstaat am Delta die Kontrolle ausübte. Der *Canalul Dunăre-Marea Negră* wurde 1984 nach neun Jahren Bauzeit fertiggestellt, relativ wenig Zeit für die 65 Kilometer lange, 90 Meter breite und sieben Meter tiefe Wasserstraße.

Schon 1949 war ein erster Versuch gestartet worden, aber in fünf Jahren schaffte man nur sieben Kilometer. Dieser Kanal erhielt die Bezeichnung *Canalul morții* – Todeskanal, ein dunkles Kapitel in der rumänischen Geschichte und ein abschreckendes Beispiel für kommunistischen Terror. Damals war Ceaușescus Vorgänger, der fanatische Kommunist Gheorghe Gheorghiu-Dej, an der Macht. Willkürlich hatte er Menschen verhaften lassen: Intellektuelle, Priester, Lehrer, Oppositionelle, Deutschstämmige, überhaupt Menschen anderer Nationalität, Bauern, die sich gegen die Zwangskollektivierung wehrten, Studenten und Schüler, manche nur, weil sie die französische Sprache lernten. 20 000 Strafgefangene waren in

Lagern entlang der Strecke eingesperrt und mussten mit Spaten und Hacken in dem sumpfigen Gelände schuften. An der Schwerstarbeit und der Mangelernährung gingen Tausende zugrunde.

Von den Gulags in der Sowjetunion haben wir Kenntnis, doch von den Straflagern in Rumänien wusste ich bislang nichts. Stalin hatte dem »Brudervolk« den Bau befohlen, aber die versprochene finanzielle und bautechnische Unterstützung nicht geleistet. Die Rumänen, auf sich selbst zurückgeworfen, besaßen nicht die Voraussetzungen für ein derartiges Mammutprojekt. Sie hatten keine Fachleute für wasserbauliche Expertisen und geologische Erkundungen, nicht die nötigen Maschinen und kein Geld. Die Unzulänglichkeiten sollten durch die Arbeitskraft von immer neuen Strafgefangenen ausgeglichen werden, was gründlich misslang.

Plötzlich widerrief Stalin seinen Befehl. Ob er verhindern wollte, dass Rumänien einen Zugang zum Meer bekam, oder es andere Ursachen gab, bleibt bis heute ein Geheimnis. Jedenfalls musste Gheorghe Gheorghiu-Dej dem Willen Stalins, dem »Vater aller kommunistischen Länder«, Folge leisten. Er wollte jedoch seine Abhängigkeit verschleiern und suchte nach einem Grund für das Ende der Bauarbeiten. Nach bewährtem Vorgehen ordnete er einen Schauprozess an und ließ 25 Personen wegen Sabotage verhaften. Skrupellose Richter verurteilten die Opfer, denen Geständnisse durch Folter abgerungen wurden, zu lebenslanger Zwangsarbeit. Drei Personen erhielten die Todesstrafe: die Ingenieure Nicolae Vasilescu-Colorado und Aurel Rozei-Rozenberg sowie der Lokführer Nichita Dumitru. Sie wurden am 13. Oktober 1952 exekutiert.

Als ich Cernavodă am nächsten Morgen verlasse, liegen wieder überall schlafende Hunde auf den Straßen. Während der Nacht streifen sie auf Nahrungssuche umher und dösen dann am Tag. Die Straße führt steil aus dem Ort hinaus und ist zudem mit Kopfsteinen gepflastert, also muss ich absteigen und schieben. Ein struppiger Schäferhund liegt nahe an der Bordsteinkante. Er wacht auf und springt ängstlich zur Seite. Als er begreift, dass es nur ein harmloser Mensch war, vor dem er erschrocken ist, ärgert er sich und bellt wütend. Aber das genügt nicht, um seinen Frust abzubauen. Zielstrebig kommt er auf mich zu und umschließt mit seinem Maul meinen Oberschenkel. Es geschieht plötzlich und unerwartet, sodass ich nicht reagieren kann. Der Angriff dauert nur ein, zwei Sekunden. Zu kurz, um Angst zu verspüren, doch ich bin wie erstarrt. Zum Glück ist es eine fast sanfte Berührung, nur ein leichtes Kneifen. Seine Zähne spüre ich, aber sie dringen nicht in meine Haut ein, hinterlassen nicht einmal einen Abdruck. Der Hund wollte nur eindringlich klarmachen, wem dieses Territorium gehört. Ich bin ihm dankbar, dass er nicht zugebissen hat, und glücklich, dass ich unverwundet meinen Weg fortsetzen kann.

Kühe weiden auf dem breiten Grünstreifen, hinter dem sich die Felder ausdehnen. Schaf- und Ziegenherden ziehen über die Hochflächen. In den Tälern liegen die Dörfer Seimenii Mici und Dunărea. Gänse stellen sich mir schnatternd in den Weg, Esel ziehen Heuwagen, und in der Erde wühlen Sauen mit ihren Ferkeln, die frei herumlaufen können. Storchennester thronen auf den Dächern, die Dorfstraßen sind mit Blumenrabatten geschmückt. Eine ländliche Idylle.

Am Ortseingang von Capidava sind direkt an der Straße, mit Blick auf die Donau, die Reste einer Festung aus dem 2. Jahrhundert zu sehen. Die Anlage ist eingezäunt, doch das Gatter ist offen. Ich nehme mir Zeit, der Vergangenheit nachzuspüren. Wehrmauern, Turmfundamente und Tore sind erhalten geblieben. Der römische Kaiser Trajan hatte das Fort bauen lassen, wie er auch am Eisernen Tor für Brücken, Wege und Befestigungen gesorgt hatte. 500 Jahre lang diente die Festung als militärischer Stützpunkt, wurde mehrmals zerstört und wiederaufgebaut. Erst im 7. Jahrhundert wurde sie nach wiederholter Zerstörung endgültig aufgegeben.

Hügelauf und hügelab durchquere ich mehrere Dörfer und nähere mich Hârşova. Schon von fern ist die goldene Kuppel der orthodoxen Kirche sichtbar, die die Stadt überragt. Diesmal habe ich wirklich Pech mit der Übernachtung. Im Radführer sind zwar zwei Pensionen eingetragen, aber sie existieren nicht mehr. Passanten schicken mich zur Gaststätte »La Natu« am Ortsrand. Die Wirtin warnt mich vorsorglich: »Es wird laut werden, samstags ist bei uns Tanz.« Ich weiß, wie geräuschvoll Tanzabende in Rumänien sind. In Cernavodă habe ich das bereits auskosten müssen, doch dort hatte man mir extra ein Zimmer im Seitenflügel eines weiträumigen Hotels gegeben. Im »La Natu« liegen die Zimmer direkt über dem Tanzsaal. Ich bin jedoch zuversichtlich, habe ich doch Ohropax dabei.

Der Tanz beginnt gegen 23 Uhr, und sofort weiß ich, dass es keine Nachtruhe geben wird und auch die Ohrstöpsel mir nicht helfen werden. Die Verstärker dröhnen. Der Boden bebt, das Bett bebt, sogar die Luft bebt. Niemand außer mir übernachtet in dieser Lärmhölle. Ich teste, ob der Krach in den anderen Zimmern gedämpfter klingt. Keine Chance, das Toben ist überall gleich stark, als wären Wände, Decke und Fußboden nur aus Papier. Keine Pause, ununterbrochen dröhnen die Lautsprecher.

Fünf Uhr, die Morgendämmerung beginnt. Ich stehe auf und schaue aus dem Fenster. Die ersten Gäste verlassen das Lokal. Die Männer elegant in dunklen Anzügen. Frauen stöckeln auf hohen Absätzen in glitzernden roten und schwarzen Abendkleidern mit tiefem Rückenausschnitt zu den parkenden Autos. Der Anlass sei kein besonderer, nur der übliche Samstagstanz, wie mir die Wirtin erzählt hatte. Ich hole mein Fahrrad aus der Garage und werfe einen Blick durch das Lokalfenster. Fest umschlungen dreht sich ein letztes Paar auf der Tanzfläche. In diesem Moment verstummt das Gedröhn. Wohltuende Stille breitet sich aus. Nach sechs Stunden extremer Beschallung empfinde ich die Ruhe wie eine sanfte Umarmung.

Die am Morgen noch kühle Luft erfrischt mich. Trotz der quälend durchwachten Nacht bin ich erstaunlich fit. Bald erreiche ich den Lacul Hazarlâc, einen großen Binnensee, gespeist von Donauwasser. Umgeben von Feldern und Wiesen, liegt er in der Ebene und schimmert im Morgenlicht. Das glatte Wasser spiegelt den blauen Himmel wider. Danach führt mein Weg durch eine baumlose Landschaft. Links das weite Tal der Donau, die sich in Verästelungen aufspaltet und mit ihren Nebenarmen kleine Inseln umfließt, rechts erheben sich Hügel. Es sind Sanddünen, in grauer Vorzeit vom Wind verweht. Dann muss ich in den Ausläufern des Măcin-Gebirges wieder kräftig in die Pedale treten. Es ist ein uraltes Bergland, das vor 300 Millionen Jahren entstand und im Laufe der Zeit von Wind und Wetter abgetragen wurde. Der höchste Berg, der Tutuiatul, ist nur noch 467 Meter hoch, wirkt aber mächtiger, da das Land ringsum flach und eben ist.

An einem Rastplatz erregt eine Vogelstimme meine Aufmerksamkeit. *Tzäck! Tzäck! Tzäck!* Ein scharfer Ruf, dann folgt ein Gesang, den ich aus der Mongolei kenne und hier nicht vermutet hätte. Ich schaue umher, und da sehe ich ihn, den Nonnensteinschmätzer. Auffällig schwarz-weiß gefärbt, hockt er auf einem Stein, lässt wippend und knicksend seine Schwanzfedern aufblitzen. Das Verbreitungsgebiet dieses Vogels liegt weit im Osten, in Asien, wahrscheinlich ist hier in den Măcin-Bergen sein westlichstes Vorkommen. Glücksgefühle durchströmen mich, als ich den seltenen Steinschmätzer beobachte und mich an meine Erlebnisse in der Mongolei erinnere.

Der Ort Ostrov, zu nahe am Ufer gelegen, wurde im Jahr 2006 durch ein gewaltiges Hochwasser zerstört. Was die Flut von den traditionell mit luftgetrockneten Lehmziegeln gebauten Häusern übrig ließ, ist nun dem Verfall preisgegeben. Die Bewohner haben sich in höher gelegenem Terrain angesiedelt.

Immer noch hält die Donau ihren Nordkurs. Ihr folgend, führt die Route an der Stadt Măcin vorbei zu den beiden bedeutenden Hafenstädten Brăila und Galaţi, die unter Ceauşescus Herrschaft zu Industriestandorten ausgebaut wurden. Bei Galaţi mündet der 953 Kilometer lange Fluss Pruth in die Donau. Der Zustrom an frischem Wasser gibt ihr einen kräftigen Schwung. Endlich lässt sie von ihrer Nordrichtung ab und wendet sich in einer scharfen Biegung nach Osten dem Schwarzen Meer zu.

Bei Tulcea, der letzten Stadt auf dem Festland, spaltet sich die Donau in drei Arme. Der nördliche heißt Chilia, ist 116 Kilometer lang, zergliedert sich in 40 Minimündungen und transportiert zwei Drittel des Donauwassers. Weil der Chilia-Arm im Grenzgebiet zur Ukraine und zu Moldawien liegt, würde ich für diese Gegend ein Visum benötigen, das schwierig zu bekommen ist. Der mittlere Arm ist 63 Kilometer lang und fließt beim Küstenort Sulina ins Meer. Er wurde begradigt, kanalisiert und zur Schifffahrtsstraße ausgebaggert. Von Tulcea aus kann man mit einem Tragflügelboot zur Mündung rasen, mit Außenbordern einen vierstündigen Ausflug oder mit dem Fährschiff einen Tagestrip ans Meer machen. Entlang des Kanals beginnt sich allmählich eine touristische Infrastruktur zu entwickeln.

Ich entscheide mich für den südlichen Arm, den Sfântu Gheorghe, den St.-Georgs-Arm. Er ist 109 Kilometer lang und windet sich an Seen, Inseln und sogar Eichenwäldern vorbei durchs Schilf. In Tulcea habe ich mir im Büro des Nationalparks eine Besuchserlaubnis für eine Woche Aufenthalt im Biosphärenreservat besorgt. Die Stadt hat sich mit Hotels, Restaurants, Cafés, Informationsbüros und einer Anzahl Museen, wie dem Archäologischen, Ethnographischen und Naturkundlichen Museum, auf Touristen eingestellt. Fast alle Donaukreuzfahrtschiffe enden im Hafen von Tulcea, wo eine breite Promenade mit Terrassencafés am Ufer entlangführt. Außerdem liegen Lastkähne, zu Hausbooten umfunktionierte Schiffe, Katamarane und Motorboote am Kai.

Die Donau, zu einem mächtigen Gewässer angeschwollen, hat auf ihrem Weg durch bisher acht Länder das Wasser der zufließenden Ströme gesammelt, hat von Lech, Isar, Inn, Altmühl, Naab, Regen, Drau, Save, Theiß und zuletzt Pruth gewaltigen Zustrom erhalten, sodass sie die drei Arme, in die sie sich jetzt teilt, üppig mit Wasser versorgen kann. Nur mit dem linken Ufer des Chilia-Arms wird sie die letzten zwei Länder, nämlich Moldawien und die Ukraine, berühren.

Als Ausgangspunkt für meine Erkundungen wähle ich das Dorf Murighiol, etwa 50 Kilometer südöstlich von Tulcea. Mit dem Fahrrad ist es auf einer gut ausgebauten Straße für mich problemlos erreichbar. Mein »Basislager« schlage ich in der Pension »Morena« auf, die so recht nach meinem Geschmack ist: ein Holzhaus mit Schilfdach, von einem parkähnlichen Garten umgeben. Die Pension liegt an einem See, und der St.-Georgs-Arm fließt in der Nähe vorbei, also beste Voraussetzungen für Tagesausflüge, Vogelbeobachtungen und Wanderungen. Der Ort ist nach dem See benannt. »Murighiol« ist aus dem Türkischen abgeleitet und bedeutet »Violetter See«, denn er wird durch Algen rötlich gefärbt.

Auf der Dorfstraße spaziere ich am Nachmittag nach meiner Ankunft durch die ehemalige Fischersiedlung und verschaffe mir einen ersten Eindruck. Die einstöckigen Häuser sind trotz einfacher Bauweise liebevoll mit Zierelementen versehen. Die Eingänge haben einen Vorbau aus Säulen und Bögen, die Giebel sind kunstvoll geschnitzt und die Fassaden in leuchtenden Farben türkis, rot, blau, gelb, grün getüncht. Jedes Häuschen ist von einem Garten umgeben, wo neben Blumen auch Gemüse gedeiht. Am späten Nachmittag sitzen die Bewohner auf Bänken vor ihren Häusern, arbeiten im Garten oder halten mit den Nachbarn einen Plausch. Es ist ein gemütlicher Ort, wo Gänse über die Straße watscheln, Hühner gackernd in der Erde scharren und Störche ihre Nester auf Strommasten gebaut haben. Die Hunde scheinen einen gemeinsamen Vorfahren zu haben. Es sind kleine Kerle, die spaßig aussehen mit ihren krummen Beinen, der kurzen Schnauze und dem Ringelschwanz.

Die Einwohner von Murighiol sind auf Touristen vorbereitet, aber noch fehlen diese in der erhofften großen Anzahl. Schilder weisen auf Ferienhäuser hin. Am Ende der Ortschaft, mit Blick auf den schilfumrandeten See, entsteht ein riesiges Urlauberdomizil. Der mehrstöckige Rohbau des wuchtigen Kastens ist schon fertig. Ob sich die Investition je lohnen wird? Woher sollen nur so viele zahlende Gäste kommen? Tafeln informieren, dass mit EU-Geld gebaut wurde, diese abgelegene Gegend soll einen Entwicklungsschub bekommen. Wahrscheinlich ist die EU auch für die übermäßige Anzahl Papierkörbe entlang der Dorfstraße verantwortlich. Im Abstand von nur 20 Metern reihen sie sich aneinander. Alle leer. Wie sollten sie sich auch füllen? Die Dorfbewohner sind es noch nicht gewöhnt, Müll zu produzieren.

In einem mehrstöckigen grauen Eckhaus ist eine Bank untergebracht mit einem funktionierenden Geldautomaten. Es gibt ein Lebensmittelgeschäft, mehrere Cafés und ein Postamt. Ich kaufe ein paar Karten und stelle mich an dem einzigen vorhandenen Schalter an. Es geht schnell, denn hier arbeiten drei Personen Hand in Hand. Eine Frau nimmt die Karten entgegen, gibt sie an eine am Tisch sitzende Frau weiter, die pappt die Briefmarken darauf, ein Mann rechnet den Betrag aus, sagt ihn der ersten Frau am Schalter, und sie kassiert. Wirklich effektiv. Nichts dagegen zu sagen, drei Menschen haben Arbeit und Einkommen.

Das labyrinthische Feuchtgebiet spare ich mir für später auf und wandere am nächsten Tag Richtung Südwesten in die Beştepe, eine ebenfalls aus dem Türkischen stammende Bezeichnung, die »Fünf Hügel« bedeutet. Die Berge sind nur einige Hundert Meter hoch, ragen aber wirkungsvoll aus der flachen Deltalandschaft heraus und sind der letzte Rest eines uralten Gebirges. Ein Schäfer mit seiner Herde zieht durch das Ödland, wo kaum etwas wächst außer dürren Gräsern und Disteln. Flötenähnliche Töne lassen mich aufhorchen. Das Tirilieren hat nicht etwa der Hirte mit einer Flöte erzeugt, der

Urheber des sehnsuchtsvollen Gesanges ist der Triel, eine Vogelart, der ich bei meinen Reisen in Ägypten begegnet bin.

Schritt um Schritt pirsche ich mich an. Noch kann ich ihn nirgendwo entdecken, obwohl der Triel mit 40 Zentimetern nicht gerade klein ist. Doch mit seinem sandfarbenen Gefieder ist er in der steinigen Landschaft gut getarnt. Plötzlich hüpft er auf und flitzt auf langen Beinen davon. Kurz danach verharrt er, duckt sich wieder, und sofort verschmilzt er optisch mit dem Untergrund. Der Triel ähnelt ein wenig dem Brachvogel, nur hat der einen dünnen, gebogenen Schnabel, der Triel hingegen einen kurzen, kräftigen. In dem auffallend dicken und runden Kopf leuchten schwefelgelbe Augen mit stechend schwarzen Pupillen. Die Augen sind ungewöhnlich groß. Die braucht der nachtaktive Vogel auch, damit er im Dunkeln gut sehen kann.

Wenig später beobachte ich einen Schwarm kleiner Vögel. Es sind Brachschwalben. Anders als ihr Name vermuten lässt, sind sie nicht mit Schwalben verwandt, sondern mit Regenpfeifern, Trielen und Rennvögeln. Ihr Flugbild mit dem tief gegabelten Schwanz und den geschwungenen Flügeln erinnert allerdings an Schwalben. Kennzeichnend an den unscheinbar braun gefärbten Vögeln ist ihre rahmgelbe Kehle, die von einem schwarzen Band umrandet ist. Es ist für mich etwas ganz Besonderes, Brachschwalben, die ich nur von Bildern kannte, leibhaftig in der Wirklichkeit zu erleben.

Von den Beştepe-Gipfeln kann ich weit über das Delta blicken mit seinem schier endlosen Schilfteppich, der vermischt ist mit Weidengehölz. Vor der grünen Fläche schlängelt sich wie ein silbriges Band der St.-Georgs-Arm. Während ich den Anblick genieße, durchflutet mich ein starkes Glücksgefühl. Erst in diesem Augenblick begreife ich, dass es mir gelungen ist, meine Idee zu verwirklichen, dass ich es geschafft habe, der Donau bis zur Mündung zu folgen. Ich denke zurück an mein Tief, als ich bei Ruse über die Friedensbrücke nach Rumänien gewechselt bin, als ich aufgeben und statt ans Delta nach Bukarest fahren wollte. Was bin ich froh, dass ich mich anders entschieden habe und meine Reise einen beglückenden Abschluss gefunden hat.

Auf dem Rückweg besuche ich die wenige Kilometer südlich von Murighiol liegende frühchristliche Basilika Halmyris aus der römisch-byzantinischen Epoche unter Kaiser Konstantin im 4. Jahrhundert. Von der Kirche sind nur Mauern, Gewölbe und Eingangstor erhalten. Bereits im 6. Jahrhundert wurde sie zerstört. Archäologen haben bei Ausgrabungen Thermen entdeckt, denn noch früher war Halmyris eine römische Militärbasis. Damals lag sie wahrscheinlich nahe der Meeresküste und war der östlichste Punkt des Römischen Reiches an der Donau und damit Versorgungsstation für die römische Flotte.

Auf der Mauer sonnt sich eine Schlange, olivbraun mit dunklen Flecken, die dem Zickzackband einer Otter ähneln. Deshalb wird die harmlose Schlingnatter oft mit ihr verwechselt und getötet. Die Natter mit der stattlichen Länge von fast einem Meter hat in dem antiken Mauerwerk einen sicheren Zufluchtsort gefunden. Ihre Größe lässt darauf schließen, dass sie schon einige Jahre zählt. Unbeweglich liegt sie in der Sonne und döst. Doch der Schein trügt. Ich zucke zusammen, als sie pfeilschnell davonschießt. Sie packt eine Eidechse, die gerade eine Fliege geschnappt hat, und windet ihre Körperschlingen um das Opfer. Schlingnattern töten nach Art der Anakondas, Boas und Pythons. Kopf voran würgt sie die Eidechse hinunter. Mit einer deutlich sichtbaren Ausbuchtung am schlanken Schlangenkörper nimmt sie ihren Platz auf der Mauer wieder ein und gibt sich der Verdauung hin. Plötzlich ein Flügelrauschen, ein Schatten. Schon stößt ein Greifvogel, einem Bussard ähnlich, aber mit größerer Flügelspannweite, aus dem Himmel herab. Der Schlangenadler packt die Beute mit tödlichem Griff und trägt sie in seinen Fängen davon. Ich bin wie benommen von dem Naturdrama. Es geschah so schnell, dass ich kaum folgen konnte. Fast wirkt es wie ein Witz: Eidechse frisst Fliege, Schlange frisst Eidechse, Raubvogel frisst

Schlange. So geht es zu in der Natur, ein Lebewesen lebt vom anderen. In einem so kurzen Zeitraum die Abfolge zu beobachten macht mich schwindelig. Ich schaue hoch zum Himmel, der Schlangenadler ist nicht mehr zu sehen. Statt seiner fliegen purpurbraune Sichler einer hinter dem anderen in Richtung Delta. Bald werde ich ihnen folgen. Ich bin schon sehr gespannt auf das Erleben der Deltawildnis.

Ein paar Tage später hat Fischer Mihail Zeit für einen Ausflug mit seinem Kahn. Leichter Dunst liegt über dem St.-Georgs-Arm. Die Sonne schickt erste Strahlen über den Horizont. Wie auf ein Signal schwillt der vielstimmige Vogelchor an. Kraftvoll taucht Mihail die Ruder ins Wasser. Der grüne Vorhang öffnet sich. Er ist nicht einfach grün, sondern schillert in unzähligen Nuancen, die sich im Wasser spiegeln. Silber- und Goldflitter schwirren in der verwunschenen Wasserwelt umher. Es sind Libellen, Fliegen, Falter, Mücken – vor allem Mücken –, die mit ihrem Sirren die Luft vibrieren lassen. Unentwirrbar scheint der Wasserdschungel, ein Labyrinth aus Seitenarmen, Rinnsalen, Seen, Sandbänken und Inseln. Schwimmende Schilfmatten machen es schwierig zu unterscheiden, was Fluss ist, was Land. Knorrige Bäume mitten im Wasser recken kahle Äste in die Luft wie verzauberte Sumpfgeister, die um Erlösung flehen. Weiden und Erlen neigen sich übers Ufer, greifen mit ihren Wurzeln ins Wasser, bilden dort ein grottenartiges Gitter, zwischen dem es smaragdgrün und tintenblau schimmert. Vegetation rankt und windet sich aneinander empor. Röhricht versperrt immer wieder die Sicht. Rote und weiße Seerosen, dazu dottergelbe Teichrosen breiten ihre glänzenden, wie lackiert wirkenden Blätter aus. Dort hocken Frösche auf der Lauer. Meisterlich hoch springen sie nach Insekten. Ein Kormoran, schwarz wie die Nacht, breitet seine Flügel aus und lässt das Gefieder in der Sonne trocknen. Bewegungslos ähnelt er in dieser Haltung einem Kreuz, geschnitzt aus Ebenholz.

Das Ende ihrer Reise ist nah, und die Donau zelebriert es mit ungestümer Lebenskraft, mit einem Überfluss an Pflanzen und Tieren, einer ungeheuren Vielfalt. Sie entwirft noch einmal, bevor sie sich ins Meer ergießt, eine überbordende Szenerie, ein sich ständig wandelndes und sich veränderndes Schauspiel.

Sacht gleitet unser Boot dahin, teilt das grün und himmelblau leuchtende, von der Sonne mit glitzernden Reflexen gezeichnete Wasser. Leise plätschern Wellen an die Bordwand. Es riecht nach Minze, nach modernden Pflanzen, nach Fisch, Schilf und Blüten, nach einem Bukett der unterschiedlichsten Stoffe, die die Donau unterwegs aufgelesen hat und in sich trägt.

Schon längst habe ich in diesem Gewirr von Wasseradern die Orientierung verloren. Allein in einem Boot, würde ich mich hoffnungslos verirren. Das Delta ist doppelt so groß wie das Saarland und wächst ständig weiter, denn der Fluss schwemmt Geröll, Erde, Sand und Schlamm an und lagert die Sedimente an der Mündung ab, sodass sich die Donau immer mehr ins Meer hinausschiebt.

Mihail rudert vorsichtig, um die Wasserpflanzen nicht zu verletzen. Hinter unserem Boot schließt sich der Seerosenteppich wieder. Starr steht ein Rallenreiher zwischen knorrigen Wurzeln am Ufer. Ein blauer Blitz schießt übers Wasser, hockt sich auf einen schräg über den Fluss ragenden Ast – ein Eisvogel. Mihail hält mit Rudern inne, in seine Augen tritt ein Leuchten. »*Pescăruş albastru*«, flüstert er.

Nicht ohne Grund wird der Eisvogel als »fliegender Edelstein« bezeichnet, ist er doch einer der buntesten Vögel außerhalb der Tropen. Still sitzt er da und lässt uns Zeit, ihn zu bewundern. Das prächtige Blau der Oberseite steht in schönem Kontrast zur rostroten Färbung des Bauches. Auf einmal stößt der Vogel senkrecht ins Wasser. Mit einem kleinen Fisch im Schnabel taucht er auf, schwingt sich mit wenigen Flügelschlägen zurück zum Ast und verschlingt seine Beute mit dem Kopf voran. Ein durchdringend pfeifender Ton, *Tüht!*, dann kurz und scharf *Tit, tit, tit,* und schon schießt er davon, wobei das türkisfarbene Gefieder vom Nacken über den Rücken bis zum Schwanz aufleuchtet.

Auf dem moosgrünen Fluss lassen wir uns treiben, vorbei an zahlreichen Rallenreihern, die bewegungslos am Ufer stehen, doch auch die anderen Reiherarten zeigen sich: weiße Silber- und Seidenreiher, düster gefärbte Nachtreiher, Graureiher und die größten von allen, die Purpurreiher. Über uns rütteln Flussseeschwalben, die sich ab und an ins Wasser stürzen, um einen Fisch zu erbeuten. Eine Würfelnatter schlängelt sich durchs Wasser auf der Suche nach Fröschen.

Der Fischer hat versprochen, mich mit seinem Boot zu den versteckten Seen zu bringen, wo Pelikane brüten. Durch einen schmalen Durchschlupf gelangen wir in den Uzlina-See. Mit dem Fernglas erkenne ich Brandgänse, Löffler, Säbelschnäbler, Stelzenläufer. Mit heftigem Flügelrauschen erhebt sich eine Schar Schwäne und verschwindet hinter dem Schilf. Auch die anderen Vögel werden unruhig. Als wir zum Himmel schauen, kreist dort ein Seeadler, schwebt auf seinen breiten Flügeln in der Luft. Er kann wohl keine geeignete Beute entdecken und dreht bald ab.

Ein warmer Wind streicht durchs Schilf, die Halme wiegen sich hin und her. Am Ufer schütteln Pappeln rauschend ihre Blätter. Auf der Suche nach Pelikanen dringen wir weiter ins Delta vor. Es gibt hier zwei Arten, den Rosa- und den Krauskopfpelikan, die sich sehr ähnlich sind. Am besten kann man sie im Flug unterscheiden, der Krauskopfpelikan hat weiße Flügel, der Rosapelikan schwarz-weiße. Mit ihren dehnbaren Kehlsäcken schöpfen sie Fische aus dem Wasser heraus. Die mächtigen Vögel, die größer als Schwäne sind, brüten in Europa nur an der Küste des Schwarzen Meeres und an der Donaumündung. Die Brutzeit ist jetzt im Juli so gut wie abgeschlossen, berichtet Mihail. Vielleicht aber haben wir Glück und finden noch ein paar Nachzügler. Pelikane brüten in Kolonien am Boden in sumpfigen Gebieten, im Röhricht und auf Inseln.

Durch eine Wand aus Schilf, die sich hinter uns wieder schließt, erreichen wir einen versteckten See – und da sind sie, die großen weißen Vögel mit ihren mächtigen Schnäbeln. Unverkennbar! An dem orangeroten Kehlsack kann ich sie als Krauskopfpelikane identifizieren. Vielleicht 100 Exemplare mögen es sein. Zwischen den weißen sehe ich ein paar graue Tiere; es sind junge Pelikane, die gerade lernen, selbst Fische zu fangen. Wie bei Schwänen durchlaufen die Nachkommen im ersten Lebensjahr die Phase des »hässlichen Entleins«.

An meinem letzten Tag im Delta fährt mich Mihail mit einem Boot mit Außenbordmotor bis zum Meer. Vor mir erstreckt sich die Weite, der unermessliche Horizont. Die Donau verläuft sich, fließt mit ihrem Wasser hinein in das viel Größere, verliert sich in der schieren Unendlichkeit des Meeres. Auf einem fast 3000 Kilometer langen Weg von ihrem Ursprung im Schwarzwald entlang von zehn Ländern, die sie teilt und doch auch verbindet, hat sie sich gewandelt und verändert, hat die Landschaften an ihren Ufern geprägt und gestaltet. Nun verschwindet sie, gibt sich fließend dem Meer hin. Aber nicht ohne Widerstand. Noch immer kämpft sie, schwemmt Sedimente an, baut die Barriere weiter hinaus ins Meer.

Mihail hat den Motor ausgestellt. Wir schaukeln auf den Wellen, von denen wir nicht genau wissen, ob sie schon Meer oder noch Donau sind. Ich tauche die Hand ins Wasser, die Tropfen schmecken brackig.

Kaum kann ich glauben, dass meine Reise zu Ende ist und ich mich von meinem Fluss verabschieden muss. Immer ist es traurig, wenn etwas vorbei ist, aber gleichzeitig eröffnen sich neue Räume.

In breiter Formation fliegen majestätische Vögel am Himmel. An den schwarz-weißen Schwingen erkenne ich: Diesmal sind es Rosapelikane. Ohne einen einzigen Flügelschlag segeln sie dem Horizont entgegen.

Anhang

Der Donauradweg

Kaum ein Fernradweg ist so berühmt wie derjenige entlang der Donau. Er ist zwar wegen seiner Länge eine Herausforderung, dennoch einfach und bequem zu befahren. Inzwischen ist er von der Quelle im Schwarzwald bis zum Schwarzen Meer kartografiert und so gut wie durchgehend markiert. Auch wer sich nur ein Teilstück vornimmt, gerät ins Schwärmen, denn überall ist für landschaftliche und kulturelle Vielfalt reichlich gesorgt.

Entlang der oberen Donau

Dieser klassische Abschnitt ist familienfreundlich und leicht zu bewältigen, da kaum Steigungen vorhanden sind. Seine Beliebtheit hat dazu geführt, dass er von immer mehr Radtouristen frequentiert wird, deshalb wird die Strecke bis Budapest mitunter als »Radautobahn« bezeichnet. Vor allem in den Sommermonaten sind Tausende unterwegs, besonders auf dem Teilstück zwischen Passau und Wien.

Die Route verläuft zumeist auf eigens für Radfahrer angelegten asphaltierten autofreien Wegen zwischen Straße und Fluss und ist touristisch bestens erschlossen. Die Tour erfordert keine größeren sportlichen Leistungen und hat kulturell enorm viel zu bieten: Renaissance- und Barockschlösser, Burgen, Klöster, Museen, Orte mit mittelalterlichem Stadtkern, charmante Weinstädtchen wie Spitz und Dürnstein, traditionsreiche Großstädte wie Ulm, Regensburg, Passau, Wien, Bratislava und Budapest.

Wer sich für die Strecke an der oberen Donau entscheidet, kann sich neben dem sportlichen Aspekt und dem Naturerlebnis auch dem Genuss zuwenden. Traditionsreiche Gasthäuser und Weinlokale verwöhnen die Gäste mit kulinarischen Köstlichkeiten. Die Tagesetappen lassen sich bequem variieren, deshalb sind die Radler im oberen Donautal sehr gemischt: von Familien mit kleinen und größeren Kindern über leistungsorientierte Fernradler bis zur gemütlichen Rentnergruppe.

Campingplätze gibt es wenige, dafür aber Pensionen und Herbergen in reicher Auswahl und jeder Preisklasse. Die Orte entlang des Weges sind auf Radtouristen eingestellt und bieten »Radlerstationen« an, wo man Reifen aufpumpen und kleine Reparaturen durchführen lassen kann. In den Tourismusbüros wird man freundlich und kompetent über Sehenswürdigkeiten, Restaurants und Unterkünfte informiert. Die Mitarbeiter helfen bei der Quartiersuche, und mitunter darf man auch sein Rad in einem Abstellraum des Tourismusbüros einschließen, um unbeschwert die Stadt zu besichtigen, wie ich das in Neuburg erlebt habe.

Landschaftlich besonders attraktiv sind die Strecken entlang der Schwäbischen Alb, die Donauenge beim Kloster Weltenburg, die Schlögener Schlinge und die Wachau in Österreich. Der Radweg führt oft doppelt, also links und rechts der Donau, entlang. Die Entscheidung für die eine oder andere Seite fällt oft schwer. Brücken und Fähren ermöglichen es, hin- und herzupendeln.

Entlang der unteren Donau

Diese Strecke ist etwas schwieriger und auch abenteuerlicher, bietet aber die großartige Gelegenheit, die östlichen Donauländer zu entdecken und die europäische Geschichte beim

Besichtigen der archäologischen Fundstätten von der Steinzeit bis zur Gegenwart hautnah zu erleben. Für Familien, insbesondere mit kleinen Kindern, ist diese Route nicht geeignet. Die Tagesetappen sind lang, weil es nicht in jedem Ort Übernachtungsmöglichkeiten gibt, zudem ist die Landschaft bergig, und ab Budapest muss man öfter auf Autostraßen fahren. Möglich scheint sie mir mit Kindern ab 14 Jahren, je nachdem, wie sportlich, raderfahren und belastbar sie sind.

Dammwege sind manchmal asphaltiert, oft jedoch mit grobkörnigem Kies belegt, der schwer zu befahren ist. Mitunter muss sich der Radfahrer die Straße mit starkem Autoverkehr teilen – und das ohne Radstreifen und meist auch ohne Randbefestigung. Dann wiederum fährt man auf einsamen Nebenstraßen, wo nur Pferdefuhrwerke unterwegs sind.

Es wird weiter an einer besseren Wegführung gearbeitet, deshalb stets den aktuellen Radführer kaufen! Mit häufigen Steigungen muss gerechnet werden, die aber mit neun Gängen zu bewältigen sind. Ein Mountainbike ist keinesfalls erforderlich und eher ungeeignet. Die Landschaft ist ungeheuer abwechslungsreich und wartet mit ungewöhnlichen Naturschönheiten auf.

Reiseplanung

Ein anspruchsvolles Unterfangen wäre es, die gesamte Strecke von der Quelle bis zur Mündung mit dem Rad in einem Stück abzuradeln. Schließlich sind es weit mehr als 3000 Kilometer, je nachdem, welche Routen und Abzweigungen man wählt. Ich empfehle, die Reise in zwei Etappen aufzuteilen: vom Schwarzwald bis Wien und im nächsten Jahr von Wien bis zum Schwarzen Meer, so wie ich es getan habe. Beginnt man beide Male die Tour im April oder Mai, hat es den unschätzbaren Vorteil, dass man die heiße Jahreszeit vermeidet, weniger von Mücken geplagt wird und sich an der frühlingsfrischen Natur erfreuen kann.

Ausrüstung und Kleidung

Das Rad sollte ein Tourenrad sein. Man kommt mit wenigen Gängen aus, allerdings ist die Strecke nicht so eben, wie man vielleicht denken könnte. Neben flachen Dammwegen gibt es immer wieder bergige Strecken. Ich benutzte ein Fahrrad mit neun Gängen, mit denen ich auch in den Bergen Bulgariens gut zurechtkam.

Vor der Fahrt habe ich sogenannte Unkaputtbar-Reifen aufziehen lassen, die durch eine fünf Millimeter starke Einlage aus elastischem Spezialkautschuk so gut wie pannensicher sind. Sie funktionierten hervorragend, ich hatte keinen einzigen Platten, kein Aufpumpen, überhaupt keine Reparaturen unterwegs. Das übliche Reparaturzeug, eventuell einen Ersatzreifen, sollte man dennoch dabeihaben. Günstig sind eine lichtstarke Fahrradlampe und ein bequemer Sattel.

Jeder muss für sich entscheiden, ob er oder sie es für angebracht hält, mit kurzen und körperbetonenden Radlerhosen unterwegs zu sein. In manchen abgelegenen Dörfern könnten sich die Bewohner allerdings durch einen solchen Anblick belästigt fühlen. Es ist kein Aufwand, über der gepolsterten Radlerhose eine lange Hose zu tragen.

Denken Sie an Mücken- und Sonnenschutz! Andererseits kann man sich auch in den Geschäften unterwegs damit versorgen. Ein Fahrradhelm ist selbstverständlich sowie regendichte Fahrradtaschen, Regenkleidung und ein Sonnenhut für Wanderungen. Wer im April und Anfang Mai startet, könnte bei der dann noch kühlen Witterung Mütze und Handschuhe benötigen. Sonnenbrille nicht vergessen!

Einreisebestimmungen und Rückreise

In allen Donauländern außer der Republik Moldau und der Ukraine sind EU-Bürger von einer Visapflicht befreit. Beim Grenzübertritt muss, außer in den Schengen-Ländern, ein gültiger Reisepass gezeigt werden. In einigen Hotels wird der Pass einbehalten, bis man den Zimmerschlüssel zurückgibt.

Bei der Rückreise aus Rumänien darf das Fahrrad nicht mit in den Zug genommen werden. Die Lösung: In größeren Städten, zum Beispiel in Tulcea am Delta, gibt es die Transportfirma »Atlassib«, die unkompliziert und mit geringem finanziellen Aufwand das Rad heimwärts transportiert.

Mailadresse in Deutschland, zum Beispiel für München:
germania.muenchen@atlassib.ro
www.roaltassib.de

Reisezeit und Übernachtungen

Die Monate Juli und August, mit Temperaturen von oft über 40 Grad Celsius, gelten als allgemeine Urlaubszeit in den Donauländern. Die Unterkünfte werden zu dieser Haupttreisezeit wahrscheinlich eher gut besucht sein, während ich außerhalb der Urlaubszeit oft der einzige Gast war. In der Zeit von Mai bis Juli war es nie nötig, vorher anzurufen und das Quartier zu buchen. Allerdings hatten so früh im Jahr manche Einrichtungen noch gar nicht geöffnet. Bei Pensionen in den östlichen

Donauländern lag der Übernachtungspreis meist unter zehn Euro, in Hotels zwischen 20 bis 35 Euro, mehr als 50 Euro habe ich nirgendwo zahlen müssen.

Als Gast privat zu übernachten hat sich für mich nicht ergeben. Ich habe auch nicht danach gefragt, sondern fand immer eine offizielle Unterkunft in Pensionen und Hotels. Frühstück wird, außer in Deutschland, Österreich und in Sternehotels, meist nicht angeboten. Es ist aber kein Problem, unterwegs in Dorfcafés zu frühstücken.

Für den Notfall hatte ich ein Zelt dabei, musste es aber nicht einsetzen. Selbst in Rumänien gab es keine Probleme, rechtzeitig vor Einbruch der Dunkelheit ein Quartier zu finden. Zelten wäre für mich unpraktisch gewesen. Ich hätte den Nachmittag nicht für Besichtigungen und Wanderungen nutzen können, sondern hätte meine Sachen beaufsichtigen müssen. Außerdem war es angenehm, besonders an heißen Tagen, eine Unterkunft mit Dusche zu haben. Da die Landschaft entlang des Radweges zumeist offen und übersichtlich ist, wäre es schwierig gewesen, ein sichtgeschütztes und sicheres Versteck für das Zelt zu finden. Ist man aber zu zweit oder in einer Gruppe auf Tour, kann das Zelten durchaus sinnvoll sein, weil man sich mit der Bewachung des Zeltes abwechseln kann. Offizielle Campingplätze gibt es nur wenige, und man muss sich den Platz mit Wohnwagen teilen.

Gesundheitsvorsorge

Nach einer EU-Vereinbarung zahlt die gesetzliche Krankenkasse innerhalb der Mitgliedsstaaten die Kosten für einen Arztbesuch. Dennoch wird von den Kassen eine Auslandsversicherung empfohlen, am besten mit Rücktransportversicherung, wodurch die Möglichkeit besteht, Arzt und Krankenhaus zu wählen und zur weiteren Behandlung ins Heimatland transportiert zu werden.

Um sich unterwegs selbst zu behandeln, ist eine Medikamententasche nützlich mit Mitteln gegen Darmerkrankungen, Fieber und Schmerzen. Wunddesinfektionsmittel, Heilsalbe, Pflaster und Verbandzeug sollten Sie ebenfalls dabeihaben; eventuell Augentropfen für denjenigen, der empfindliche Augen hat, auch Lippenbalsam und eine Salbe gegen Schwellung und Entzündung durch Insektenstiche können zur Ausrüstung gehören.

Schutzimpfungen sind nicht notwendig, außer denen, die man sowieso haben sollte wie gegen Tetanus, Polio, Masern und Diphtherie. Denken Sie daran, dass man den Impfschutz alle zehn Jahre erneuern muss.

Ich hatte einen Wasserfilter dabei, musste ihn aber nicht einsetzen, weil es auch in kleinen Orten Mineralwasser zu kaufen gab.

Sicherheit

In allen Donauländern hatte ich weder mit Diebstahl noch mit Überfällen Probleme. Es gab keine einzige gefährliche Situation. Natürlich muss man dort, wo sich viele Menschen aufhalten, zum Beispiel auf Märkten, Bahnhöfen, in Restaurants und Cafés, auf seine Sachen aufpassen, so wie man das überall machen sollte.

Nachts habe ich mein Fahrrad immer eingeschlossen. In den Hotels und Pensionen gab es dafür entsprechende Räume, die mir die Wirte selbstverständlich zur Verfügung stellten.

Verwilderte Hunde, die außerhalb der Ortschaften in Rudeln leben, soll es in Rumänien geben, sind mir aber nicht begegnet. Die Landminen in Kroatien entlang des Radwegs sind beseitigt. Vorsichtshalber bin ich aber dort nicht querfeldein gewandert.

Einzige Gefahr für Leib und Leben ist der gegenüber Fahrradfahrern rücksichtslose Autoverkehr. Erfreulicherweise sind es nur einige Strecken, meist in der Nähe größerer Orte, wo man verkehrsreiche Straßen benutzen muss. Aber mir haben sich diese wenigen Abschnitte wegen der ausgestandenen Ängste stärker eingeprägt als die Tage, in denen ich nur Eselfuhrwerken begegnete.

Internetzugang

WLAN gibt es so gut wie flächendeckend, selbst in einfachen Unterkünften. Manchmal muss man eine Codenummer eingeben, die man von den Wirtsleuten bekommt. In Cafés, Restaurants, in der Nähe öffentlicher Gebäude, zum Beispiel dem Rathaus, und sogar an Bushaltestellen steht das Netz zur freien Verfügung.

Geld und Währung

Außer in Deutschland und Österreich kann man noch in der Slowakei mit dem Euro bezahlen, alle anderen Länder haben ihre eigene Währung: Forint in Ungarn, Kuna in Kroatien, Serbische Dinar in Serbien, Lewa in Bulgarien und Lei in Rumänien.

Der Umtausch von einer Währung in die andere ist kein Problem, denn in den Grenzorten gibt es offizielle Wechselstuben in den Fußgängerzonen.

In größeren Orten kann man bei Banken oder Bankautomaten Bargeld vom eigenen Konto ziehen. Banken akzeptieren nicht die Währungen der anderen Donauländer, sondern wechseln nur Euro in die eigene Währung.

Es ist wichtig, Bargeld in der Landeswährung bei sich zu haben, denn in den meisten Pensionen, Cafés, Restaurants, Geschäften und Lebensmittelläden werden Kreditkarten nicht als Zahlungsmittel akzeptiert.

Sprachen

Mit Russischkenntnissen lassen sich Slowakisch, Serbokroatisch und Bulgarisch aufgrund der gemeinsamen slawischen Wurzeln einigermaßen verstehen. In Serbien und Bulgarien ist die Kenntnis des kyrillischen Alphabets nützlich. Kyrillisch geschriebene Wörter lesen zu können ist einfacher, als man meinen könnte. Bei genauem Betrachten entdeckt man zahlreiche Buchstaben, die unserem, dem lateinischen Alphabet entsprechen. Die wenigen Unterschiede kann man sich schnell einprägen.

Rumänisch können sich Lateinkundige erschließen. Auch wer Kenntnisse in französischer, portugiesischer, italienischer und spanischer Sprache hat, kann sich verständlich machen, denn das Rumänische gehört zur romanischen Sprachfamilie.

In Ungarn allerdings hat man keine Chance, außer man ist des Finnischen kundig. Ich empfehle den ungarischen Sprachführer der Reihe »Kauderwelsch«, mit dem man schnell und einfach die wichtigsten Sätze und Wörter lernt, ohne lange Sprachstudien treiben zu müssen. Bücher dieser Reihe, die im Verlag »Reise Know-How« erscheinen, gibt es auch für die anderen Donauländer.

Informationen zur Donau

Wie lang ist der Fluss genau?

Die Donau will sich partout nicht mit exakten Zahlen fassen lassen. Das beginnt schon mit der Quelle. Wo genau die Donau entspringt, ist umstritten. Favorisiert wird die Bregquelle im Schwarzwald beim Kolmenhof. »Von hier sind es 2888 Kilometer zur Mündung«, steht dort auf einer Tafel. Die Umweltbehörde Baden-Württembergs hat jedoch nachgerechnet und kommt auf 2826 Kilometer bis zum Punkt null am alten Leuchtturm des begradigten Sulina-Arms im Delta. Da der Fluss durch Sedimentablagerung immer weiter ins Meer hinauswächst, hat sich die Entfernung zur Küste inzwischen um mindestens zehn Kilometer verlängert. Also ist die Donau im Moment 2836 Kilometer lang, falls die schwäbische Messung korrekt war. Aber ist überhaupt der Sulina-Arm für die Messung relevant? Der Hauptanteil des Donauwassers, nämlich 60 Prozent, durchströmen den längeren Chilia-Arm, was eine Länge von 2871 Kilometern ergäbe. Den Namen »Donau« erhält der Fluss aber erst bei Donaueschingen, also müsste man die Kilometer von der Bregquelle bis zum Zusammenfluss der beiden Quellbäche abziehen. Um diesem Wirrwarr zu entkommen, habe ich beschlossen, mich nicht genau festzulegen und von einer fast 3000 Kilometer langen Donau auszugehen.

Nicht nur den exakten Messungen verweigert sie sich, sie sorgt auch für manch andere Verwirrung. Kaum hat die Donau den Schwarzwald hinter sich gelassen, verschwindet der eben geborene Fluss unter der Erdoberfläche. An 150 bis 270 Tagen liegt das Flussbett trocken, nur wenn es sehr viel geregnet hat, fließt noch ein Rinnsal. Weit entfernt von ihrem Flussbett tritt das Wasser wieder ans Tageslicht und fließt nicht zum Schwarzen Meer, sondern zum Bodensee, von dort in den Rhein und zur Nordsee.

Das trockenliegende Flussbett füllt sich allmählich durch einmündende Gewässer, und nach und nach entwickelt sich die Donau zu einem mächtigen Strom, der die Landschaft entlang von zehn Ländern formt und prägt.

Die Donau als Siedlungsraum

Der Fluss spielte für die Völker, die sich an seinen Ufern niederließen, stets eine Doppelrolle, sowohl als verbindendes als auch als trennendes Element. Noch immer bildet sie die Grenze zwischen den meisten der zehn Anrainerländer, die in schmerzhaften kriegerischen Prozessen im Laufe der Geschichte entstanden sind.

Wer den Fluss bereist, wird europäische Geschichte auf eine ganz neue und anschauliche Weise erleben, angefangen bei sensationellen Funden aus der Frühzeit, als der moderne Mensch vor 40 000 Jahren von Osten nach Westen die Donau entlangzog und auf den schon seit etwa 100 000 Jahren dort lebenden Neandertaler traf. Vor 9000 Jahren entstanden erste Siedlungen nahe am Ufer. Die Donau war schon damals Nahrungsspender und Transportweg. Es folgten die Kulturen der Kelten, Daker und Thraker, die von den Römern besiegt wurden.

Die Donau wurde zum Grenzfluss, zum römischen Limes. Mit Festungen entlang des Flusses versuchten die Römer, ihre Provinzen vor den Völkern am gegenüberliegenden feindlichen Ufer zu schützen. Es gelang ihnen nur eine gewisse Zeit, dann folgten Völkerwanderung, Osmanisches Reich, Herrschaft der Habsburger, Einwanderung der Schwaben und immer wieder Kämpfe und Kriege. Selten wird man in anderen Gebieten so dicht mit gewalttätiger Geschichte konfrontiert. Friedliche Perioden waren kurz, und noch heute beargwöhnen sich die Anwohner vom rechten und linken Ufer gegenseitig wie eh und je.

Der Name des Flusses wird in den einzelnen Ländern verschieden geschrieben und ausgesprochen: Dunaj in der Slowakei, Duna in Ungarn, Dunav in Serbien, Kroatien und Bulgarien und Dunarea in Rumänien.

Wasserstraße und Energielieferant

Längst ist die Donau nicht mehr so unberührt, wie man es sich wünschen würde. Sie wird benutzt als Energielieferant, Abfallbeseitiger, Transportweg von Waren, zur Bewässerung der Felder, für Sport und Erholung. In Deutschland ist wenig Platz für Natur geblieben, zu dicht ist das Land besiedelt. Die industrialisierte Landwirtschaft, vor allem der flächendeckende Maisanbau, tut ihr Übriges, um die Tier- und Pflanzenwelt zu verdrängen. Sechs Wasserkraftwerke bremsen in Deutschland den Fluss und verwandeln ihn über weite Strecken in ein fast stehendes Gewässer. In Österreich sind es ungleich mehr Staudämme, denn das Land gewinnt fast seinen gesamten Energiebedarf aus Wasserkraft. In den östlichen Donauländern summieren sich die ökologischen Probleme, weil dort riesige Staudämme gebaut wurden, mit einem Rückstau von mehr als 150 Kilometern. Das Donauwasser dient dort als Kühlwasser für Atomkraftwerke; Abwässer der Industriebetriebe werden in den Fluss geleitet, ebenso das nicht oder kaum gereinigte Nutzwasser der Siedlungen und Städte. Durch die Verwendung von Dünger und Spritzmitteln in der Landwirtschaft gelangen übermäßig viel Phosphat und Stickstoff ins Grundwasser und von dort in die Donau. Ein riesiges Problem stellt zudem der Plastikmüll dar. Ungeheure Mengen werden bis zum Meer transportiert, durch die Fließbewegung zerkleinert und zerrieben, von Fischen und anderen Wasserlebewesen aufgenommen und gelangen so in der Nahrungskette bis zum Menschen.

Infos zum Delta

Die Donau verliert sich in einem selbst geschaffenen Wunderland, das nicht mehr Land und noch nicht Meer ist. Es ist eine geheimnisvolle Welt aus Schilf und Wasser, ein Paradies für Tiere und Pflanzen. In den Deltawäldern, im Röhricht und an den Wasseradern sind Fischotter, Nerz, Bisam, Feldhase, Wildschwein, Fuchs, Wolf, Wildkatze, Iltis und Marderhund beheimatet. In den Dünen leben seltene Reptilien wie Landschildkröten, Schlangen und Eidechsen, darunter der seltene Wüstenrenner. Der Artenreichtum umfasst 4000 Tiere und etwa 2000 Pflanzen.

Das Delta ist mit fast 6000 Quadratkilometern das zweitgrößte Feuchtgebiet Europas, nur das Wolgadelta ist noch umfassender. Jährlich schiebt sich die Donau durch Sedimentablagerungen um 40 Meter weiter ins Meer hinaus. Das Donaudelta besteht aus drei Hauptarmen und einem dichten Gewässernetz aus Seen, Altarmen, Seitenflüssen, Verzweigungen, aber auch aus Auwäldern und Galeriewäldern mit Eichen, Weiden, Pappeln, die sich an den Wasserarmen entlangziehen, sowie extremen Trockenbiotopen auf vom Wind angewehten Dünen.

Im Jahr 1991 erklärte die UNESCO das Donaudelta zum Weltnaturerbe. Das Schutzgebiet wird vom rumänischen Staat verwaltet und gilt als Biosphärenreservat. Besucher müssen sich anmelden, eine Genehmigung erwerben und Eintritt bezahlen.

Bevölkerung im Delta

Das fächerförmige Feuchtgebiet ist keine ungestörte Wildnis mehr, zunehmend wird es durch den Menschen stark verändert. Schon in früheren Jahrhunderten kamen sie hierher: Ausgestoßene, Verfolgte, Übeltäter. Es waren Angehörige vieler Nationen, eine bunte Mischung. Neben Rumänen und

Ukrainern suchten Ungarn, Bulgaren, Deutsche, Tataren, Armenier, Türken, Roma, Griechen, Haholen (ein slawischer Volksstamm), Gagausen (ein Turkvolk christlich-orthodoxer Religion) und Lipowaner Zuflucht in der Abgeschiedenheit oder siedelten sich dauerhaft dort an.

Die meisten dieser verschiedenen Gruppen sind wieder abgewandert oder haben sich vermischt. Nur die Lipowaner, ehemals Fischer vom Don, die sich an der Schwarzmeerküste schnell heimisch fühlten, haben ihre Traditionen bewahrt und leben noch heute in kleinen Gemeinschaften in den Deltadörfern. Vor 300 Jahren flüchteten diese altgläubigen Christen aus ihrer russischen Heimat und haben sich eine altertümliche Version der russischen Sprache bewahrt. Die Männer tragen sehr lange, sorgfältig gekämmte Bärte. Ihrer Tradition entsprechend darf ein verheirateter Mann weder mit einem Messer noch mit einer Schere seine Barthaare kürzen. Allerdings halten sich heute nicht alle jungen Männer an diese Vorschrift und rasieren sich.

Die Lipowaner waren wegen ihres Glaubens verfolgt worden. Sie kamen in mehreren Fluchtwellen, die schon im Jahr 1654 einsetzten. Während der Herrschaft von Zar Alexei Mihailowitsch, dem Vater von Zar Peter I., dem Großen, wurde eine Glaubensreform durchgesetzt, der sich viele der altgläubigen Christen widersetzten. Es waren aus heutiger Sicht belanglose Änderungen im Glaubensreglement und der Liturgie. So sollte man sich unter anderem nur noch mit zwei Fingern bekreuzigen statt mit drei; das Halleluja-Gebet beim Sonntagsgottesdienst wurde fortan dreimal wiederholt statt zweimal; bei der Prozession um die Kirche musste man jetzt gegen die Richtung der Sonne laufen und nicht mehr mit ihr. Für die einfachen Menschen bedeutete die Abkehr von den gewohnten Regeln, die ihnen Sicherheit und Schutz gaben, den Zerfall ihres Glaubens und damit eine Todsünde, ein Zeichen, dass das Ende der Welt nahe war und die Herrschaft des Antichristen begann.

In Wirklichkeit waren diese Änderungen ein Vorwand für politische Zweckbündnisse, Machtbestrebungen und zukünftige Ziele. Vor allem unter Zar Peter dem Großen, der prowestliche und antiklerikale Reformen durchführte, waren die kompromisslosen Lipowaner, die auch den Militärdienst verweigerten, ein Störfaktor und wurden gnadenlos verfolgt.

Nutzung des Deltas

Längst ist der Mensch nicht mehr Gast im Delta, er hat es in Besitz genommen. Verheerend waren die Folgen, als der rumänische Diktator Ceaușescu anordnete, das Feuchtgebiet urbar zu machen. Die »unnütze« Urlandschaft sollte eine riesige landwirtschaftliche und industrielle Produktionsstätte werden. In großem Maßstab wurden weite Gebiete trockengelegt, indem man Dämme und Deiche baute sowie Entwässerungskanäle zog. Das allerdings ohne den gewünschten Erfolg, denn die Erde erwies sich als wenig fruchtbar, und das Klima ist ungeeignet für den Feldanbau. Dieser gewalttätige, zerstörerische Eingriff in die Natur ist irreparabel.

Zudem befahl Ceaușescu, Schilf industriell zu ernten und zu verwerten. Er glaubte, eine schier unerschöpfliche gewinnbringende Quelle gefunden zu haben, denn Schilf würde jedes Jahr von Neuem austreiben und wachsen. Was für ein Irrtum! Chemiker mussten erforschen, was sich aus Schilf alles herstellen ließe, und Techniker konstruierten riesige Erntemaschinen. Tatsächlich kann Schilf als Grundlage für eine reiche Palette an Produkten dienen: Alkohol, Arzneimittel, Dünger, Farben, Dämmplatten, Mehl und Heizmaterial, aus dem wiederum Energie gewonnen werden kann. Im Delta entstanden zahlreiche Kombinate und Produktionsstätten. Als Ceaușescu im Jahr 1989 gestürzt wurde, konnte die völlige Zerstörung des Deltas gerade noch verhindert werden. Doch der ökologische Kollaps hatte schon begonnen, und seine Spuren sind auch in

Zukunft nicht mehr zu beheben. Die schweren Erntemaschinen zerstörten das empfindliche Wurzelgeflecht des Schilfes. Dort, wo die Maschinen entlanggefahren waren, wächst nichts mehr. Zudem braucht neu austreibendes Schilf das abgestorbene vorjährige Schilf als Dünger, sonst wächst neues Schilf nur spärlich, und bei wiederholtem Schnitt stirbt es ab.

Der heutige Besucher kann die Zerstörung der Naturlandschaft nicht wahrnehmen, denn er hat keinen Vergleich. Nur Menschen, die schon immer im Delta lebten, wissen, was verloren gegangen ist. Touristisch wird das Delta immer weiter erschlossen. Die Anzahl der Besucher steigt ständig. Jahr für Jahr verliert das labyrinthische Feuchtgebiet an Ursprünglichkeit und Unberührtheit.

Neben dem Tourismus droht dem noch immer naturreichen Gebiet eine neue Gefahr. Die marktorientierten osteuropäischen Staaten streben nach Wachstum und Wohlstand, wobei wirtschaftliche Interessen an erster Stelle stehen. Die Konkurrenz unter den Donauanrainerstaaten führt zu einem Wettbewerb um die jeweils günstigste Infrastruktur. Die Ukraine etwa macht den nördlichen Deltafluss, den Chilia-Arm, schiffbar. Rumänien protestiert und hat doch Ähnliches vor. Der rumänische Flussteil soll mit Fördergeldern der EU ausgebaut werden.

Der Ausbau des Chilia-Armes durch den sogenannten Bystre-Kanal hat schwerwiegende Folgen für das Naturreservoir. Die Fließgeschwindigkeit erhöht sich, dadurch wird das Delta zu schnell entwässert, der Wasserspiegel sinkt, was irreparable Schäden an der Fauna und Flora bewirkt. Die Regierung der Ukraine verbat sich die Proteste Rumäniens und der Umweltschutzverbände als »Einmischung in innere Angelegenheiten«. Eine deutsche Firma wurde mit dem Ausbau des Bystre-Kanals beauftragt, die Kosten sollen 15 Millionen Euro betragen.

Die Donau in ihrem gesamten Lauf gehört laut WWF zu den zehn am meisten gefährdeten Flüssen weltweit.

Geschichte im Überblick

Urdonau

Vor 7 Millionen Jahren
Durch Gebirgsbildung kehrt sich die Fließrichtung im Voralpenland um. Eine neue Wasserscheide zwischen Rhein und Donau entsteht. Das Quellgebiet der Donau verschiebt sich zum Rhein.

Einwanderung der ersten Menschen

Vor 40 000 Jahren
Während der Eiszeit wandern steinzeitliche Menschen die Donau entlang von Ost nach West. Funde von Flöten, Tier- und Frauenfiguren gab es zum Beispiel in der Höhle der »Hohle Fels« bei Blaubeuren.

Erste Besiedlung

7400 – 6000 v. Chr.
Mittel- und jungsteinzeitliche Jäger und Sammler und frühe ackerbautreibende Kulturen verbreiten sich im oberen und unteren Donauraum. Archäologen vermuten, dass Menschen der Vinča-Kultur bereits eine Schrift verwendeten lange vor der Nutzung der bislang ältesten bekannten Schrift, der Keilschrift der Sumerer, die auf etwa 3400 v. Chr. datiert wird. Die Symbole aus der Vinča-Kultur sind wahrscheinlich eine Vorläuferschrift, die zwar Botschaften enthält, aber noch nicht den Wortlaut einer Sprache wiedergibt. Vor allem auf Tongefäßen finden sich Ritzlinien von senkrechten und parallelen Strichen, Kreuzen und Vierecken.

Ab 6000 v. Chr.

Es kommt zu neuen Einwanderungswellen von Indoeuropäern. Es entsteht kulturelle Vielfalt. Kupfer- und Goldverarbeitung, Keramik, Steinskulpturen, Getreideanbau und Viehzucht florieren.

Kelten-, Daker- und Thrakerkulturen

Ab 2000 – 800 v. Chr.

Präkeltische Völker breiten sich von Westen längs der Donau aus, während von Osten der nördliche Zweig der indoeuropäischen Thraker (Geto-Daker) einwandert. Sie besiedeln den östlichen Donauraum, das heutige Rumänien. Gold- und Silberhandwerk, Eisenverhüttung und Verarbeitung von Eisen zu Geräten, Schmuck und Waffen etablieren sich. Handelsbeziehungen zur ägäischen Welt (Mykene und Makedonien) werden aufgebaut. Am Schwarzen Meer entsteht das thrakische Odrysenreich.

700 v. Chr.

Griechische Kolonien entwickeln sich am Schwarzen Meer. Die Städte Istros (Histria) 657 v. Chr. und Tomis (Constanţa) 550 v. Chr. werden gegründet.

An der oberen Donau entstehen die keltische Hallstatt- und die La-Tène-Kultur mit Stadtgründungen und hoch entwickelter gesellschaftlicher und wirtschaftlicher Struktur. Eisenverarbeitung, Salzgewinnung, Goldschmiedekunst und Glasherstellung blühen auf.

80 – 44 v. Chr.

Dakerkönig Burebista einigt die geto-dakischen Stämme und erobert die griechischen Städte am Schwarzen Meer.

Die Donau als römische Grenze

Während des Römischen Reiches bildet die Donau vom Zusammenfluss von Breg und Brigach bis zur Mündung die Grenze (Donaulimes) zu den Völkern im Norden und ist zugleich Route für Truppentransporte sowie für die Versorgung der Siedlungen und Festungen.

1. Jh. n. Chr.
Das Römische Reich expandiert. Ab 29 v. Chr. geraten die untere Donau und die Schwarzmeerküste unter die Herrschaft der Römer. Unter Kaiser Augustus (27 v. Chr. – 14 n. Chr.) werden Gebiete zwischen Inn und Wienerwald erobert. Der Dichter Ovid wird von Kaiser Augustus im Jahr 8 n. Chr. lebenslänglich nach Tomis (Constanța) verbannt.

98 – 107
Dakerkönig Decebal leistet den Römern Widerstand. Nach dem Bau von Straßen am Eisernen Tor und einer Brücke dringen römische Legionen unter Führung Kaiser Trajans in Dakien ein. König Decebal tötet sich, um der Gefangenschaft zu entgehen.

Völkerwanderung und Ende des Römischen Reiches

150 – 376
Völker aus dem Osten, Westen und Norden bedrängen die Römer. In die dako-römische Provinz strömen verschiedene Wandervölker ein, wobei die Markomannen den Römern die meisten Schwierigkeiten bereiten. Die Römer ziehen sich bis an die Donau zurück, worauf sie Bündnisse mit den Westgoten eingehen. Der germanische Stamm soll die Römer vor den anderen Völkerwandergruppen schützen. Die nach Westen vordringenden Hunnen siegen über die Westgoten.

Die Völkerwanderung ergreift den gesamten Donauraum. Hunnen und Awaren kämpfen am Eisernen Tor. Slawen und Protobulgaren dringen von Osten vor und überqueren die Donau. An der oberen Donau entstehen Germanenreiche. An der unteren Donau entwickeln sich ebenfalls neue Reiche aus Zusammenschlüssen der eingewanderten Völker, die sich immer wieder gegenseitig bekämpfen.

Bulgarische, ungarische, rumänische Reiche und das Frankenreich Karls des Großen

7. – 10. Jh.

Das erste bulgarische Reich unter Khan Asparuh entsteht. Die Franken werden zur Großmacht an der westlichen Donau. Karl der Große übernimmt die bajuwarischen und alemannischen Herzogtümer. Es kommt zu Kämpfen im Tullner Becken gegen die asiatischen Stämme der Awaren, die besiegt werden. Ihr Vorwärtsdrängen wird gestoppt.

Die Magyaren, ein Reitervolk osteuropäischer Hirten, breiten sich die Donau stromaufwärts nach Westen aus, erobern das Großmährische Reich und stoßen bis Wien vor, wo sie von den Franken gestoppt werden. Zum Schutz vor solchen Überfällen entstehen entlang der Donau zahlreiche Burgen.

Im Jahr 955 kommt es in der Nähe der Donau bei Augsburg zur Schlacht auf dem Lechfeld gegen die einfallenden Magyaren. Der siegreiche König Otto wird zum ersten Kaiser des Heiligen Römischen Reiches Deutscher Nation gekrönt.

In den östlichen Donauraum dringen Turkvölker ein: Petschenegen, Kumaren, Tataren. Die Magyaren ziehen sich in das Gebiet des heutigen Ungarn zurück und bilden dort mit der slawischen Vorbevölkerung das Magyarenreich unter dem ersten christlichen ungarischen König Stephan I. Seine Gemahlin Gisela stammt aus Bayern. Sein Sohn wird mit der

Schwester des deutschen Königs Heinrich II. verheiratet und erhält vom Papst die Königskrone (Stephanskrone).

11. – 13. Jh.
Ungarische Könige rufen den Deutschen Ritterorden und deutsche Siedler zu Hilfe, um ihre Herrschaft in Transsilvanien gegenüber feindlichen Stämmen zu stabilisieren. Die Ungarn unterwerfen das Altkroatische Reich.

Der erste Kreuzzug findet von 1096 – 1099 unter Gottfried von Bouillon statt. Er zieht von Lothringen zum Rhein, weiter zur Donau und den Fluss entlang. Das christliche Heer fällt plündernd und mordend in das christliche Ungarn ein.

Das unter Stefan Nemanja 1166 geeinte Serbische Reich gerät unter byzantinische Herrschaft. Byzanz setzt seine Eroberungsstrategie fort und unterwirft das erste Bulgarenreich.

Der Mongoleneinfall von 1241 fordert ungezählte Opfer. Die mongolischen Reitertruppen dringen bis zur unteren Donau vor und besetzen das Moldaugebiet. Dies ist der Beginn einer 100-jährigen Mongolenherrschaft. Die »Goldene Horde« unter Khan Batu verwüstet und entvölkert weite Landstriche Bulgariens und Ungarns.

1185 – 1393
Das zweite Bulgarenreich entsteht. Im mittleren Donauraum herrschen die Ungarn. Im Westen dehnt sich das seit 1156 von Bayern unabhängig gewordene Herzogtum der Babenberger aus.

Aufstieg der Wittelsbacher in Bayern und der Habsburger in Österreich. Ungarn unternimmt große Anstrengungen, seine Grenzen im Osten zu stabilisieren.

Ab 1354
Die Osmanen dringen von Kleinasien nach Europa vor. Für das türkische Heer war die Donau die zentrale Route für den Transport von Truppen und Nachschub. Der Fluss ermög-

lichte es ihnen, rasch vorwärtszukommen. Das Bulgarische Reich wird von den Osmanen besetzt.

Habsburger und Osmanen

15. – 16. Jh.
Sultan Murad II. besiegt bei Varna (Bulgarien) das Kreuzfahrerheer unter dem polnischen König Wladislaw III. Jagiello.

Die Walachei, Moldawien und das Tataren-Khanat unter der Herrschaft der Mongolen im Donaudelta werden zu Vasallenstaaten der Osmanen.

Am Oberlauf der Donau entsteht im Jahr 1430 das Habsburger Kaisertum.

Die Osmanen dringen weiter vor und besiegen bei Mohács den ungarischen König. Sie belagern Wien (1529) und werden besiegt. Es kommt zum Friedensschluss zwischen Osmanen und Habsburgern. Das ungarische Reich und Kroatien werden zwischen den Habsburgern und den Osmanen aufgeteilt. Die anderen östlichen Gebiete verbleiben weiterhin unter der Herrschaft der Osmanen.

Donaumonarchie, Russland und Osmanen

18. Jh.
Die österreichische Donaumonarchie entsteht. Das Zurückdrängen der Türken geschieht auf Initiative Österreich-Ungarns, das daran erstarkt.

Unter Zar Peter I. dringen die Russen im Jahr 1711 erstmals bis zur Donau vor. In Bulgarien und Serbien wächst der Widerstand gegen die osmanische Fremdherrschaft.

Schwabenzüge: Die durch Kriege entvölkerten Donauländer werden durch deutsche Kolonisten besiedelt. Zudem sorgen Einwanderer aus östlichen Regionen für ein buntes Völkergemisch.

Eugen von Savoyen erobert unter der Regierung Kaiser Josefs II. Belgrad für das Habsburger Reich. Russland erlangt die Vorherrschaft an der Schwarzmeerküste.

1806 – 1812
Napoleon erobert Ulm, Passau und Wien. Kaiser Franz II. muss abdanken. In Serbien und Bulgarien kommt es erneut zu Aufständen gegen die Osmanen.

1813 – 1829
Napoleons Armee wird zerschlagen. Auf dem Wiener Kongress werden die westlichen Donaugebiete erneut dem österreichischen Kaiser unterstellt. Das Delta wird russisch, und Bulgarien bleibt unter osmanischer Herrschaft. Serbien erlangt seine Unabhängigkeit als souveräner Staat.

Unabhängigkeitsbewegungen

1875 – 1878
In Bulgarien kommt es zum Aufstand gegen die Osmanen. Ungezählte Bulgaren werden niedergeschlagen und ermordet. Dieser Rachefeldzug löst im Westen und in Russland Empörung aus. Russland marschiert in Bulgarien ein und erklärt den Türken den Krieg, um das Morden an der bulgarischen Bevölkerung zu beenden.

Auf dem Berliner Kongress wird Rumänien im Jahr 1878 als unabhängiger Staat anerkannt und die Souveränität Serbiens bestätigt. Bulgarien ist von der osmanischen Fremdherrschaft befreit und wird Fürstentum. Das Delta und daran angrenzende Gebiete werden der russischen Oberhoheit unterstellt.

1913
Die osmanische Herrschaft in Südosteuropa ist beendet.

Erster und Zweiter Weltkrieg

Österreich erklärt 1914 Serbien den Krieg, Anlass war das Attentat auf den habsburgischen Thronfolger in Sarajevo. Deutschland, Bulgarien und die Türkei unterstützen Österreich, der Erste Weltkrieg beginnt. Serbien verbündet sich mit Russland und zieht das anfangs neutrale Rumänien auf seine Seite.

Im Zweiten Weltkrieg schlagen sich Kroaten, Bulgaren und Rumänen auf die deutsche Seite. Serbien unterstützt Russland.

Auf der Konferenz von Jalta wird das Donaugebiet zwischen den Westalliierten und der Sowjetunion aufgeteilt. Die Mehrheit der donaudeutschen Siedler wird vertrieben oder in Arbeitslager interniert.

Politische Wende nach 1989

1990 – 1991
Die Republiken Moldau, Ukraine, Slowenien und Kroatien erklären ihre Unabhängigkeit. In Ungarn, Bulgarien, Rumänien und der Tschechoslowakei werden die kommunistischen Regierenden entmachtet.

1991 – 1995
Es kommt zum serbisch-kroatischen Krieg und Bosnienkrieg.

1999
Während des Kosovokonflikts zerstört die NATO in Belgrad und Novi Sad die Donaubrücken und bombardiert Regierungsgebäude.

2000
Es ereignet sich eine Umweltkatastrophe in einem rumänischen Bergwerk. Giftige Abwässer gelangen in Theiß und Donau.

2004
Die Slowakei und Ungarn werden Mitgliedsstaaten der EU.

2007
Bulgarien und Rumänien werden Mitgliedsstaaten der EU. Ungarn und die Slowakei treten dem Schengen-Abkommen bei.

2009
In der Slowakei wird der Euro als Währungseinheit eingeführt.

Übernachtungstipps

Deutschland

Donauquelle
Gasthaus Kolmenhof
Tel.: +49 07723 93100
info@kolmenhof.de, www. kolmenhof.de

Ungarn

Mohács
Kovács Família Hotel
Ètterem Panzió
Vörösmarthy u. 20
Inhaber: József Kovács
www.kovacshotel.hu, info@kovacshotel.hu

Kroatien

Bilje
Pension Crvendać
Ritska 1
pansion@crvendac.com, www.crvendac.com

Vukovar
Vila Rosa
Ulica Josipa Rukavine 2
Inhaber: Familie Andrejev
Tel.: +385 (0) 91 520 4036
vilarosavukovar@gmail.com

Serbien

Belgrad
Hedonist Hostel
Simina 7
Tel.: +381 113 284 798
office@hedonisthostelbelgrade.com

Donji Milanovac
Gästehaus Boban Popovíc
(bietet neben der Übernachtung auch Flussfahrten
durchs Eiserne Tor an)
Starine Novaka 12
apartmanpopovic@gmail.com,
www.apartmanpopovic.com

Bulgarien

Koshov (ca. 20 km vor Ruse)
Hotel Rusenski Lom
Tel.: +359 87 906 7385

Tel.: +359 887 618 784
rusenskilom@mail.bg, www. hotelrusenskilom.com

Rumänien

Murighiol (am Delta)
Pension Morena
Tel.: +40 722 316 602
www.morena.ro, morena@ess.ro

Nützliche Internetadressen

www.donauregion.at
Vielseitige und umfangreiche Hinweise, von Wanderkarten über Radwege, Schifffahrt bis zu Veranstaltungen an der Donau

www.argedonau.at.
Seite der »Arbeitsgemeinschaft Donauländer« mit Informationen über Sehenswürdigkeiten

www.donau-info.org
Informiert vor allem über Fahrradtourismus in Serbien

www.donauauen.at.
Detaillierte Informationen zu Flora und Fauna, Geschichte und Sehenswürdigkeiten der Region östlich von Wien

Vilshofen
Kontakt und Info zum Planetenweg
h.eckl@donauplanetenweg.de
www.donauplanetenweg.de

Bücher zum Weiterlesen

Jean M. Auel: Ayla und das Tal der Großen Mutter. Heyne Verlag, München 2002
Es ist der vierte Band der großen Steinzeitsaga. Beschrieben wird die Reise von Ayla und ihrem Gefährten Jondalar durch das Donautal. Alle Bücher des Zyklus bestechen durch kenntnisreiche Beschreibung der eiszeitlichen Landschaft, der damaligen Pflanzen- und Tierwelt und der Anfänge der Menschheit. Der Leser erfährt, wie das Leben in der Frühzeit gewesen sein könnte. Die Autorin hat ausgezeichnet recherchiert. Sogar die fiktive Erzählung, dass Menschen und Neandertaler sich nicht nur getroffen, sondern auch Nachkommen miteinander hatten, wurde inzwischen durch neue genetische Untersuchungen bestätigt.

Thomas Bauer: Ostwärts. Zweitausend Kilometer Donau. Mit dem Paddelboot zum Schwarzen Meer. Wiesenburg Verlag, Schweinfurt 2013
Eine packende Reisebeschreibung voller Abenteuer, schräger Geschichten, skurriler Begegnungen mit gutem Gespür für Land und Leute. Kurzweilig und unterhaltsam geschrieben.

Lothar-Günther Buchheim: Tage und Nächte steigen aus dem Strom. Eine Donaufahrt. Langen Müller, München 2000
Eine poetische Reisebeschreibung. 20 Jahre zählte Buchheim, der spätere Autor von »Das Boot«, als er im Jahr 1938 zum Schwarzen Meer paddelte, damals ein wirkliches Abenteuer.

Nicholas J. Conard und Jürgen Wertheimer: Die Venus aus dem Eis. Wie vor 40 000 Jahren unsere Kultur entstand. Albrecht Knaus Verlag, München 2010
Von den Funden auf der Schwäbischen Alb ließen sich die Autoren zu einer spannenden Geschichte inspirieren.

Radtourenbuch, bikeline Teil 1–5. Verlag Esterbauer GmbH, Rodingersdorf, Österreich 2013
Unverzichtbar! Karten und Infos, ausführliche Streckenbeschreibung, Tipps und Wissenswertes, einfach alles, was unterwegs nützlich und wichtig ist. Handliches Format, Ringbindung und wasserfeste Paginierung.

Michal Hvorecky: Tod auf der Donau. J. G. Cotta'sche Buchhandlung, Stuttgart 2012
Das Abenteuer einer Kreuzfahrt wird geschildert. Der Roman ist eine witzige, skurrile Satire auf die Auswüchse des Tourismus und zugleich eine Liebeserklärung an Europas zentralen Strom.

Claudio Magris: Donau. Biographie eines Flusses. Aus dem Italienischen von Heinz-Georg Held. Carl Hanser Verlag, München 1988
Der italienische Professor erzählt die Geschichte des Donauraumes unterhaltsam, aber auch weitschweifig, wobei die mitteleuropäische Literatur und Kultur die Hauptrolle spielen. Der Autor berichtet Überraschendes aus der langen Geschichte, spürt Dichtern und Künstlern nach, verquickt mit persönlichen Erlebnissen und philosophischem Hintergrund.

Daniela Schily und Matthias Eickhoff: Donau. Von Regensburg zum Schwarzen Meer. Dumont Reise-Taschenbuch. Ostfildern 2011
Ein handlicher Reiseführer, bestens geeignet für unterwegs. Mit zahlreichen Hintergrundinformationen und guten Tipps, die so persönlich und individuell in anderen Reiseführern nicht zu finden sind.

QUELLEN

Ludwig Bechstein: Die Donaureise und ihre schönsten Ansichten. Hildenburghausen 1838. Reprint: Akademische Verlagsanstalt, Graz 1990

Der Verlag dankt für die freundliche Genehmigung zum Abdruck der Zitate:

Thomas Bauer: Ostwärts. Zweitausend Kilometer Donau. Mit dem Paddelboot zum Schwarzen Meer. Wiesenburg Verlag, Schweinfurt 2009

Eva Demski: Der Strom, der meine Heimat ist. Merianheft 6. Verlag Jahreszeiten, Hamburg 2014

Niels und Lars Hoffmann: Gesichter der Donau. Verlag Edition Morizaner, Röbel/Müritz 2010

Claudio Magris: Donau. Biographie eines Flusses. Aus dem Italienischen von Heinz-Georg Held. Carl Hanser Verlag, München 1988

Bernhard Setzwein: Die Donau. Eine literarische Flussreise von der Quelle bis Budapest. Verlag Klett-Cotta, Stuttgart 2004

»Ein gleichermaßen informatives wie poetisches Buch.«

Cover- und Preisänderungen vorbehalten

Carmen Rohrbach

Am grünen Fluss

Isar – Abenteuer und Natur pur

239 Seiten
€ 14,99 [D], € 15,50 [A]*
ISBN 978-3-492-40292-7

Zu Fuß, mit dem Schlauchboot, auf Skiern und mit dem Fahrrad von der Quelle bis zur Mündung, von den Alpen bis zur Donau, so reist Carmen Rohrbach auf und an der Isar. Ein großes Abenteuer voll überraschender Einblicke und hintergründiger Geschichten über den grünen Fluss und die Menschen an seinen Ufern.

»Carmen Rohrbach erzählt Geschichten, die Sand und Steine zum Leben erwecken.«

Schweizer Fernsehen

Carmen Rohrbach

Botschaften im Sand

Reise zu den rätselhaften
Nazca-Linien in Peru

176 Seiten
€ 12,99 [D], € 13,40 [A]*
ISBN 978-3-492-40540-9

Am besten erkennt man sie aus der Luft: Riesige Tierfiguren, kilometerlange Linien und geometrische Muster bedecken den Boden der Wüste Nazca in Peru. Sind es religiöse Artefakte der geheimnisvollen Inkakultur? Carmen Rohrbach spürt einem der letzten Rätsel der Erde nach, berichtet von der Begegnung mit Maria Reiche, die sich die Erforschung der Zeichen zur Lebensaufgabe machte, und vereint in diesem einfühlsam recherchierten Buch aufs Spannendste Wissenschaft und Reiseabenteuer.

»Die Geschichte einer willensstarken Frau.«

Süddeutsche Zeitung

Carmen Rohrbach

Solange ich atme

Meine dramatische Flucht aus der
DDR und wie sie mein Leben prägte

256 Seiten
€ 15,00 [D], € 15,50 [A]*
ISBN 978-3-492-40531-7

Angetrieben von dem Wunsch, die Welt zu bereisen, wagt
Carmen Rohrbach mit 25 Jahren die Flucht aus der DDR,
im Schutz der Dunkelheit über die Ostsee. Zwei Tage und
Nächte verbringt sie auf dem Wasser, in ständiger Angst,
zu ertrinken oder entdeckt und verhaftet zu werden … In
»Solange ich atme« erzählt Carmen Rohrbach ihre abenteuerliche und zutiefst inspirierende Lebensgeschichte
und schildert, wie es ihr gelang, die ganze Welt zu ihrer
Heimat zu machen.

An der Grenze der bewohnten Welt

Carmen Rohrbach

Auf der Insel der Gletscher und Geysire

Meine Zeit in Island

272 Seiten
€ 15,00 [D], € 15,50 [A]*
ISBN 978-3-492-40510-2

Island hautnah. Sechs abenteuerliche Monate lang durchstreift die beliebte Reiseautorin und gelernte Biologin Carmen Rohrbach die aufregendste Nordmeerinsel Europas. Auf wenig bekannten Pfaden wandert sie zu tosenden Wasserfällen und Geysiren, aktiven Vulkanen und mächtigen Gletschern. Sie folgt den Spuren historischer Islandreisender und entdeckt den liebenswerten Charme Reykjavíks, der nördlichsten Hauptstadt der Welt. Ein Reiseerlebnis von überwältigender Intensität und Vielfalt.

»In der ganzen Welt bin ich zu Hause.«

Carmen Rohrbach

Unterwegs sein ist mein Leben

Geschichten aus aller Welt

320 Seiten
€ 16,00 [D], € 16,50 [A]*
ISBN 978-3-492-40445-7

In der Tierwelt der Galapagosinseln, auf marokkanischen Hochzeitsmärkten oder dem spanischen Jakobsweg – seit dreißig Jahren lebt Carmen Rohrbach ihre unbändige Leidenschaft fürs Reisen. Neugierig auf alles Unbekannte, furchtlos, aber ohne Leichtsinn. Die schönsten Momente ihrer Wanderungen und Expeditionen versammelt dieser reich bebilderte Band.